Victor Chu

Casablanca

oder wohin die Sehnsucht dich trägt

Unerfüllte Liebe und andere
Leidenschaften

Kösel

Fortbildungsprogramme zum Thema dieses Buches können angefordert werden bei:
Dr. Victor Chu, c/o Gestalt-Institut Heidelberg, Landfried-straße 8, 69117 Heidelberg

ISBN 3-466-30438-5
Druck und Bindung: Kösel, Kempten
Umschlag: Kaselow Design, München
Umschlagfoto: Ingrid Bergman und Humphrey Bogart in *Casablanca*;
Interfoto, München

2 3 4 5 · 01 00 99 98

*Gedruckt auf umweltfreundlich hergestelltem Werkdruckpapier
(säurefrei und chlorfrei gebleicht)*

Inhalt

Einführung

Aufbruch zu einer inneren Entdeckungsreise

Eine Frau kam einmal zur Psychotherapie und berichtete, dass sie gerade eine schwere seelische Krise durchmache. Der Auslöser für die Krise sei ein Erlebnis, mit dem sie nicht fertig werde:

Sie sei einmal abends mit einem Mann zusammengesessen, den sie eben auf einem Fest kennen gelernt hatte. Sie habe ihn sehr sympathisch gefunden und habe sich auch erotisch zu ihm hingezogen gefühlt. Aber es sei bald klar gewesen, dass sie beide nicht frei waren. So habe sie einfach genossen, die Zeit mit ihm plaudernd zu verbringen.

Sie saßen also nebeneinander auf der Terrasse, schauten in die hereinbrechende Dunkelheit hinaus, weit draußen blitzte es. Plötzlich wurde es ihr in der Brust unheimlich schwer. Zugleich spürte sie in sich eine bis dahin unbekannte, unglaubliche Traurigkeit. Der Gedanke befiel sie, dass sie und der Mann, obwohl sie einträchtig nebeneinander saßen, keinen Platz auf der Erde hätten, an dem sie sich begegnen könnten. Sie fühlte eine tiefe Verzweiflung in sich aufsteigen, gepaart mit einer grenzenlosen Einsamkeit. Und die ganze Zeit über plauderten sie weiter miteinander.

Die Frau war bestürzt. So etwas hatte sie noch nie im Leben erlebt. Sie war ja gar nicht einmal so verliebt, wie sie es manchmal von sich kannte. Das konnte sie deutlich unterscheiden. Aber weshalb löste dieser Mann in ihr derart heftige, ja bedrohliche Gefühle aus?

Die Frau berichtete weiter: Dieses Erlebnis sei so unerwartet in ihr Leben eingebrochen, dass es ihre bisherigen Persönlichkeitsgrenzen gesprengt und ihr Selbstverständnis bis in die Grundfesten erschüttert habe. Sie habe den Mann nie mehr wieder gesehen, habe aber immer wieder an ihn denken müssen: Es sei geradezu wie ein innerer Zwang gewesen. Sie habe eine heftige Sehnsucht nach ihm gepackt, die ihr irrational, ja total verrückt erschien. Diese Sehnsucht treibe sie fast an den Rand des Wahnsinns.

Gleichzeitig aber habe sie solch großartige Gefühle in sich entdeckt, wie sie sie nie gekannt habe. Etwas habe sich tief in ihr aufgetan; ihre ganze Kreativität, die in ihrem bisherigen bürgerlichen Leben keinen Platz gehabt hat, sei wachgerufen worden. Sie habe sogar wieder zu musizieren und zu malen begonnen – etwas, was sie seit ihrer Kindheit nicht mehr getan habe.

Dieser beseelte Zustand habe jedoch nicht lange angedauert. Zu konträr sei er zu ihrem bisherigen Leben gestanden, auch zu ihrer bisherigen Lebenseinstellung. Sie habe begonnen, sich ihrer Leidenschaft zu schämen. Der Abstand zwischen ihrem Höhenflug und der grauen Realität sei zu groß, als dass sie die Spannung lange hätte aushalten können. Deshalb sei sie eingebrochen und in eine tiefe psychische Krise geraten.

So sehr diese Sehnsucht sie auch in ihrem bisherigen Leben verunsichert habe, so sehr möchte sie sie sich genauer anschauen. Denn sie ahne, dass dieses für sie bisher unbekannte Gefühl etwas Wichtiges, lang Verschüttetes aus ihrem Unbewussten an die Oberfläche befördern könne. Sie wolle es ernst nehmen und versuchen, ihm auf den Grund zu gehen. Da sie dies allein nicht schaffe, suche sie nach therapeutischer Begleitung.

Zu dem Gefühl der Sehnsucht sagte sie: »Wenn man es einmal erlebt hat, diese lebendige Mitte, dann bleibt eine ungeheure Sehnsucht zurück. Man kommt sich wie verkrüppelt vor, wenn man so weiterleben würde wie bisher – wie einer, der sich mit billigem Ersatz zufrieden gibt. Deshalb bin ich auf die Suche nach dieser lebendigen Quelle aufgebrochen. Ich möchte sie wieder finden.«

In der anschließenden Therapie ging die Frau ihrer Sehnsucht nach, so wie man einen Fluss bis an die Quelle zurückverfolgt. Sie litt dabei entsetzliche Qualen, hat sich aber nicht beirren lassen und ist ihren Gefühlen weiter auf den Fersen geblieben. Es war wie eine innere Entdeckungsreise. Während dieser Zeit tauchten immer wieder alte Bilder und Erinnerungen aus ihrer Kindheit auf – Stimmungen, Gesichter, körperliche Empfindungen. Dazwischen immer wieder Löcher, gähnende Leere, bis irgendwann die nächste Erinnerung aufstieg.

Am Ende dieser seelischen Odyssee entdeckte sie Folgendes: Sie war, ohne dass sie als Erwachsene eine bewusste Erinnerung mehr hatte, in den ersten Lebensjahren zusammen mit einem Onkel, einem jüngeren Bruder ihrer Mutter, aufgewachsen. Später waren sie, während der Flucht aus dem Osten, jäh voneinander getrennt worden. Sie hatte ihn nie mehr gesehen. Er war verschollen geblieben. Ihre Mutter hatte ihr zwar später von dem Onkel erzählt, aber sie hatte sich an nichts erinnern können.

Irgendetwas an dem Mann, den sie zufällig an dem besagten Abend traf, hatte sie an den Onkel erinnert. Dies war für sie völlig unbewusst abgelaufen. Sie glaubte, es war nicht einmal eine äußere Ähnlichkeit als vielmehr eine ähnliche emotionale Schwingung, die von diesem Mann ausging, und die hatte sie gespürt, als sie neben ihm saß.

Dies hatte wohl die heftige Reaktion in ihr ausgelöst, die für sie zunächst völlig unverständlich blieb. Erst im Laufe ihrer inneren Entdeckungsreise hatte sie gespürt, wie sehr sie den Onkel, damals wohl selbst noch ein halbes Kind, geliebt hatte, wie ein eigenes Geschwister, und wie sehr er ihr gefehlt hatte, nachdem er auf der Flucht plötzlich verschwunden war. Endlich verstand sie ihre Gefühle an dem besagten Abend, zum Beispiel die grenzenlose Einsamkeit. Sie verstand, weshalb sie das Gefühl gehabt hatte, für den Mann und sie gäbe es keinen Platz auf der Welt, an dem sie hätten zusammen sein können. Ihr Onkel und sie waren ja auf der Flucht gewesen, als sie voneinander getrennt wurden. Und schließlich verstand sie, weshalb sie in all den Jahren ihre Sehnsucht nach dieser ersten Liebe ihres Lebens verdrängt hatte. Sie hätte sie als Kind überwältigt.

Während ihrer Entdeckungsreise hatte sie ihre Mutter, die ihr nur zögernd Antwort gab, nach Einzelheiten der Beziehung zwischen dem Onkel und ihr gefragt, nach den Umständen seines Verschwindens und nach deren eigenen Schmerz über den Verlust ihres Bruders (die Tochter hatte wahrscheinlich auch einen Teil des verdrängten Schmerzes der Mutter mit übernommen). Sie trug dann für einige Monate ein altes Foto von dem Onkel bei sich, bis sie das Gefühl hatte, nun habe er einen guten Platz in ihrem Herzen bekommen. Dann hat sie es wieder ins Album zurückgelegt.

Die Sehnsucht nach dem Mann, den sie auf dem Fest kennen gelernt hatte, ließ ebenfalls nach. Sie relativierte sich, je klarer ihr wurde, woher dieses Gefühl stammte. Sie konnte es von der realen Person des Mannes trennen. Und sie war ihm dankbar, dass er ihr unbeabsichtigt geholfen hatte, diese kostbare Erinnerung aus der Verdrängung zu heben.

Am Ende der Therapie fand sie, es sei wert gewesen, die Mühen dieser inneren Entdeckungsreise auf sich genommen zu haben. Sie habe sich früher oft von anderen Menschen abgeschnitten gefühlt, und zwar gerade von den Menschen, die ihr nahe standen. Eine unsichtbare Mauer habe sie von ihrer Umwelt abgetrennt und ihr manchmal das Gefühl vermittelt, wie unter einer Käseglocke zu sitzen. Nun habe sie mehr das Gefühl, mitten im Leben zu stehen. Die Welt erscheine ihr auf einmal klarer, farbiger – als sei ein Filter zwischen ihr und der Welt entfernt. Sie spüre ihre Liebe zu sich selbst, zu anderen Menschen, zum Leben überhaupt. Und die Distanz, die sie bisher zu ihrer Mutter (als Zeugin des damaligen Unglücks) hatte, habe sich deutlich verringert.

Es sind Berichte dieser Art, die mich aufmerksam werden ließen für das Geheimnis der Sehnsucht. Was ist dies für eine magische Kraft, fragte ich mich, die eine Frau zum Beispiel dazu bringt, ihren guten Ruf und ihre Familie aufs Spiel zu setzen, um sich einem jungen Mann hinzugeben; die einen gut situierten Mann Karriere und Reichtum aufgeben lässt, um einen Jugendtraum zu realisieren; die ganze Völker in ferne Länder aufbrechen lässt, um ihre Freiheit oder ihre religiöse Erfüllung zu finden? Was ist das – Sehnsucht?

Was ist Sehnsucht?

Sehnsucht – verschiedene Fassetten eines Phänomens

Sehnsucht – bei diesem Wort empfinden wir eine leise innere Erregung. Es ist eine *innere Erregung,* oft nicht einmal von außen sichtbar. Es ist, zumindest am Anfang, eine leise Erregung, wie von einer sanften Berührung. Und obwohl sie leise beginnt, hat sie die Fähigkeit, uns in ihren Bann zu ziehen – vielleicht ist es gerade ihre Zartheit, die unsere Sinne so erregt. Unmerklich zieht es uns immer mehr dorthin, bis wir uns völlig von ihr besetzt fühlen. Ja, unsere Sehnsucht kann manchmal zu einer solch heftigen Leidenschaft heranwachsen, dass wir bereit sind, alles aufs Spiel zu setzen, um ihrem Ruf zu folgen.

Was ist dies für eine seltsame Kraft, die Sehnsucht?

Die Sehnsucht hat viele Gesichter. Wir sollten vielleicht erst einmal ihre verschiedenen Seiten anschauen, bevor wir versuchen, sie zu ergründen.

Denken Sie an eine Mondnacht, rings um Ihnen Stille. Sie stehen an einen Baum angelehnt und schauen auf einen Fluss, in dem sich das Mondlicht spiegelt ...

Oder stellen Sie sich vor, Sie stehen am Kai, vor Ihnen das endlose Meer, es legt gerade ein Segelschiff ab. Sie schauen ihm nach, bis es am Horizont verschwindet ...

Sie sitzen drinnen im Klassenzimmer, der Unterricht ist todlangweilig. (Es ist egal, ob Sie Schüler oder Lehrer sind. Es kann ebenso gut Ihr Büro sein.) Sie schauen aus dem Fenster, auf die Wiesen und die Berge, in den Himmel, in die Weite. Draußen lockt die Freiheit, aber Sie sind hier drinnen eingesperrt, wie ein Gefangener. Sie wollen weit weg, in die Fremde, in die Ferne ...

Oder umgekehrt: Sie sind durch Kriegswirren von Ihrem vertrauten Zuhause in die Fremde vertrieben worden. Sie sehnen sich nach der Heimat, bewahren ihr Andenken im Herzen, halten sich das Gastland auf Distanz. Nach Jahren können Sie endlich wieder heimfahren. Die alten Gebäude stehen noch. Aber Sie sind nicht mehr dieselbe Person. Sie fühlen sich auf einmal in der Heimat fremd. Wo gehören Sie nun hin? ...

Liebessehnsucht: Sie haben sich verliebt. Kommen gerade vom ersten Rendezvous. Sie sind noch ganz berauscht von der unerwartet intensiven Begegnung. Während Sie den Weg nach Hause zu Fuß antreten, lassen Sie die köstlichen Momente, die hinter Ihnen liegen, noch einmal vor Ihrem inneren Auge passieren, schmecken Ihnen nach. Sie spüren, wie alle Ihre Sinne hellwach sind, Sie spüren die Sonne auf Ihrer Haut, ziehen den Duft des Frühlings ein. Ihre Schritte sind leicht, fast schwebend. Während Sie dem Erlebten nachspüren, empfinden Sie schon einen ersten Hauch von Sehnsucht, den anderen wieder zu sehen, seine Stimme wieder zu hören, seine Nähe wieder zu spüren. Aber es wird eine Weile dauern, bis ein Wiedersehen möglich ist. Sie werden erst einmal nur miteinander telefonieren können.

Etwas später: Sie sitzen am Telefon. Er hat nach längerer Abwesenheit versprochen, heute Abend anzurufen. Sie haben sich schon so lange darauf gefreut. Die Minuten fühlen sich allmählich wie Stunden an. Um sich abzulenken, setzen Sie sich hin und beginnen, einen langen Brief an ihn zu schreiben, zerreißen das Geschriebene aber immer wieder. Sie fangen an, innere Dialoge mit ihm zu führen. Unruhe erfüllt Sie, Sie werden unsicher, der erste Hauch von Zweifel taucht auf. Sie versuchen, ihn zu verscheuchen ...

Szenenwechsel: Sie sind Wissenschaftler und sitzen vor einer schwierigen Aufgabe. Alle bisherigen Antworten, die von früheren Forschern und heutigen Kolleginnen und Kollegen gefunden worden sind, können Sie nicht mehr befriedigen. Sie spüren, dass es eine andere Lösung geben muss, eine radikale, eine, die das gesamte bisherige Weltbild auf den Kopf stellen würde. Sie haben Angst, das zu denken, was Ihnen als Ahnung vorschwebt. Ist es nicht Größenwahnsinn? Aber etwas zieht Sie mit Macht dahin ...

Noch eine andere Art der Sehnsucht: Sie entdecken nach vielen mühsamen Jahren, dass Ihr ganzer bisheriger Lebensentwurf falsch war. Sie haben sich getäuscht – in sich selbst, in anderen. Sie haben das Gefühl, Sie sitzen fest, in Ihren alten Verbindlichkeiten und Verpflichtungen. Sie wollen raus. Aber wohin? Ihr bisheriges Leben hat für Sie keinen Sinn mehr. Sie spüren die Leere, das innere Loch, den Stillstand. Es ist, als hätten Sie nie richtig gelebt. Wo ist Ihre einstige Hoffnung, Ihr Glaube geblieben? Woraus sollen Sie neue Kraft schöpfen?

Wenn Sie sich aber Zeit lassen und in sich hineinhorchen, spüren Sie, dass etwas Lebendiges unter dem Schutt der vergangenen Jahre vergraben liegt und leise Signale von sich gibt. Sollen Sie diesen Hilferuf ernst nehmen? Haben Sie noch die Kraft, die dicke Schicht aus erstarrten, aber lieb gewonnenen Gewohnheiten abzuräumen, um dorthin zu gelangen?

Sehnsucht nach Romantik, Liebe, Lust, Leidenschaft. Sehnsucht nach der Heimat, Sehnsucht nach der Ferne, nach dem Abenteuer, nach der Freiheit. Sehnsucht nach Erkenntnis. Sehnsucht nach Leben. Was ist ihnen gemeinsam?

Was ist Sehnsucht?

Sehnsucht beseelt uns. Sie berührt uns unmittelbar in der Tiefe unserer Seele. Sie erreicht ganz mühelos unser *Innerstes*.

Sehnsucht bewegt uns. Sie reißt uns aus der Lethargie, sie zerreißt den grauen Vorhang, der uns sonst von unseren inneren Gefühlen trennt. Sie reißt uns aus der Normalität des Alltags.

Wir sind ganz bei uns, wenn wir unsere Sehnsucht spüren. Die Zeiten der Sehnsucht sind besondere Momente im Leben. Wir spüren sie mit äußerster *Intensität*.

In dieser Intensität liegt ein ungeheures Veränderungspotenzial. Es ist eine Kraft, die unser ganzes Leben verändern kann, wenn wir den Mut haben, ihr zu folgen. In der Sehnsucht finden wir die Quelle der Leidenschaft. Wir leben leidenschaftlich, wenn wir unserer Sehnsucht folgen. In der Erfüllung unserer Sehnsucht erfahren wir den Sinn unseres Lebens.

Sehnsucht ist auch die *Quelle unserer Inspiration*. Sie erweckt unsere Kreativität zum Leben. Sie ist, neben der Neugierde, eine wesentliche Triebkraft für künstlerisches Schaffen. Wir erschaffen Neues, wenn wir von Sehnsucht beseelt sind. Und das, was wir in diesem Moment produzieren, sei es ein Gedicht, ein Lied, ein Gemälde, ein Roman, ist »beseelt«, weil es Ausdruck unserer Seele ist. Der Betrachter des Bildes, der Hörer der Musik spürt den lebendigen Hauch, der aus dem Kunstwerk spricht. Auch er wird in seiner Seele berührt.

Den gleichen lebendigen Impuls gibt die Sehnsucht dem Philosophen, dem Politiker, dem Revolutionär. In der Sehnsucht steckt der Funke der Veränderung auch im gesellschaftlichen und politischen Bereich.

Dies ist das Wundervolle an der Sehnsucht. Deshalb ist die Sehnsucht ein großes Geschenk. Wir müssen sie nur ernst nehmen.

Aber weshalb hören wir so wenig auf ihre Stimme? Weshalb fühlen wir uns oft gar von ihr gestört? Weshalb haben wir, wenn wir ehrlich sind, sogar Angst vor ihr? Um dies zu verstehen, müssen wir uns den Schattenseiten der Sehnsucht zuwenden. Wo Licht ist, ist auch Schatten.

Ambivalenz

Sehnsucht verbindet uns mit unserem *Unbewussten*, mit den untergründigen Strömungen unserer Seele. Hier sind unsere vitalen Triebe beheimatet. Deshalb erfüllt uns Sehnsucht bisweilen mit einer solchen Vitalität und einem inneren Feuer, dass wir das Gefühl haben, darin zu verbrennen. Im Unbewussten sind aber auch unsere instinkthaften, animalischen Triebe zu Hause. Diese Kräfte stehen jenseits von Moral und Vernunft. Als archaische, lebenserhaltende Kräfte sind sie lange vor unserem Gewissen entstanden. Sie gehorchen dem Gesetz des Alles oder Nichts. Abwägen ist ihnen fremd. Deshalb kann uns die Sehnsucht in Leidenschaften stürzen, die wir weder mit unserem Verstand noch mit unserer Moral zu bändigen vermögen.

Andererseits verbindet uns Sehnsucht mit *Gott*, mit der *Transzendenz*. Sie weist über unser individuelles, kleines Ich hinaus und verbindet uns mit etwas, das größer ist als wir. Die Sehnsucht nach Gott, nach Sinn, nach der Anbindung mit dem Unendlichen ist vielleicht die tiefste Empfindung, die wir zu spüren imstande sind.

Es ist erstaunlich, wie nahe die animalischen, die so genannten niederen Instinkte der göttlichen Erleuchtung sein können. Beides finden wir in unserer Sehnsucht vereint. Um ein religiöses Bild zu benutzen: In der Sehnsucht scheinen Gott und Teufel gleichermaßen zu wirken. Unsere Sehnsucht kann aus uns Verräter und Verbrecher machen, und sie vermag uns zu Helden und Heiligen zu erheben.

Deshalb raubt uns Sehnsucht immer wieder den Schlaf. Sie stört uns im Alltag. Sehnsucht ist dysfunktional, sie erzeugt Reibung im alltäglichen Getriebe. Sehnsucht verunsichert uns, macht Angst. Sie löst in uns eine *Verunsicherung* aus, die wir nur schwer in Worte fassen können. Warum?

Dazu wenden wir uns der Phänomenologie der Sehnsucht zu und fragen: In welcher Form erscheint Sehnsucht?

Sehnsucht äußert sich vor allem als *Stimmung*. Es ist eine Stimmung, die wir in uns spüren. Als solche ist sie schwer mitteilbar. Es ist einfacher, die Objekte oder die Ziele unserer Sehnsucht zu benennen, als das Gefühl der Sehnsucht zu beschreiben. Die Worte Liebe, Glück, Erfolg sind leichter verständlich. Aber die innere Sehnsucht ist viel schwerer in Worte zu fassen, weil sie sprachlos ist, weil sie aus einer Welt stammt, die jenseits der Worte liegt.

Sehnsucht hat mit unserem *inneren Geheimnis* zu tun. Wenn wir nach unserer Sehnsucht gefragt werden, werden wir leicht verlegen, wir geraten ins Stottern oder wenden uns errötend ab. Denn die Sehnsucht ist ein *intimes Gefühl*, etwas, was viel über uns und unser inneres Wesen aussagt. Deshalb ist sie normalerweise mit *Scham* belegt. Die Scham schützt unsere Sehnsucht vor dem Zugriff fremder, uneingeweihter Menschen. Wir teilen unsere Sehnsüchte nur mit Menschen, die uns vertraut sind, bei denen wir sicher sind, dass sie das intime Wissen über uns nicht missbrauchen.

Sehnsucht ist ein *einsames Gefühl*, sie ist oft ein *einseitiges Gefühl*, das vom Sehnenden ausgeht und auf ein Ziel draußen

16

ausgerichtet ist, ohne dass dieses auf ihn antwortet. Das Ziel kann eine andere Person sein (jemand, den wir lieben), ein Ort (die Ferne oder die Heimat), eine Tätigkeit (Abenteuer), ein innerer Zustand (Glück, Zufriedenheit, Lust) oder Gott. Aber immer ist das Ziel der Sehnsucht weit weg, es erscheint uns oft als unerreichbar. Es ist *dort,* wir sind *hier.* Das Objekt unserer Sehnsucht ist nie da, wo wir uns befinden. Ja, der Reiz der Sehnsucht scheint gerade in der Unerreichbarkeit ihres Zieles zu liegen, in der Nicht-Erfüllung, im beständigen Hungern nach dem, was uns fehlt.

Dies erscheint deshalb paradox, weil wir normalerweise nach Erfüllung unserer Wünsche streben, nach Befriedigung unserer Bedürfnisse. In der Gestalttherapie kennen wir vier aufeinander folgende Phasen des Kontaktes: Wir spüren ein Bedürfnis (wir nennen diese Phase »Vorkontakt«), suchen und finden das passende Zielobjekt (»Kontaktaufnahme«), vereinigen uns mit ihm (»Vollkontakt«) und nehmen es in uns auf (»Nachkontakt«).

In der ersten Phase, dem Vorkontakt, spüren wir einen Wunsch oder ein Bedürfnis, das sich gefühlsmäßig als Verlangen oder Begierde äußert. Diese beiden Gefühle sind wie die Sehnsucht auch auf ein Ziel gerichtet, aber sie treiben uns voran zum Objekt unserer Begierde, sie streben nach Erfüllung. Und wenn wir unser Ziel erreicht haben, legen sich unser Verlangen und unsere Begierde. Unser Hunger ist gestillt. Insofern sind sie eindeutige, motivierende Kräfte, die uns zum Ziel hin in Bewegung setzen.

Nicht so die Sehnsucht, vor allem wenn sie neurotisch gefärbt ist. (Der Unterscheidung zwischen natürlichen und neurotischen Sehnsüchten ist später ein eigenes Kapitel gewidmet.) Sie ist zwar auch zielgerichtet, aber sie lässt den Sehnenden bei sich bleiben. *Die Sehnsucht scheint sich selbst zu genügen.* Noch mehr: Es ist, als hätte sie sich selbst zum Ziel. Ihr Ziel scheint die weitere Steigerung und Intensivierung der Sehnsucht zu sein, nicht deren Lösung! Wir werden später im Kapitel »Casablanca« versuchen, diesem Rätsel auf den Grund zu gehen.

Profaner ausgedrückt: Diese Art von Sehnsucht ist manchmal wie ein Auto, das mit angezogener Bremse beschleunigt wird. Sie scheint aus mindestens zwei einander entgegengesetzten Kräften zusammengesetzt zu sein: einer vorwärts treibenden und einer bremsenden Kraft. Es gibt etwas, was uns mit allen Fasern unseres Herzens zum Objekt unserer Sehnsucht zieht. Gleichzeitig existiert auch eine andere Macht, die uns ebenso stark davon zurückhält.

Meist erleben wir die Anziehung bewusster. Die Abstoßung ist uns weniger bewusst, vielleicht ist sie uns auch weniger geheuer. Sie hat mit Angst, Scham, zuweilen mit Grauen zu tun. Hier offenbart sich die Nachtseite der Sehnsucht, das Dämonische, das uns mit dem Abgründigen in der menschlichen Natur verbindet. Vielleicht besteht gerade hierin die Faszination, die von der Sehnsucht ausgeht. Wir werden dieser Schattenseite der Sehnsucht später im Buch ein gesondertes Kapitel widmen. Hier zeigt sich auch, weshalb die Sehnsucht solch ambivalente Gefühle in uns hervorruft. Im Grunde besteht Sehnsucht aus einem Bündel äußerst widersprüchlicher Gefühle. In der Erfüllung der Sehnsucht hoffen wir auf neues Leben, neues Glück. Wir sind beflügelt von der Vision einer anderen, besseren Welt. Gleichzeitig liegen Tod, Scheitern und Absturz bedrohlich nahe.

Das macht den bitter-süßen Geschmack der Sehnsucht aus. Deshalb liegen in ihr Freud und Leid so dicht beieinander. Deshalb befällt den Sehnsüchtigen manchmal das schwindelnde Gefühl, auf einem schmalen Grat zu wandern.

Nun verstehen wir die ungeheure innere Spannung, die der Sehnsucht innewohnt. Diese extremen Gefühle sind auf Dauer schwer zu ertragen. Deshalb neigen sehnsüchtige Menschen dazu, sich zu betäuben – mit Alkohol, mit Drogen, mit exzessivem Essen, Trinken, Hungern, Fernsehen, Sex oder Arbeiten.

Sehnsüchtige sind suchtgefährdet. Die Endung »-sucht« ist ein wesentlicher Bestandteil der Sehnsucht.

Dabei sind sehnsüchtige und suchtgefährdete Menschen der Wahrheit oft näher als ihre »normalen«, durchschnittlichen Mitmenschen. Sie sehen die Welt oft klarer und schärfer. Sie spüren früher als andere, wo etwas nicht stimmt, wo Veränderung Not tut. Nur: Sie besitzen nicht die Fähigkeit, ihre Vision in die Realität umzusetzen. Bei ihnen klaffen Vision und Realität zu weit auseinander. Sie können diese Kluft nicht überbrücken und stürzen leicht hinein.

Wenn es ihnen gelingt, mehr Boden unter die Füße zu bekommen, wenn sie lernen, besser zwischen Innen und Außen, zwischen Ich und Du, zwischen Illusionärem und Realisierbarem zu unterscheiden, dann können sie einen wichtigen Beitrag für die menschliche Gemeinschaft leisten. Viele Pioniere und Revolutionäre in der Kunst, der Wissenschaft, der Politik und der Religion waren Menschen, die von der Sehnsucht nach Neuem und Unergründlichem erfüllt waren und den Mut hatten, ihre Vision in die Tat umzusetzen.

So gesehen ist die Sehnsucht nicht nur ein privates Gefühl, das wir verschämt für uns behalten sollten. Sie hat eine große Bedeutung für die menschliche Gemeinschaft. Dieses privateste aller Gefühle birgt in sich eine unheimliche Kraft, die, bleibt sie unverstanden oder missdeutet, einen Menschen (manchmal auch seine Umgebung) ins Unglück stürzen und zugrunde richten kann. Sie hat in sich aber auch das Potenzial, demselben Menschen und seiner Umgebung Glück und Erfüllung zu bringen, wenn sie verstanden, angenommen und in der Realität verankert wird.

Formen und Quellen der Sehnsucht

Sehnsucht hat nicht nur einen Ursprung. Wenn wir sie genauer untersuchen, werden wir bald entdecken, dass sie wie ein Strom ist, der aus verschiedenen Quellen gespeist wird. Ich habe folgende Quellen der Sehnsucht genauer untersucht:

QUELLEN DER SEHNSUCHT

○ Sehnsucht von Kindern und Jugendlichen

○ Frühe Erfahrungen von Verlust, Entwurzelung und Entbehrung

○ Angst vor dem realen Leben

○ Angst vor Nähe

○ Flucht aus dem grauen Alltag

○ Stellvertretendes Ausleben der Sehnsüchte der Eltern

○ Die Suche nach dem eigenen Wesenskern und nach dem Sinn des eigenen Lebens

---

Wenn wir diese Quellen der Sehnsucht kennen, können wir in jedem Einzelfall überprüfen, welches der Motive gerade wirksam ist. Dies ist zum Beispiel für die Therapie wichtig, wenn jemand unter seiner Sehnsucht leidet. Eine Therapie setzt stets eine genaue Diagnose voraus. Wenn wir mit der betreffenden Person die Quelle ihrer Sehnsucht herausfinden können, sind wir besser imstande, ihr Leiden zu lindern.

Dabei sollten wir uns vor Augen halten, dass manche Formen der Sehnsucht von mehreren Motiven gleichzeitig gespeist werden können. Ähnlich wie bei einem Wasserlauf ist es gerade die Vermischung und Durchmischung verschiedener Zuflüsse, die den Strom der Sehnsucht sintflutartig anschwellen lassen können.

Wenn wir uns beispielsweise unsterblich verlieben, ist es oft nicht das erotische oder das sexuelle Moment allein, das uns so in Beschlag nimmt. Parallel dazu können folgende Prozesse gleichzeitig in uns ablaufen:

Mit dem Verliebtsein fühlen wir uns oft mit der ganzen Welt, ja mit dem ganzen Universum verbunden. Wir spüren gleichsam den göttlichen Hauch, der uns zu neuem Leben erweckt. Hier tritt der transzendente Aspekt der Sehnsucht auf, ohne dass die Verliebten sich dessen bewusst sind.

Zugleich werden uns alle früheren Erfahrungen von Lieben und Leiden auf einmal wieder gegenwärtig, als würden die Stimmen der Vergangenheit in dieser jetzigen Liebe in eine neue, gewaltige Melodie einmünden. Wenn man genauer hinhorcht, kann man immer wieder alte musikalische Motive durchklingen hören.

Wenn wir von einer neuen Liebe erfüllt sind, wird uns oft unser bis dahin nicht gelebtes Leben schmerzlich bewusst. Wir glauben dann, dass wir bisher gar nicht richtig gelebt haben, dass wir nur vor uns hin gedämmert haben, und wir spüren den sehnlichen Wunsch: »Jetzt will ich leben – oder nie!«

Um solche Quellen der Sehnsucht genauer erkennen zu können, werden wir in den folgenden Kapiteln diese verschiedenen Formen und Quellen der Sehnsucht näher untersuchen. Daran anschließend werden wir anhand des Beispiels der unglücklichen Liebe die Chancen und Risiken der Sehnsucht diskutieren. Dabei werden wir versuchen, ihre tragischen und destruktiven Verstrickungen zu verstehen, aber auch die Möglichkeiten der Heilung und der Selbstfindung, die in unserer Sehnsucht liegen, zu beleuchten.

Kindersehnsucht

Kinder sind voller Sehnsucht. Für sie ist die Sehnsucht das Natürlichste in der Welt. In der Kindersehnsucht finden wir die Sehnsucht in ihrer Urgestalt. Aus der Kindersehnsucht können wir alle anderen Formen der Sehnsucht ableiten und verstehen.

Ein Kind legt sich ins Bett. Es fühlt sich ganz wohlig eingehüllt in seiner weichen Decke, es kuschelt sich hinein, saugt den Duft der frischen Wäsche in sich ein und freut sich auf die süßen Phantasien, die es sanft in den Schlaf hineinbegleiten werden, auf die Träume, auf deren Flügeln es durch die Nacht fliegen wird, und auf die sanfte Landung am nächsten Morgen, wenn es langsam aufwacht ...
Ein kleiner Junge steht mit leuchtenden Augen vor einem Bagger. Er ist ganz fasziniert von dieser Riesenmaschine, die ihn um ein Vielfaches überragt. Er geht um sie herum und tätschelt zärtlich ihre Scheinwerfer, genauso zärtlich, wie seine Schwester mit ihren Puppen umgeht. Für ihn wäre solch ein Bagger das Ziel seiner Träume ...

Ein Mädchen hört sich ein Märchen aus Tausendundeiner Nacht als Gute-Nacht-Geschichte an. Es identifiziert sich dabei völlig mit dem Liebespaar, dem armen chinesischen Jungen Aladin, der im arabischen Original 'Ala ed-Dîn heißt, und der Prinzessin Badr el-Budûr, deren Namen wie ein geheimnisvoller Duft klingt. Tief bewegt lauscht es deren Abenteuer, wie sie mit Hilfe der Zauberlampe und deren Geist das schönste aller Schlösser bauen, wie der böse maurische Zauberer das Schloss samt Prinzessin raubt, wie 'Ala ed-Dîn mit Hilfe des Geistes des Rings sie wieder findet, den Zauberer und seinen Bruder tötet und sie zurück nach Hause führt. Wenn das Mädchen mit seinen Puppen spielt, spielt es das Märchen nach. Alle Rollen spricht es selbst. Wenn es eine Puppe in die Hand nimmt, spricht es aus der Puppe wie von selbst. Die Geschichte sprudelt aus ihm heraus. Es ist so sehr darin eingetaucht, dass es den Ruf zum Essen überhört ...

Ein älterer Junge, bereits im Jugendalter, braucht sich die Bücher nicht mehr vorlesen zu lassen. Als er das erste Mal in die Stadtbücherei geht und dort erfährt, dass er beliebig viele Bücher mit nach Hause nehmen darf, kommt es ihm vor, als habe er das Paradies entdeckt. Tagelang, ja nächtelang vergräbt es sich in die ausgeliehenen Abenteuerbücher. Er liest von Piraten und entführten Jugendlichen, von Rittern und geraubten Edelfrauen, von griechischen und trojanischen Helden. Während des langweiligen Schulunterrichts zeichnet er heimlich in seinen Schulbüchern und -heften die Helden und Bösewichte nach. Er träumt davon, einmal ein großer Künstler zu werden und eine ebenso schöne Frau zu entführen wie einst Paris die Helena ...

Ein anderer Junge geht am liebsten ins Kino, wo er im Dunkeln die Dramen von Liebe und Tod miterleben kann, als stünde er mitten drin. Einen Zeitungsausschnitt mit seiner Lieblingsschauspielerin trägt er im Geheimen überall mit sich. In seinen nächtlichen Träumen begegnet er ihr leibhaftig und malt sich alle

Einzelheiten ihrer dramatischen Liebesgeschichte genauestens aus ...

Eine Altersgenossin von ihm interessiert sich überhaupt nicht mehr für Bücher. Sie kauft sich Zeitschriften. Vor einigen Jahren waren es noch Pferdegeschichten, die sie leidenschaftlich verschlang. Aber nachdem sie die eine Popgruppe im Fernsehen singen und tanzen gesehen hat, kauft sie sich nur noch Musikzeitschriften. Sie reist »ihrer« Gruppe überallhin nach, findet heraus, in welchen Hotels sie übernachtet, und malt sich aus, wie es wäre, wenn sie sich dort einmietet, um ihren Idolen auch nach den Konzerten nahe zu sein. Ihr Zimmer ist von der Decke bis zum Boden mit Fotos und Postern der Bandmitglieder voll tapeziert, sie legt sich ein ganzes Archiv über sie an. Viele Aufnahmen ihrer Songs besitzt sie in mehrfacher Fassung in ihrer CD-Sammlung. Sie ist Mitglied mehrerer Fanclubs im In- und Ausland und korrespondiert regelmäßig mit ihnen.

Ein anderer Heranwachsender macht sich weniger aus Musik. Auch Mädchen interessieren ihn kaum. Er geht lieber stundenlang mit einem Schulfreund spazieren und diskutiert mit ihm über Gott und die Welt. Ob es Gott wirklich gibt, und wenn ja, wie kann man ihn beweisen? Und wenn nein, was würde das für die Gesellschaftsordnung bedeuten? Soll man in der Welt eher nüchterner Beobachter sein, oder soll man sich engagieren, wenn ja, worin? Klar ist es besser, sich auf einen objektiv-rationalen Standpunkt zu stellen als auf einen subjektiv-emotionalen, aber soll man das Weltgeschehen eher aus einem kritischen oder aus einem zynischen Blickwinkel betrachten? Was sagt die Wissenschaft dazu, was meinen die alten Philosophen? ...

Wer von uns kennt solche Sehnsüchte nicht aus der eigenen Kindheit? Wenn wir uns zurückerinnern, kommt es uns fast vor, als sei unsere Kindheit mit Sehnsüchten und Tagträumen randvoll gefüllt gewesen, als wäre der sonstige kindliche Alltag mit Kindergarten, Schule und den häuslichen Pflichten bloße Unterbrechung im unendlichen Strom von Phantasien und Traumgebilden gewesen. Nur unfreiwillig ließen wir uns von den Erwachsenen aus unserer Phantasiewelt herausreißen. Transuse, Tunichtgut oder Eigenbrötler wurden wir von ihnen oft geschimpft, ohne zu verstehen, was sie eigentlich meinten oder was sie von uns wollten. Wenn wir ihnen im Wege standen, hieß es, wir sollten spielen gehen. Aber wenn wir im Spiel versunken waren, wurde uns Pflichtvergessenheit und Trödelei vorgeworfen.

Große Leute sind schon sehr komisch, konstatierten wir, und da wir sie nicht verstanden und sie uns nicht, lebten wir eigentlich in verschiedenen Welten, die sich nur gelegentlich überschnitten.

Heute sind wir selber groß und schütteln die Köpfe über unsere Kinder, die alles um sich auf dem Boden ausbreiten und keine Ordnung in ihrem Zimmer halten können (zumindest keine für uns sichtbare). Oder wir schimpfen auf den Jugendlichen, der stundenlang auf der Couch oder vor dem Fernseher herumlungert, statt an seinen Schularbeiten zu sitzen. Wir regen uns auf, weil er völlig abwesend antwortet, wenn man ihn anspricht. Wo sind die Kinder bloß mit ihren Gedanken?

Meist sind sie im Land ihrer Sehnsucht. Bloß kennen sie diesen Begriff noch nicht. Sie können daher den Zustand, in dem sie geistig viel Zeit verbringen, nicht benennen. Sie können ihn uns nicht begreiflich machen, ist doch die Welt ihrer Träume so flüchtig, gemessen an den handfesten Realitäten unserer Erwachsenenwelt ...

Es gibt aber nichts Natürlicheres als Kindersehnsüchte – jedes normale Kind träumt und phantasiert. Unter den Sehnsüchten, von denen wir in diesem Buch noch einige kennen lernen werden, gibt es keine natürlicheren als die Sehnsüchte von Kindern und Jugendlichen. Stellen sie doch einen wesentlichen

Bestandteil, eine unentbehrliche Würze in der gesunden Entwicklung eines Kindes und Jugendlichen dar.

Weshalb gehören Kindheit und Sehnsucht so innig zueinander? Gehen wir dieser Frage einmal näher nach.

Zeit der Reifung

Das Kindes- und Jugendalter ist die Zeit des Werdens und Reifens. Es ist die Zeit des Noch-nicht-Seins, aber zugleich die Zeit des Wachsens in die zukünftige Gestalt.

So wie im Samen der spätere Baum angelegt ist, so ist das spätere Leben eines Menschen bereits in seiner Kindheit angelegt. Aber die spätere, endgültige Gestalt kennen wir noch nicht. Das genetische Erbe gibt dem Individuum zwar einen gewissen Rahmen (auch Matrix genannt), in den es hineinwachsen kann, so wie im Samen eines Birnbaumes die allgemeine Form eines Birnbaumes angelegt ist. Aber wie dieser eine Baum später tatsächlich aussieht, wie hoch, wie verzweigt er sein, wie viele Früchte er tragen wird, hängt von vielen äußeren und inneren Bedingungen ab. So könnte man poetisch sagen: Der Same eines Baumes träumt seiner späteren Gestalt entgegen, so wie das Kind seiner späteren erwachsenen Gestalt entgegenträumt.

Die Sehnsucht ist das Medium, das diesen Lebenstraum durch die Zeit – aus der Gegenwart in die Zukunft – trägt. Auf den Schwingen der Sehnsucht träumt das Kind seiner Zukunft entgegen. Es webt das Hier und Jetzt in das bereits Gewordene ein und fügt seine Wünsche und Träume wie Gold- und Silberfäden hinzu.

Die Zukunftsschmiede

Die Kindheit ist der Frühling unseres Lebens. Im Frühling erwacht das Leben aus dem Winterschlaf. Die Tage werden länger, die Nächte sind noch kalt, aber wenn die Sonne aufgeht, steigt sie höher und wärmt uns. Die Pflanzen schicken vorsichtig ihre Sprossen aus der schützenden Erde. Die Vögel stimmen sich langsam in ihrem Gesang ein.

Frühling ist die Zeit der Hoffnung. Wir wissen noch nicht, was das Jahr uns bringen wird. Wir wissen nicht, ob es einen heißen oder regnerischen Sommer geben wird, ob der Herbst uns reiche Ernte bringen wird und der Winter Schnee und Frost. Im Frühling ist alles noch möglich, genau wie in der Kindheit. Das Buch des Lebens liegt noch weitgehend unbeschrieben vor uns.

So werden in den Sehnsüchten der Kinder- und Jugendtage die späteren Lebensziele vorgeträumt und geformt. »Was will ich werden? Wie soll mein Leben später aussehen? In was für einer Welt möchte ich leben? Im harmlosen Rollenspiel probt das Kind für den späteren Ernstfall. Beim wiederholten Anhören desselben Märchens erfährt es von den Gefahren und Chancen des Lebens, lernt es Tod und Auferstehung, Trennung und Wiederfinden, Grausamkeit und Gnade kennen. Aus den Schicksalen der eigenen Familie und der Art, wie diese Schicksale interpretiert und gedeutet werden, formt es den eigenen Lebensentwurf, zeichnet es die seelische Landkarte, mit deren Hilfe es sich später im Leben zurechtfinden wird.

In seine Wünsche mischen sich natürlich auch Ängste und Befürchtungen. Die Kindheit ist ja vor allem eine Zeit der Ängste. Die Welt ist noch so unheimlich groß, so unverständlich und gefährlich. Das kleine Kind versteht weder die komplexen Vorgänge der Erwachsenenwelt, noch besitzt es die Fähigkeit, diese Welt zu beeinflussen oder gar zu beherrschen. Deshalb stellt es, sobald sein Intellekt mit drei oder vier Jahren heranreift, seine endlosen Fragen an die Erwachsenen: »Wo kommen die

Kinder her?« »Warum halten wir bei Rot an?« »Wo ist Opa hingegangen, als er gestorben ist?« »Wie sieht er unter der Erde aus?«

Und wenn die Erwachsenen keine Antworten geben, oder wenn ihre Antworten die Neugier des Kindes nicht befriedigen und seine Ängste nicht besänftigen können, dann sucht sich das Kind seine eigenen Antworten. Es versucht sich ein Bild von sich und der Welt zu machen, das in Übereinstimmung mit seinen bisherigen Erfahrungen steht. Ein Kind, das in freundlichen Verhältnissen aufwächst, wird eher ein optimistisches Weltbild entwerfen als eines, das schon früh mit den Härten des Lebens konfrontiert wird. Aber zu diesen Erfahrungen aus der Außenwelt gibt jedes Kind auch etwas von sich selbst aus seinem Inneren hinzu. Es wirft seine eigene Persönlichkeit in die Waagschale, die seinem Bild der Welt eine eigene, unverwechselbare Färbung und Prägung gibt.

Jedes Kind schmiedet an seiner Zukunft, und jedes Kind schmiedet sie auf seine individuelle Weise. Mit dem gleichen Hindernis konfrontiert, wird das eine Kind schon früh verzagen und den Rückzug antreten, das nächste wird versuchen, das Hindernis zu umgehen oder ein anderes Ziel anzusteuern, ein drittes wird seinen ganzen Lebenswillen aufbieten, um das Hindernis zu überwinden, während ein viertes nach jemand anderem sucht, der ihm das Hindernis aus dem Weg schafft. So werden in den Sehnsüchten und Träumen der Jugendzeit Lebenskonzepte, Lebensperspektiven und Lebenseinstellungen geschmiedet.

Das Erwachen der Sexualität

In der Pubertät erwacht die Sexualität und die Liebessehnsucht. Der Körper des Jugendlichen verwandelt sich auf unübersehbare Weise: Überschießendes Längenwachstum, Stimmbruch, Bart- und Schamhaaransatz, Heranwachsen der Brüste und der Geschlechtsteile, der Beginn der Menstruation, die nächtliche Pollution, Akne und Pickel, unkontrollierbares Erröten, Schweißausbrüche, Körpergeruch usw. gehören in diese Zeit.

Viele Jugendliche sind nicht auf solche dramatischen Veränderungen vorbereitet, selbst wenn sie sexuell aufgeklärt sind. Manche erleben sich fast so, als würde sich ein Monster aus ihrem Körper herausschälen. Da die Veränderungen nach außen für jeden sichtbar sind, sind sie überwältigt von Scham- und Peinlichkeitsgefühlen. Sie versuchen die äußeren Veränderungen so gut es geht zu verstecken – letztlich ein unmögliches Unterfangen. Deshalb verkriechen sie sich, sie lassen sich nicht blicken, fotografiert zu werden ist eine Qual. Hungern, Fasten und Diäten sind ein verzweifelter Versuch, die körperliche Metamorphose aufzuhalten.

Aber nicht nur der Körper lässt sie im Stich. Auch das seelische Befinden gerät aus dem Gleichgewicht. Völlig neue Gefühle und Körperempfindungen überfallen sie. Die körperlichen Veränderungen gehen mit sexuellen Erregungen einher, die die Jugendlichen in diesem Ausmaß nicht gekannt haben: Lust, Begierde, Ekel und Scham. Sie fühlen sich angezogen von Gleichaltrigen, oft gleichzeitig von beiden Geschlechtern, von Jüngeren und Älteren, von den eigenen Geschwistern, manchmal sogar von den eigenen Eltern. Oft ist die Lust begleitet von Angst, von Ekel und Scham, so dass die Jugendlichen gar nicht wissen, wie sie sich gegenüber den »Objekten ihrer Begierde« verhalten sollen. Statt zu erröten und herumzustottern ziehen sie es vor, ruppig zu reagieren oder den direkten Kontakt ganz zu vermeiden. Überhaupt »gehen« ihre Gefühle mit ihnen »durch«, wie auf einer emotionalen Achterbahn. Es brechen in ihrem Innern Vulkane aus, deshalb müssen sie umso mehr versuchen, nach außen cool zu bleiben und die Fassung zu bewahren. Ein schrecklicher Zwiespalt!

Mit den sexuellen Empfindungen erwacht auch die Liebessehnsucht. In der sexuellen Aufklärung wird beides leicht in einen

Topf geworfen. Aber die Liebessehnsucht ist etwas anderes als bloßer Ausdruck der Sexualität. Erotik und Sex sind miteinander verwandt, sie sind aber nicht dasselbe. Sex kann in Aufklärungsbüchern abgehandelt werden, Erotik aber kaum. Erotik, wenn sie überhaupt lehr- und lernbar ist, wird eher *indirekt* vermittelt, zum einen durch das künstlerische Medium – durch Dramen, Romane, Filme, durch die Musik und die bildende Kunst –, zum anderen durch das Erleben der Natur, wo die Weite der Landschaft, die Tiefe der Nacht oder die Unendlichkeit des Meeres die Seele des Jugendlichen unmittelbar ansprechen.

Liebessehnsucht hat, im Gegensatz zum sexuellen Verlangen, nicht Lustbefriedigung zum Ziel, sondern die Nähe zur geliebten Person. Ihr geht es um Intimität, um körperliche Zärtlichkeit und seelischen Gleichklang. Sie ist ein zärtlicheres, leiseres Gefühl, vielleicht weniger stürmisch, aber umso tiefer, manchmal auch abgründiger. Liebessehnsucht lässt sich daher auch nicht so klar, eindeutig und direkt ausdrücken wie sexuelle Lust. Sehnsucht ist nicht handlungs-, sondern gefühlsorientiert. Sie ist ein Gefühl, das »zwischen« den Liebenden schwebt. Deshalb ist sie auch schwerer zu lokalisieren.

Dies entspricht aber genau dem Seelenzustand von Jugendlichen. Denn sie sind noch unsicher im direkten Kontakt mit dem anderen Geschlecht. Sie ziehen es vor, von der geliebten Person zu träumen, als ihr tatsächlich zu begegnen. Deshalb vermischen sich bei ihnen sexuelles Verlangen und Liebessehnsucht: Auch wenn sie sexuell angezogen sind, verlagern sie ihr Verlangen in ihre Tag- und Nachtträume. Noch zu scheu für die direkte körperliche Begegnung befriedigen sie sich im Geheimen, erschaffen sie die Liebesgeschichte in ihrer Phantasie.

Das ist in dieser Entwicklungsphase durchaus normal. Denn die Kinder- und Jugendzeit ist eine Zeit des Wartens, sie ist eine Zeit der Vorbereitung.

Kinder und Jugendliche können, dürfen, sollen, müssen noch nicht. Sie besitzen weder die Macht noch die Fähigkeit noch das Geld noch die Notwendigkeit, zuzugreifen und ihre Welt tätig zu verändern.

Offensichtlich wird dies an der Minderjährigkeit von Kindern und Jugendlichen: Das noch nicht volljährige Kind ist nicht beziehungsweise nicht voll geschäftsfähig. Es wird vertreten durch seine Eltern beziehungsweise seinen Vormund, der für es spricht und in seinem Namen handelt. Es steht unter elterlicher Fürsorge (früher hieß es drastischer: unter elterlicher Gewalt). Sein Leben ist fremdbestimmt, das heißt von anderen Menschen bestimmt. Von diesen ist das Kind abhängig. Wer noch vor seiner Volljährigkeit das Leben in die eigene Hand nehmen will, zum Beispiel indem er wegläuft, riskiert es, zusätzlich zu den Eltern die »Sorge« durch staatliche Institutionen in der Gestalt von Jugendämtern und Heimen zu erfahren.

So bleibt den meisten Kindern und Jugendlichen nur das Abwarten – und die Sehnsucht.

Deshalb ist es so wichtig, dass Kinder die Möglichkeit und die Zeit haben, ihren Sehnsüchten und Tagträumen ungestört nachzuhängen, ohne dass sie in zu rigide und reglementierte Tages- und Arbeitsrhythmen eingezwängt sind. Sie sollen auch nicht dauernd gestört werden in ihrer Muße. Kinder brauchen viel Zeit für sich, in der sie sich mit sich selbst wohl fühlen und ihren Gedanken, Gefühlen und inneren Impulsen freien Lauf lassen können. (Dies gilt natürlich nur, wenn sie in ihren sonstigen Bedürfnissen befriedigt sind. Ein hungriges Kind oder ein frierendes Kind wird kaum seinen Tagträumen nachhängen können.)

Kinder brauchen außerdem ein Ohr, das ihnen zuhört. Mehr als Erwachsene brauchen sie Zuspruch und Ermutigung in ihren Sehnsüchten und Wünschen. Denn Kinder sind sehr offen

gegenüber ihren Bezugspersonen und von diesen leichter be-
einflussbar in ihren Gefühlen und Gedanken. Wenn ihre zarten
Sehnsüchte bei Erwachsenen keinen Widerhall finden, oder
wenn sie gar auf Verachtung und Ablehnung treffen, dann
verkümmern sie, oder sie verkriechen sich in die dunkleren
Ecken der Seele und verstecken sich hinter einer immer dicker
werdenden Mauer aus Scham. Umgekehrt blühen Kinder auf,
wenn sie auf jemanden treffen, der empfänglich ist für ihre
stillen und unausgesprochenen Wünsche und Sehnsüchte.

Ein Junge, Einzelkind reicher Eltern, wuchs vorwiegend mit
Kindermädchen und Dienstboten auf. Er war ständig umgeben
von Erwachsenen, die ihn mit ihrer erwachsenen Sprache
ansprachen und ihm erwachsene Dinge beibrachten. So wurde
er altklug und in sich gekehrt.
Einmal bekamen sie zu Hause Besuch von einer Gruppe von
Kollegen seines Vaters. Ein junger Kollege, der etwas abseits
von den anderen stand, beobachtete, wie der Junge auf einem
Blatt Schiffe zeichnete. Er trat unauffällig näher, setzte sich auf
die andere Seite des Tisches, nahm ebenfalls Papier und Bleistift
und zeichnete ein herrliches Schlachtschiff aufs Papier. Der
Junge schaute völlig fasziniert zu, wie der Erwachsene die Linien
sicher zog, wie er dem Rumpf des Schiffes die passende
Schattierung gab, die natürliche Bewegung der Wellen und der
Rauchschwaden aus den Schloten formte. Am Ende reichte ihm
der Erwachsene lächelnd das Blatt mit der fertigen Zeichnung.
Sie tauschten kein einziges Wort.
Der Junge hat diesen Besucher nie mehr wieder gesehen. Er
hat ihn auch nie vergessen.

Realisierung der Sehnsucht

Ferner brauchen Kinder die Gelegenheit, ihre Träume und Sehnsüchte in die Tat umzusetzen. Träume und Sehnsüchte sind dazu da, gelebt zu werden. Sie sind kein Selbstzweck. Ein manuell geschicktes Kind braucht Holz, Säge, Hammer und Nägel, um seine Modellschiffe und -autos zu basteln. Ein musisch begabtes Kind braucht ein passendes Instrument und einen guten Lehrer, ein sozial interessiertes Kind regelmäßigen Kontakt mit anderen Kindern. Auch hierfür brauchen Kinder erwachsene Bezugspersonen, die ein Gespür für ihr individuelles Interesse, ihre Anlagen und Neigungen haben, ohne dabei aufdringlich oder überfordernd zu sein. So manche kindliche Sehnsucht ist von erwachsenem Ehrgeiz im Keim erstickt worden, bevor sie die Möglichkeit hatte, sich im eigenen Tempo aus sich selbst zu entfalten.

Vom Erwachsenen erfordert es viel Toleranz und Gelassenheit, um die Sehnsucht des Kindes von den Sehnsüchten des Erwachsenen, das eigenständige Streben des Kindes vom erwachsenen Ehrgeiz zu unterscheiden.

Es gibt einen alten Zen-Spruch, den Fritz Perls, der Gründer der Gestalttherapie, übernommen hat: »Don't push the river. It flows by itself.« (Ein Fluss braucht nicht angeschoben zu werden. Er fließt von selbst.) Die natürliche Sehnsucht eines Kindes braucht auch nicht angeschoben zu werden. Sie entspringt seiner Seele. Zu gegebener Zeit wird sie von allein auf ihre Bestimmung zusteuern.

Ich möchte dieses Kapitel kurz zusammenfassen: Die Sehnsüchte von Kindern und Jugendlichen stellen eine wichtige motivierende Kraft in der normalen Entwicklung dar: Hier werden die späteren Lebensziele, die späteren Lebensträume des Kindes vorgeträumt und geformt. Sehnsucht ist typisch für Kinder und Jugendliche, weil sie in dieser Zeit schon Projekte für ihre Zukunft entwerfen können, aber noch nicht die Reife, die

Fähigkeit und die Unabhängigkeit besitzen, diese auch zu verwirklichen. Wenn dieser Reifungsschritt unterbrochen, übersprungen oder gestört wird, entstehen die neurotischen, in den nächsten Kapiteln beschriebenen Formen der unstillbaren, neurotischen Sehnsucht.

Zur Entstehung neurotischer Sehnsüchte in der Kindheit

Kindheit und Trauma

Die so genannte glückliche Kindheit ist bei den wenigsten Menschen wirklich glücklich gewesen. Sie ist eher eine Fiktion von Erwachsenen, die mit ihrem Erwachsenenleben unzufrieden sind – ein Gemisch aus Dichtung und Wahrheit, ersonnen von einer rückwärts gewandten Sehnsucht. In der Retrospektive erscheint dann die Kindheit in verklärtem Licht, wie eine Oase der Unschuld, ein Hort der Freiheit und der Lebensfreude.

Aber wie oft ist die Kindheit nicht ein Ort der Angst, des Schreckens und der Einsamkeit? Welches Kind wird von sich behaupten können, es kenne diese drei Grundgefühle des Kindseins nicht?

Wenn wir Menschen nach ihrer frühesten Erinnerung fragen, erhalten wir überraschend oft die Antwort, dass diese aus einer Erfahrung besteht, in der sie sich zum ersten Mal ihrer Einsamkeit bewusst wurden: Sie wachten auf in der Nacht, und es war nichts und niemand da außer dem Ticken der Wanduhr. Erwachsen geworden, können sie sich oft nicht mehr daran erinnern, ob sie damals nach ihren Eltern geschrien oder geweint haben, aber sie erinnern sich sehr gut an dieses unheimliche Gefühl des Alleinseins. In solchen Augenblicken nimmt das Kind erstmals wahr, dass es allein ist. In ihm erwacht das Bewusstsein für sein Selbst.

Diese ersten Erlebnisse des Allein- und Verlassenseins prägen sich tief in das innere Bild, das das betreffende Kind von der Welt bekommt: »Die Welt ist keine Geborgenheit spendende Heimat. Sie ist eher wie ein verlassener Planet, auf dem ich auf mich allein gestellt bin und versuchen muss, zu überleben.« Frühe Vernachlässigung war schon immer eine häufige Erfahrung für Kinder.

Manche Kinder werden dagegen mit der gegenteiligen Erfahrung konfrontiert: Man lässt sie nicht in Ruhe, man überhäuft sie mit Liebesbezeugungen, man überfrachtet sie mit unrealistischen Erwartungen und Aufträgen, wie sie zu sein haben und wie sie nicht zu sein haben, man überfordert sie mit Aufgaben, die nicht alters- oder kindgerecht sind. Dann ist alles zu viel fürs Kind, und es weiß nicht, wohin es flüchten soll, um für sich allein sein zu können.

Andere Kinder werden psychisch und physisch misshandelt, sie werden sexuell missbraucht und ausgebeutet. Einige müssen hilflos mit ansehen, wie ein Elternteil vom anderen Elternteil beschimpft oder verprügelt wird, oder sie werden Zeuge der Misshandlung ihrer Geschwister. Das Kind spürt in solchen Zeiten seine ganze Abhängigkeit und sein Ausgeliefertsein, ohne sich adäquat gegen die Erwachsenen wehren oder sich von ihnen distanzieren zu können.

Wieder andere erleben in früher Kindheit den Verlust eines geliebten Menschen: Ein Elternteil, ein Großelternteil oder ein Geschwister wird krank, stirbt oder erleidet eine dauerhafte geistige oder körperliche Behinderung. Manchmal ist es nicht einmal ein Mensch, den das Kind verliert, sondern »bloß« ein Lieblingstier. Aber der Verlust kann genauso schwer wiegen, weil für Kinder kein prinzipieller Unterschied zwischen menschlichen und tierlichen Bezugs»personen« besteht.

Manche Verlusterfahrungen sind noch umfassender als der Tod eines einzelnen Menschen oder eines Tieres: Wenn Kinder aus ihrer vertrauten Heimat vertrieben werden, erleben sie den Verlust einer ganzen Welt. Dies ist das drastischste Beispiel für den Verlust der gewohnten Umwelt. Manchmal reicht schon ein plötzlicher, unvorbereiteter Umzug in eine andere Umgebung, um einen solchen Effekt auszulösen. Der Umzug wird vom Kind umso traumatischer erlebt, je mehr sich neben der unmittelbaren Umgebung auch die menschlichen Kontakte dramatisch und fürs Kind nicht nachvollziehbar verändern – wenn zum Beispiel mit dem Umzug die Trennung von geliebten Großeltern oder Spielkameraden verbunden ist, wenn der Umzug mit der unerwarteten Geburt eines jüngeren Geschwisters zusammenfällt, oder wenn er das Kind in einen völlig anderen sprachlichen und kulturellen Raum versetzt, in dem es von den dortigen Kindern verlacht und ausgeschlossen wird.

Wie wir noch sehen werden, können Kinder noch nicht angemessen trauern. Auf sich allein gestellt, werden sie nicht fertig mit solchen existenziellen Verlusten. Und oft ist keiner da, der sie tröstet und ihnen den Verlust begreiflich macht. Wenn ein schwerer Krankheits- oder Todesfall die Familie unerwartet trifft, oder wenn die Familie vertrieben wird, haben die übrigen Familienmitglieder meist selbst genug zu tun, um mit der eigenen Trauer fertig zu werden. Ein stilles, zurückgezogenes Kind wird leicht übersehen und übergangen. Die Erwachsenen sind froh, dass es nicht noch zusätzliche Probleme macht.

Was macht ein Kind in einer der beschriebenen traumatischen Lebenssituationen? Es hat im Grunde nur die Wahl zwischen Verzweiflung und Flucht. Es stürzt entweder in seiner Verzweiflung ab – es wird straffällig, krank, manchmal sterbenskrank, oder es bringt sich um – oder es kann nach einem Fluchtweg suchen. Auch hier hat das Kind zwei Möglichkeiten: Es sucht entweder nach einem realen Fluchtweg – es läuft von zu Hause weg, sucht Zuflucht im Kinderasyl oder bei Pflegeeltern. Dies gelingt allerdings nur in den seltensten Fällen. Fast immer bleibt das Kind gefangen im Elternhaus, oder es wird immer wieder dorthin zurückgebracht, eine Folge der gesetzlich geschützten »elterlichen Fürsorge«. Dann verbleibt ihm nur der zweite Fluchtweg: die Flucht in die Phantasie. Einen solchen imaginären Fluchtweg bietet die Sucht, daher sind so viele Jugendliche suchtgefährdet. Ein Sonderweg ist hierbei der Fluchtweg Sehnsucht.

Schauen wir uns diesen letzten Fluchtweg näher an.

Sehnsucht als Überlebensstrategie

Das allein gelassene, verzweifelte Kind greift in diesem Fall zu einem außerordentlichen Mittel, um seiner Verzweiflung zu entfliehen. Statt in dem Elend seiner Gegenwart zu ertrinken, rettet es sich in die Zukunft. Die Gegenwart mag ihm aussichtslos erscheinen, aber die Zukunft kann ihm keiner nehmen. Die Zukunft gehört nur ihm allein.

Ebenso wenig kann man ihm seine Gedanken rauben. Sein Körper kann geschunden und missbraucht werden, seine Gefühle können beschmutzt werden, aber »die Gedanken sind frei«.

So rettet sich das Kind mit einem ebenso verzweifelten wie heroischen Kopfsprung in die Zukunft und in die Gedankenwelt. In seinen Phantasien baut es eine imaginäre, bessere Welt auf.

Sehnsucht ist das typische Gefühl von Menschen, die nicht aus eigener Kraft und in eigener Verantwortung für sich handeln dürfen. Sehnsucht gehört den Abhängigen, Gefangenen, Unmündigen, Entrechteten. Für Menschen, die ihr Leben nicht in die eigene Hand nehmen können oder dürfen, ist die Sehnsucht die einzige innere Kraft, die ihnen die Hoffnung auf eine bessere

Zukunft gibt. Sie hält sie am Leben, sie gibt ihnen die Kraft weiterzumachen, selbst wenn die äußeren Umstände übermächtig sind. Nicht umsonst ist Sehnsucht die innerste Triebfeder für Revolutionäre.

Radikale Lebensziele

Sehnsucht hält das erträumte Lebensziel aufrecht. Sie sagt der betreffenden Person: »Halte durch. Du bist jetzt noch zu schwach, zu hilflos, zu unwissend, um aus dem Gefängnis deines jetzigen Lebens auszubrechen und ein neues Leben aufzubauen. Aber ich gebe dir die Hoffnung, dass du es eines Tages schaffen wirst! Ich bleibe an deiner Seite! Auch wenn du mich nicht siehst, wirst du mich spüren!«

In der psychotherapeutischen Arbeit lerne ich viele Menschen kennen, die eine schlimme Kindheit erlebt haben. Sie haben sie überlebt, weil sie an ihrer Sehnsucht festgehalten haben. Jeder von ihnen hatte eine eigene Überlebensstrategie, mit der er die Widrigkeiten seiner Jugend überstand. Jeder hatte ein Lebensziel für sich formuliert, das er in einer besseren Zukunft erreichen wollte und das ihn am eingeschlagenen Weg festhielt. In der Regel bildet sich eine solche Überlebensstrategie mit elf, zwölf Jahren.

Da sagt sich zum Beispiel der Heranwachsende, der die Ehe seiner Eltern als einen ewigen Streit erlebt: »Ich werde nie heiraten!«, oder auch umgekehrt: »Ich will unbedingt eine harmonische Ehe haben, koste es, was es wolle!« Ein von seinen Eltern vernachlässigtes Mädchen will später Kindergärtnerin oder Kinderärztin werden, damit es sich um einsame oder kranke Kinder kümmern kann. All dies sind Versuche, durch einen heroischen Entschluss die eigene Lebensproblematik anzupacken und zu lösen.

Häufig sind es aber radikale Lösungen, die ein Alles-oder-Nichts beinhalten, wie zum Beispiel: »Ich werde nie heiraten!« Dies wird später dem Erwachsenen Probleme bereiten, weil das wirkliche Leben nicht nur schwarz und nicht nur weiß ist. Als Erwachsene müssen wir lernen zu differenzieren, abzuwägen und Kompromisse zu schließen. Aber solange wir als Kinder noch nicht über das eigene Leben bestimmen können, helfen uns unsere Überlebensstrategien, auf eine bessere Zukunft zu hoffen.

Die zentrale Leidenschaft

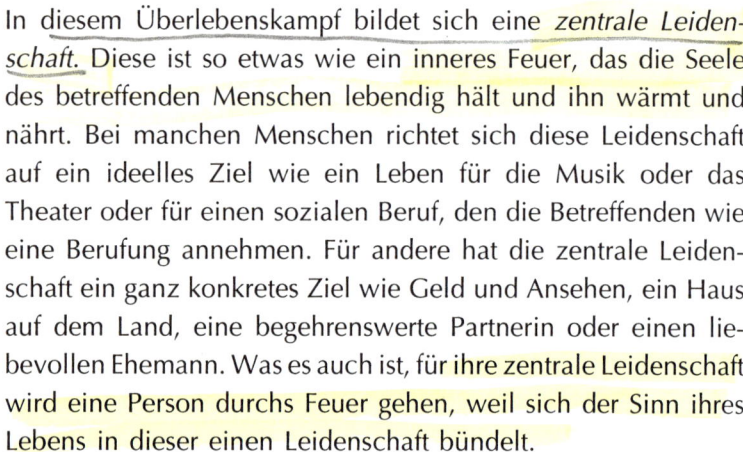

In diesem Überlebenskampf bildet sich eine *zentrale Leidenschaft.* Diese ist so etwas wie ein inneres Feuer, das die Seele des betreffenden Menschen lebendig hält und ihn wärmt und nährt. Bei manchen Menschen richtet sich diese Leidenschaft auf ein ideelles Ziel wie ein Leben für die Musik oder das Theater oder für einen sozialen Beruf, den die Betreffenden wie eine Berufung annehmen. Für andere hat die zentrale Leidenschaft ein ganz konkretes Ziel wie Geld und Ansehen, ein Haus auf dem Land, eine begehrenswerte Partnerin oder einen liebevollen Ehemann. Was es auch ist, für ihre zentrale Leidenschaft wird eine Person durchs Feuer gehen, weil sich der Sinn ihres Lebens in dieser einen Leidenschaft bündelt.

Die zentrale Leidenschaft ist für die meisten Menschen natürlich etwas sehr Persönliches, ja Intimes, ist sie doch unmittelbarer Ausdruck ihrer Seele. Mehr noch: Sie ist Ausdruck ihres Aufbäumens gegen die Wunden ihrer Kindheit. Deshalb hüten sie sie vor dem Blick oder dem Zugriff Uneingeweihter. Dieses Bedürfnis, unsere innerste Leidenschaft zu schützen, ist eine wesentliche Grundlage für die *natürliche Scham.* Durch unsere Scham geschützt, können wir so lange warten, bis wir irgendwann Menschen begegnen, die uns im Innersten verstehen und mit derselben Leidenschaft beseelt sind. Dann öffnen wir uns ihnen. Mit ihnen können wir unsere Leidenschaft leben. Unsere

Leidenschaft wird uns zur Lebensquelle, wie ich es im letzten Kapitel dieses Buches beschreiben werde.

So bilden unsere Lebenssehnsucht, unsere zentrale Leidenschaft und unsere Scham eine natürliche Triade, deren Ursprung in unserer Kindheit liegt. Sie formt unseren Charakter, sie gibt unserem späteren Leben Richtung und Sinn.

Allerdings haben unsere zentralen Sehnsüchte und Leidenschaften immer zwei Seiten. Die eben beschriebene positive Wirkung können sie nur entfalten, wenn sie uns als Leitlinien dienen, die je nach den realen Lebensumständen modifiziert und variiert werden können. Sie dürfen uns nicht zu ihren Sklaven machen. Wenn unsere Sehnsüchte und Leidenschaften aber vorwiegend entstanden sind, um traumatische Erfahrungen aus der Kindheit zu kompensieren und zu verdrängen, dann halten sie uns fest im Griff. Dann fühlen wir uns nicht frei, uns für oder gegen sie zu entscheiden. Sie üben einen Zwang auf uns aus. Sie »schaffen Leid« und sind krankhaft beziehungsweise neurotisch.

Weshalb können solche Leidenschaften so zwanghaft werden? Dies hat einen sehr verständlichen Grund: Sie sind in den frühen Lebensjahren entstanden, um das Kind von unerträglichen Schmerzen und Ängsten abzuschirmen. Sie haben eine lebens-rettende Schutzfunktion, wie Dämme, die die Seele errichtet hat, um sie vor Sturmfluten zu schützen. Wenn diese Dämme geöffnet werden, ohne dass die Person darauf vorbereitet oder reif ist, könnten die früheren schmerzlichen Erfahrungen wie eine Sturmflut ins Bewusstsein dringen und sie überschwemmen. Die Person könnte vor diesem Ansturm der Gefühle ihren Verstand verlieren, das heißt verrückt werden.

Dies ist der Grund, weshalb eine Therapie, die in die Tiefe geht, zur rechten Zeit und gut dosiert erfolgen muss. Sie erfordert viel Kraft und Geduld von beiden Seiten, sowohl vom Klienten als auch vom Therapeuten. Für diese Aufgabe braucht der Therapeut eine sorgfältige Ausbildung, eine gründliche Bearbei-tung der eigenen Konflikte sowie die Fähigkeit zum Einfühlen und Leiten. Auch in der Therapie werden oft schlimme Erfahrungen aus der Vergangenheit wieder ins Bewusstsein gespült – nur ist die Person jetzt reif genug, um sie durchzustehen, und sie ist nicht allein, wie früher in der Kindheit. Es ist ein Begleiter oder eine Begleiterin da, die sie versteht und unterstützt. So können sich die zwanghaft gewordenen Sehnsüchte und Leidenschaften langsam auflösen und die Person freigeben.

Traumwelten

Aber kehren wir zunächst zum Kind zurück, wo die Sehnsüchte und Leidenschaften entstanden sind: Das Kind hat nicht die innere Reife eines Erwachsenen. Und es ist oft allein mit seinem Leid und muss damit allein fertig werden. Deshalb greift es verzweifelt auf die Sehnsucht zurück, um aus seiner schrecklichen Lage zu fliehen.

Auf den Trümmern der Gegenwart errichtet es sein Traumschloss. In seinen Traumgärten erblühen die exotischsten Blumen, reifen die köstlichsten Früchte. Inmitten dieses Blumenmeeres geht das Kind glückselig spazieren, frei von allen Sorgen, die es sonst plagen.

So entflieht das Kind der unwirtlichen Realität und schöpft Hoffnung aus einer Traumwelt, in der sich alle seine Wünsche wie von Feenhand erfüllen. So lassen sich die Schläge, die Tränen, der Hunger, die Einsamkeit, selbst die Todesangst aushalten. Das Kind fühlt nicht mehr den Schmerz. Es fühlt gar nichts mehr. Der Schmerz der körperlichen Züchtigung, die äußere und innere Kälte, der verachtende Blick, die verbalen Beleidigungen – all dies kommt nicht mehr an das Kind heran. Denn es hat sich umhüllt mit einem unsichtbaren Schutzmantel, der »Sehnsucht« heißt. Dieser umgibt es wie ein dicker, warmer Flausch, der alle schrillen Töne der Umgebung abdämpft, alle grellen Farben herausfiltert, alle Schmerzen betäubt. Die Sehnsucht betäubt das Kind wie ein wunderbares Narkosemittel, das es äußerlich in einem scheinbaren Wachzustand belässt, aber innerlich jede schlimme Empfindung wegfiltert. Eine Wunderdroge.

Das Kind befindet sich in einer wunderbaren Trance. Weil Kinder von Natur aus einen direkten Zugang zu der Welt der Phantasie und der Träume haben, lernen sie ganz leicht, sich sofort in Trance zu versetzen, sobald es in ihrer Außenwelt unangenehm wird. Manche Kinder werden in ein schwieriges Elternhaus hineingeboren und müssen es dort aushalten, bis sie erwachsen sind. Solange sie in der Schule sind, können sie ganz normal sein, aber sobald sie die Schwelle ihres Zuhauses überschreiten, schalten sie innerlich um und nehmen nichts mehr von dem Elend und der Gewalt um sich wahr, sondern versinken in die Welt ihrer Sehnsucht. Manche Kinder versinken in Tagträume, andere in Bücher, wieder andere stellen sofort ihre Märchen- oder ihre Popmusik-Kassetten oder -CDs an. Sie sind dann in einer anderen Welt, unerreichbar und frei.

Der Inhalt solcher fürs Überleben notwendigen Sehnsüchte ist fast immer der Realität diametral entgegengesetzt: Je düsterer die Realität ist, desto heller leuchtet das Ersehnte auf.

Hans Christian Andersen hat zum Beispiel im Märchen vom *Mädchen mit den Schwefelhölzern* beschrieben, wie ein armes Mädchen an einem eisigen Abend Streichhölzer auf den Straßen vergeblich zu verkaufen versucht und Angst hat, ohne Einnahmen nach Hause zu gehen, weil es dort Prügel erwartet. Als es gar zu kalt wird, wagt das Mädchen die Schwefelhölzer selbst anzuzünden, um sich die Hände aufzuwärmen. Im Schein des Lichtes sieht es auf einmal ein warmes Zuhause, einen üppig gedeckten Tisch und vieles andere Schöne, das sie die Kälte vergessen lässt. Aber jedesmal verschwindet die Vision, sobald das Streichholz erlischt. Am Ende erscheint ihm seine selige Großmutter, der einzige Mensch, der es je geliebt hat. Das Mädchen hätte es nicht ertragen, wenn auch diese Erscheinung entschwindet. Deshalb zündet es alle ihre Hölzer auf einmal an, um für immer bei ihrer Großmutter bleiben zu dürfen. Am anderen Morgen entdecken Spaziergänger das erfrorene Mädchen, mit einem seligen Lächeln im Gesicht und einem Haufen abgebrannter Schwefelhölzer neben sich ...

Das Mädchen hat schon früh die Großmutter verloren, den einzigen Menschen, der es je geliebt hat. In seiner Todesstunde erscheint ihm die verstorbene Großmutter und trägt es mit sich in eine Welt, in der es keine Not mehr gibt. Frühe Verlusterfahrungen sind ein guter Nährboden für die Sehnsucht.

Verluste in der Kindheit und die Unfähigkeit zu trauern

Normalerweise trauern wir, wenn wir Menschen, die uns nahe sind, verlieren. Mit der Trauer nehmen wir bewusst Abschied, lösen uns von den geliebten Menschen und werden innerlich wieder frei.

Trauern ist jedoch eine psychische Leistung, die wir erst spät im Erwachsenenalter lernen. Wirkliches Trauern erfordert Reife und viel psychische Stärke. Wir müssen innerlich schon gefestigt sein, um die extremen Gefühle, die den Trauerprozess begleiten, aushalten zu können: Wut, Verzweiflung, Angst, Einsamkeit, Liebe und Hass. Es geht ja nicht nur darum, diese Gefühle auszuhalten, sondern vor allem darum, sie durchzustehen, oder besser: durch sie hindurchzugehen. Trauern ist wie der Durchgang durch einen finsteren, schier unendlich erscheinenden Tunnel. Erst am Ende taucht langsam Licht auf. Erst am Ende erfahren wir die Erlösung, die Erleichterung, das Freiwerden.

Wir lernen zu trauern, indem wir die kleinen und die großen Verluste in unserem Leben bewältigen. Dazu ist aber erforderlich, dass wir beim Trauern genügend Unterstützung von unserer Umgebung erhalten. Wenn wir in der Kindheit Verluste erleiden, brauchen wir Menschen, die uns bei der Hand nehmen und uns das Vertrauen und die Zuversicht vermitteln, dass selbst der dunkelste Tunnel irgendwann ein Ende findet und wir wieder ans Licht gelangen werden. Dann werden wir allmählich beginnen, uns selbst zuzutrauen, dass wir die großen, existenziellen, unvermeidlichen Verluste des Lebens durchstehen werden.

Trauern will gelernt sein. Es kommt aber im Laufe der Kindheit oft vor, dass wir unvermittelt von einem Trauerfall überrascht werden – durch die Krankheit oder den Tod einer nahen Person (der Großeltern, der Mutter, des Vaters, eines Geschwisters), durch den Tod eines geliebten Haustieres, durch die (äußerlich doch so erfreuliche) Geburt eines jüngeren Geschwisters, durch einen Umzug, durch das Herauswachsen aus den ersten Kinderschuhen, durch den Bruch der ersten kindlichen Liebesbeziehungen und Freundschaften – von traumatischen Schicksalsschlägen wie Krieg oder Vertreibung ganz zu schweigen.

Sehr oft sind kleine Kinder mit solchen seelischen Katastrophen schlicht überfordert. In solchen Zeiten brauchen sie Verständnis, Trost und Beistand von ihren Bezugspersonen und ihrer Umgebung. Wo dies der Fall ist, erfährt das Kind Kraft und innere Stärke. Wo dies fehlt (und das kommt selbst bei aufmerksamen und liebevollen Eltern vor, weil Eltern nicht immer und überall bei ihren Kindern sein können), ist das Kind allein auf sich angewiesen, es muss die Situation allein bewältigen. Eltern können nicht immer dabei sein, wenn ihr Kind zum Beispiel zum ersten Mal von seinen Spielkameraden ausgelacht wird oder wenn es irgendwann und irgendwo plötzlich erkennt, dass die Welt nicht so behütet und wohl geordnet ist, wie es sie bisher im Elternhaus erlebt hat. Dann zerbricht etwas in ihm, und es muss selbst damit fertig werden.

Kleine Kinder können aber noch nicht bewusst trauern. Wenn sie geliebte Menschen verlieren, dann behalten sie diese Bezugspersonen bei sich, meist in Form eines idealisierten Bildes. Die Person erscheint vor ihrem inneren Auge wie in ein strahlendes Licht getaucht. Für sie ist der verlorene Vater riesengroß, stark und unverwundbar, durch und durch ein Held. Die verstorbene Mutter ist engelhaft schön, unendlich geduldig und verständnisvoll. Einem solchen idealisierten Bild gegenüber verblasst jede lebendige Bezugsperson. Kein anderer Mann kann dann dem verstorbenen Vater das Wasser reichen. Keine noch so perfekte Stiefmutter reicht an die verstorbene Mutter heran. Hat sich einmal ein solches inneres Idealbild etabliert, braucht das Kind nicht mehr zu trauern. Es hat den real erlittenen Verlust gegen eine wahrhaftig himmlische Symbiose eingetauscht. Irgendwann wird es sich so sehr an das innere Bild gewöhnt haben, dass es das Bild nicht einmal hergeben würde, selbst wenn die verstorbene Person wieder auferstehen würde.

Wir dürfen uns jedoch nicht über das Kind lustig machen oder es gar als krankhaft ansehen (beispielsweise indem wir es als »gestört« diagnostizieren.) Denn der Aufbau eines Phantasiebildes ist eine große seelische Leistung. Die Bilder der Sehnsucht haben das Kind aus der tödlichen Umklammerung von Verzweiflung und Depression herausgerissen und ihm geholfen zu überleben. Vergessen wir nicht, dass ein Kind sich normalerweise kaum wirksam gegen übermächtige Eltern oder andere widrige Lebensumstände wehren kann, es kann seinem Schicksal selten entfliehen. Ein Kind muss sich abfinden mit der Realität, wie schlimm diese auch sein mag, es muss das Beste daraus machen. Kein Kind verlässt aus freien Stücken die Realität. Normalerweise stehen Kinder mit beiden Beinen in der Realität, sie sind von Natur aus wach und interessiert an ihrer Umwelt, sie treten gerne in Kontakt mit ihrer Umwelt, sie tauschen sich gerne aus. Sie stecken voll in ihrem Körper, sie spüren ihren Körper und die Welt um sich mit all ihren Sinnen. Nur in größter Not ziehen sie sich aus der Realität, verlassen sie ihren Körper, meiden den menschlichen Kontakt, verkriechen sich in ihre Phantasiewelt. Ein in der Sprache der Psychopathologie »schizoid« oder »schizophren« gewordenes Kind ist meist ein Überlebender aus einer seelischen Katastrophe. Es wusste keine bessere Lösung, sich zu retten.

Als sein Lebensschiff unterzugehen drohte, hat es in seiner Verzweiflung einen Teil seiner Ladung über Bord geworfen, in der Hoffnung, wenigstens das nackte Leben zu retten. Das, was es über Bord warf, war sein Realitätsbezug, seine lebendige Beziehung zu seiner Umwelt, seine Gefühle und seine Empfindungen für sich selbst und seinen Körper. Mit der Trauer hat es aber auch seine Lebensfreude über Bord geworfen. Mit der Ausblendung seiner körperlichen Schmerzen hat es auch seine leibliche Heimat verloren. Mit dem Beziehungsabbruch zu seinen Peinigern hat es auch auf jede andere intime Beziehung verzichtet. Es wird überleben, aber um einen hohen Preis.

Um ein bekanntes Bild zu benutzen: Die Rettung durch die Sehnsucht ist wie die unglaubliche Tat des Barons von Münchhausen, der sich und sein Ross an den eigenen Haaren aus dem Sumpf herauszieht. So wunderlich es auch klingen mag, es ist tatsächlich möglich, sich in Zeiten existenzieller Not durch die Flucht in die Phantasie zu retten. Doch es stellt sich eben die Frage: Um welchen Preis?

Einige Unterschiede zwischen natürlichen und neurotischen Sehnsüchten

Sie werden beim Lesen sicherlich längst gemerkt haben, dass es einen fließenden Übergang zwischen natürlicher und neurotischer Sehnsucht gibt. Für Kinder ist Sehnsucht etwas völlig Natürliches. Andererseits haben wir alle in unserer Kindheit unerwartete Verluste und Verletzungen erlebt, die wir nicht oder nur ungenügend bewältigen konnten. Wir alle haben in unserer Kindheit Situationen von hilfloser Ohnmacht und Abhängigkeit erlebt, in denen wir der Not nicht entfliehen konnten. In diesen Situationen retteten wir uns nicht selten in unsere Sehnsucht. Sehnsucht gehört zu den natürlichen Überlebensstrategien der Kindheit. Wie können wir aber natürliche Sehnsüchte von neurotischen unterschieden?

Reales Ziel statt Illusion

Neurotisch wird die Sehnsucht erst dann, wenn sie ihre Funktion einbüßt, uns wie ein Licht den Weg in eine bessere Zukunft zu zeigen. Wenn aus dem Licht der Sehnsucht ein Irrlicht oder eine Fata Morgana wird, die uns eine Oase vorgaukelt, wo in Wirklichkeit Wüste ist, dann führt uns die Sehnsucht in die Irre statt zum ersehnten Ziel.

Eine natürliche Sehnsucht führt uns dagegen zum Ziel. Wenn wir dort angekommen sind, wird ihr Licht verlöschen, wir werden sie nicht mehr in uns spüren. Die Sehnsucht hat ihren Sinn erfüllt. In der Gestalttherapie sagen wir, dass sie dann in den Hintergrund zurücksinkt. In der natürlichen Sehnsucht ist als vordringlichste Kraft die *Suche,* die im Wort »Sehnsucht« steckt, wirksam. Eine erfüllte Sehnsucht stärkt unser Selbstvertrauen, gibt uns Lebensmut und erdet uns in der Realität.

Eindeutigkeit statt Mehrdeutigkeit

Die natürliche Sehnsucht ist einfach. Sie ist uns bewusst. Ihr Ziel ist klar. Wir wissen, wo wir hin wollen. Nur wissen wir noch nicht, wie. Wir brauchen noch Zeit, bis sich unsere Sehnsucht konkretisiert hat und wir die nötige Reife und Fähigkeit gewonnen haben, um sie zu verwirklichen. Eine natürliche

48

Sehnsucht ist wie ein Stern, der in der dunklen Nacht uns die Richtung zeigt und uns zum Ziel führt.

Eine neurotische Sehnsucht ist dagegen kompliziert, vielschichtig, undurchsichtig. Sie erscheint, wenn wir sie nicht vermuten. Sie verschwindet, wenn wir sie uns genauer anschauen wollen. Denn sie ist eine heimliche Botin, sie muss ihre Botschaft möglichst verschlüsselt abgeben, damit die abgekapselte Wunde nicht abrupt aufbricht, damit der Schmerz uns nicht überwältigt. So tauchen neurotische Sehnsüchte in verschlüsselten Träumen auf, die uns Rätsel aufgeben. Sie führen uns auf viel versprechende Pfade, um uns dann doch im Nebel unserer Ängste und Ahnungen zurückzulassen. Sie zeigen nur selten ihr wahres Gesicht.

Ambivalenz

Neurotische Sehnsüchte sind meist ambivalent. Wir spüren uns heftigst zum Gegenstand unserer Begierde hingezogen, aber irgendetwas hält uns gleichzeitig zurück – sei es eine unergründliche Angst, sei es ein Misstrauen gegen das Objekt unseres Begehrens. Im Gegensatz zur natürlichen Sehnsucht, die uns motiviert, vorwärts zu gehen und in den Vollkontakt zu treten, scheint sich die neurotische Sehnsucht sich selbst zu genügen, sie bleibt Selbstzweck, sie kreist um sich selbst. Sie bringt uns in immer heftigere Erregung und Spannung, ohne diese je zu lösen. Wir bleiben im Vorkontakt oder, wie wir später im Kapitel »Casablanca« sehen werden, in der Vorlust stecken. Der Sehnsüchtige findet keine Erlösung.

Eine natürliche Sehnsucht führt uns zum Lebensziel. Sie hat, bei aller Faszination, auch etwas Nüchternes und Handfestes in ihrer Verwirklichung. Eine neurotisch gewordene Sehnsucht aber führt uns in die Irre, oder auf ein Karussell, wo wir uns anfangs ganz lustig um uns drehen, aber nicht mehr absteigen können. Dann ist aus der Suche *Sucht* geworden.

Dieses sinnlose Um-sich-Kreisen deutet auf den Suchtcharakter neurotischer Sehnsüchte hin: Sie machen sich leicht an Ersatzobjekten oder Ersatzaktivitäten fest. Da wir das eigentliche Ziel der Sehnsucht nicht finden, begnügen wir uns mit Ersatzobjekten oder Ersatzhandlungen, die uns eine momentane Befriedigung bieten, ohne den eigentlichen Hunger wirklich zu stillen. Da wir aber im Grunde unbefriedigt sind, brauchen wir immer mehr von dem Ersatzstoff, um uns zu betäuben. Natürlich spüren wir mit der Zeit, dass wir in die Irre geraten sind. Deshalb versuchen wir uns am Riemen zu reißen; wir versuchen unser Suchtverhalten unter Kontrolle zu halten, nur um irgendwann erneut von unserer unstillbaren Sehnsucht überschwemmt zu werden. Neurotische Sehnsüchte erleben wir als zwanghaft, wie eine Achterbahn, die außer Kontrolle geraten ist. Auch dieses Phänomen werden wir im Kapitel »Casablanca« genauer untersuchen.[1]

Abspaltung in eine Traum- oder Gegenwelt

Unsere natürlichen Sehnsüchte gehören zu unserem normalen Leben. Wir brauchen sie nicht zu verstecken, wir brauchen sie nicht zu verdrängen. Wir brauchen sie weder zu idealisieren, noch müssen wir sie verteufeln.

Neurotische Sehnsüchte dagegen entstammen unseren verdrängten Wünschen und Bedürfnissen. Deshalb sind sie uns im normalen Leben nicht oder kaum bewusst. Sie tauchen erst auf, wenn unser Wachbewusstsein schwindet oder seine Kontrolle aufgibt – in unseren Tag- und Nachtträumen, wenn wir müde sind oder alkoholisiert. Dann beginnen sie, ihr Eigenleben zu führen.

Diese unnatürlichen Sehnsüchte erscheinen oft hinter völlig gegensätzlichen Masken, mal als göttliche Eingebung oder als hohes Ideal, mal als Teufelswerk, als Versuchung oder gar als Fluch. Die damit verbundene Tendenz zur Polarisierung (Gut oder Böse, Erlösung oder Fluch) spaltet unsere Seele. Unsere Wahrnehmung der Realität wechselt abrupt von Schwarz auf Weiß, von Weiß auf Schwarz. Ebenso labil ist unser eigenes Selbstbild. Mal empfinden wir uns selbst als gottähnlich und herrlich, mal als völlig klein, unbedeutend, minderwertig. Mal ist die ganze Welt in Rosarot eingetaucht, mal ist der ganze Himmel schwarz verhangen. Unsere Realität droht auseinander zu fallen.

Wir werden in den Kapiteln »Traumwelt – reale Welt« und »Der Schatten der Sehnsucht – Spaltung der Wirklichkeit, Spaltung der Seele« diese gefährliche Seite der Sehnsucht genauer anschauen.

Lebensnähe versus Todesnähe

Eine solche Spaltung der Wirklichkeit bedroht natürlich unsere innere Stabilität und unsere seelische Gesundheit. Der von unstillbaren Sehnsüchten verfolgte Mensch lebt wie auf einer Gratwanderung, ständig in der Gefahr abzustürzen. Das Leben erscheint ihm sinnlos und qualvoll, weil sich seine innersten Sehnsüchte nicht erfüllen und befriedigen lassen. So erscheint manchem unglücklich Sehnsüchtigen der Tod wie eine Erlösung. Manch ein großer Künstler bezieht aus der tief empfundenen Todesnähe paradoxerweise eine unheimliche Schaffenskraft, besser: einen Schaffensdrang. Das Leben an der existenziellen Grenze gibt ihm die Inspiration, um Großes zu leisten, oft aber um einen sehr hohen Preis.

Demgegenüber dient die natürliche Sehnsucht dem Leben. Sie macht uns lebendig. Sie gibt uns ein leichtes, liebevolles, mildes Lebensgefühl, das sich deutlich abhebt von der tragischen Schwere und Dramatik todesnaher Sehnsüchte.

Daneben gibt es noch eine andere Art der Todessehnsucht, die aus der Trauer stammt. Sie kann uns überfallen, wenn wir einen geliebten Menschen durch Tod verloren haben. Sie ist aus dem Wunsch geboren, dem Verstorbenen im Tode wieder nahe zu sein. Diese Todessehnsucht ist nicht neurotisch. Vielmehr ist sie eine Durchgangsphase im natürlichen Trauerprozess, der durchschritten werden muss. Wenn wir den Schmerz und die Trauer voll an uns heranlassen, werden wir irgendwann die Todessehnsucht überwinden und den Mut zum Leben wiedergewinnen.

Wir werden beide Arten der Todessehnsucht in den Kapiteln »Die Romantik als Epoche der Sehnsucht« und »Wenn eine geliebte Person stirbt – Todessehnsucht und Lebensmut« genauer ergründen.

Suche nach Gott – Suche nach Irdischem

In der natürlichen Sehnsucht ist die Sehnsucht nach Gott eingebettet. Wenn sich eine tiefe Sehnsucht erfüllt, fühlen wir uns bisweilen so, als würde eine ursprüngliche Einheit wieder hergestellt. Es ist ein umfassendes Glücksgefühl. So, als habe sich in unserer individuellen Sehnsucht eine größere Sehnsucht erfüllt.

Die Erfahrung der Transzendenz ist eine, die unseren natürlichen Sehnsüchten vorbehalten ist. Unseren Wesenskern stelle ich mir als Kreis mit einem dicken Mittelpunkt in der Mitte vor (siehe Abbildung Seite 106). Dieser Mittelpunkt symbolisiert für mich

die göttliche Mitte, die in jedem von uns lebt. Unsere Lebens-
sehnsüchte und unsere zentrale Leidenschaft zielen auf diesen
göttlichen Kern in unserem Wesen. Die Sehnsucht nach Gott
ist wohl die tiefste Sehnsucht im Menschen. Sie ist Ausdruck
unserer existenziellen Suche im Leben.
Demgegenüber halten uns die neurotischen Sehnsüchte im
Irdischen fest, da sie Suche mit Sucht verwechseln. Sie geben
zu früh auf und geben sich mit billigem Ersatz zufrieden.
Auf die Sehnsucht nach Gott werden wir im Kapitel »Die innere
Kammer – Sehnsucht nach dem göttlichen Geheimnis in uns«
näher eingehen.

Wir erkennen das reale Glück nicht

Manchmal meint es das Leben gut mit uns. Selbst wenn wir
eine schlimme Kindheit gehabt haben, führt uns das Schicksal
zu den richtigen Menschen und der richtigen Umgebung. Wir
treffen auf Menschen, die uns fördern, ohne dass wir eine
Gegenleistung zu erbringen brauchen. Wir finden Freundinnen
und Freunde, die uns mögen, ja sogar lieben, ohne dass wir
etwas dafür getan haben. Wir bekommen Kinder, die uns
bedingungslos lieben und alles für uns tun würden.
Aber oft erkennen wir diese Geschenke nicht, die uns das Leben
macht. Wir schweben immer noch in der Wolke unserer Sehnsüchte und Träume. Wir suchen immer noch nach dem idealen
Mann, der idealen Frau, dem idealen Beruf oder dem idealen
Land. Oder wir trauern immer noch den früheren Verlusten
nach. Oder wir finden an allem und jedem etwas auszusetzen.
Auf jeden Fall erkennen wir nicht, dass wir bereits alle äußeren
Voraussetzungen besitzen, um glücklich zu sein. Wir verpassen
das Leben.
Dieses Nicht-Ankommen im Leben, dieses Versäumnis ist das
bitterste Ergebnis neurotischer Sehnsüchte.

Die Romantik als Epoche der Sehnsucht

Vom verlorenen Paradies

Sehnsüchtige Menschen neigen zu unerfüllbaren symbiotischen Beziehungswünschen. In diesen Wünschen wird der Traum des verlorenen Paradieses wieder wach. Man sehnt sich nach dem Urzustand des Paradieses, des Mutterschosses, oder nach der Heimat der Kindheit zurück, nach einem Zustand, in dem man einst Geborgenheit erfahren hat. Es ist der Wunsch, die ursprüngliche Einheit allen Lebens wieder zu finden, die sowohl im Laufe der menschlichen Evolution als auch während des individuellen Lebens verloren gegangen ist.

Eine Frau erzählt, dass sie eine sehr schöne und beschützte Kindheit in einer Kleinstadt gehabt hat, die jäh durch den Umzug in die Großstadt unterbrochen wurde. Nach dem Erwachsenwerden hat sie versucht, in der Heimatstadt wieder Fuß zu fassen, musste jedoch erkennen, dass es nicht mehr ging. Sie war eine andere geworden. Sie passte nicht mehr in die kleinstädtische Enge. So ist sie schweren Herzens wieder weggezogen. Sie schildert, wie sie manchmal dorthin zurückkehrt und auf den Berg steigt, von wo aus sie auf ihre vertraute und verlorene Heimat hinunterschaut und tiefe Trauer in sich spürt ...

Es ist ja gerade die Vergänglichkeit alles Schönen, die uns so erschreckt und traurig macht. Die Kindheit geht vorüber, wir passen nicht mehr in die geliebten alten Kinderschuhe, wir werden zu groß, um in den Schoß der Mutter oder des Vaters zu krabbeln.

Auch in der menschlichen Evolution sind immer wieder solche Brüche entstanden. Wir können dazu das altvertraute biblische Motiv der Vertreibung aus dem Paradies aufgreifen: Durch das Essen vom Baum der Erkenntnis ist der Mensch sehend geworden, er kann zwischen Gut und Böse unterscheiden. Damit hat er aber seine Unschuld verloren, ist schuldfähig geworden, und hat damit den unschuldigen, aber gleichzeitig unwissenden, grenzenlos vertrauenden Zustand des Paradieses für immer hinter sich gelassen.

Individuation und Todessehnsucht

Da wir sehend geworden sind, passiert es uns immer wieder, dass wir aus der schönsten Verschmelzung herausfallen und erkennen, dass wir Individuen sind – Einzelwesen, die für Augenblicke zwar die Brücke zu anderen Menschen schlagen können, die aber immer wieder zurückkehren müssen zu ihrer eigenen Insel.

Wie wir unsere eigene Insel finden und wie wir uns darauf einrichten, entscheidet darüber, ob wir auf diesem Eiland glücklich und zufrieden leben können, oder ob wir es hier so hässlich und unwirtlich finden, dass wir lieber ins Wasser gehen und so lange hinausschwimmen, bis wir in die Tiefe absinken – das Meer, der Tod, das Ertrinken als eine letzte Vereinigung mit der ursprünglichen Einheit.

So ist Sehnsucht nach Leben stets verbunden mit Todessehnsucht. Dort, wo die Lebenssehnsucht scheitert, geben wir auf und wählen den Freitod. Und dieser erscheint dann als letztmögliche Lösung, als Erlösung.

Ich möchte diese romantische Todessehnsucht am Beispiel von Heinrich von Kleist beschreiben.

Kleists Marionettentheater

Im Essay *Über das Marionettentheater*[2] hat Heinrich von Kleist die Tragik der Selbsterkenntnis eindrücklich beschrieben: Die Marionette wirkt grazil, natürlich, schwerelos, solange sie sich selbst noch nicht bewusst ist. Sobald sie sich ihrer Anmut bewusst wird, verliert sie im selben Moment die Natürlichkeit ihrer Bewegungen. Sie wird steif, linkisch, gezwungen. Sie hat ihr Paradies für immer verloren – ein hoher Preis für das Bewusstwerden des Ich.

»Für immer?«, fragt sich Kleist. Er wagt die vage Hoffnung: Wenn wir nicht mehr zurückkönnen, müssen wir vielleicht vorwärts. Wir könnten vorwärts gehen und hoffen, dass das Paradies wie auf einer Kugel liegt und dass wir, indem wir uns, wie einst Kolumbus immer weiter vorwärts bewegen, irgendwann wieder zum Paradies zurückgelangen und dort quasi durch die Hintertür eintreten.

Aber Kleist, der gebrochene Romantiker, der Idealist, der sich gegen die konservative Restauration seiner Zeit auflehnte, verlor selbst den Kampf und brachte sich am Ende um – eigenartigerweise in einem Doppelselbstmord. Er fand eine Gesinnungsgenossin, die an einer unheilbaren Krebskrankheit litt und sich ebenfalls nach dem Tod sehnte. Er beging mit ihr, nach genauer Planung und in zunehmender Ekstase, Selbstmord. Kleist schrieb in seinen Abschiedsbriefen[3] an Marie von Kleist:

Aber ich schwöre Dir, ist es mir ganz unmöglich länger zu leben; meine Seele ist so wund, daß mir, ich möchte fast sagen, wenn ich die Nase aus dem Fenster stecke, das Tageslicht wehe tut, das mir darauf schimmert. Das wird mancher für Krankheit und überspannt halten; nicht aber Du, die fähig ist, die Welt auch aus andern Standpunkten zu betrachten als aus dem Deinigen. Dadurch, daß ich mit Schönheit und Sitte, seit meiner frühsten Jugend an, in meinen Gedanken und Schreibereien unaufhörlichen Umgang gepflogen, bin ich so empfindlich geworden, daß mich die kleinsten Angriffe, denen das Gefühl jedes Menschen nach dem Lauf der Dinge hienieden ausgesetzt ist, doppelt und dreifach schmerzen ... (aus Kleists Brief vom 10. November 1811)

Aus diesen Zeilen spricht Verzweiflung und Schmerz: »... meine Seele ist so wund ...«. Kleists Empfindlichkeit war so groß geworden, dass ihm selbst das Tageslicht wehtat. Man entnimmt diesen Zeilen aber auch, dass der Schreiber sein Leben lang nach hohen Idealen gestrebt hat (»Schönheit und Sitte«), diese aber nicht in der Realität verwirklicht finden konnte. Die kleinsten Angriffe der Menschen setzten ihm außerordentlich zu.

Kleist wurde früh ein Waisenkind. Da er aus einer preußischen Offiziersfamilie stammte, kam er bereits mit 14 Jahren in die Armee und nahm mit 19 an einem Feldzug teil. Kurz danach quittierte er seinen Dienst, gegen den Willen seiner Familie, um Philosophie zu studieren. Beides – der Verlust der Eltern wie die frühe Konfrontation mit den Härten des Soldatenlebens – muss dem sensiblen Knaben emotional sehr zugesetzt haben. Wir haben gesehen, dass frühe Erfahrungen von Verlusten und Entbehrungen eine unstillbare Sehnsucht in einem Menschen entstehen lassen können. Kleist war zeitlebens von der Sehnsucht nach »Schönheit und Sitte« erfüllt, wie er im Brief schrieb. Aber er fand sie nicht: In vielen seiner Erzählungen bestand die Welt aus Schein, Unsicherheit und Doppeldeutigkeit – allein das eigene, innerste, unverwirrbare Gefühl des Individuums gab seinen Helden und Heldinnen Halt (zum Beispiel in *Die Marquise von O ...*). Dies genügte Kleist selbst jedoch offensichtlich nicht mehr, um am Leben zu bleiben. Der Tod schien ihm am Ende verlockender als die Realität. So beschreibt er in seinem Brief vom 19. November 1811 den bevorstehenden Freitod als Triumph über das Leben:

Meine liebste Marie, mitten in dem Triumphgesang, den meine Seele in diesem Augenblick des Todes anstimmt, muß ich noch einmal Deiner gedenken und mich Dir, so gut wie ich kann, offenbaren: ... Ja, es ist wahr, ich habe Dich hintergangen ... Ich habe Dich während Deiner Anwesenheit in Berlin gegen eine andere Freundin vertauscht; aber wenn Dich das trösten kann, nicht gegen eine, die mit mir leben, sondern, die im Gefühl, daß ich ihr ebensowenig treu sein würde, wie Dir, mit mir sterben will. Mehr Dir zu sagen, läßt mein Verhältnis zu

*dieser Frau nicht zu. Nur so viel wisse, daß meine Seele, durch
die Berührung mit der ihrigen, zum Tode ganz reif geworden
ist; daß ich die ganze Herrlichkeit des menschlichen Gemüts
an dem ihrigen ermessen habe, und daß ich sterbe, weil mir
auf Erden nichts mehr zu lernen und zu erwerben übrig bleibt.
Lebe wohl! ...*

*Rechne hinzu, daß ich eine Freundin gefunden habe, deren
Seele wie ein junger Adler fliegt, wie ich noch in meinem Leben
nichts Ähnliches gefunden habe; die meine Traurigkeit als eine
höhere, festgewurzelte und unheilbare begreift, und deshalb,
obschon sie Mittel genug in Händen hätte, mich hier zu
beglücken, mit mir sterben will; die mir die unerhörte Lust
gewährt, sich, um dieses Zweckes willen, so leicht aus einer
ganz wunschlosen Lage, wie ein Veilchen aus einer Wiese,
herausheben zu lassen; die einen Vater, der sie anbetet, einen
Mann, der großmütig genug war, sie mir abtreten zu wollen,
ein Kind, so schön und schöner als die Morgensonne, um
meinetwillen verläßt: und Du wirst begreifen, daß meine ganze
jauchzende Sorge nur sein kann, einen Abgrund tief genug zu
finden, um mit ihr hinabzustürzen. Adieu noch einmal!*

Die innigste Sehnsucht nach Verschmelzung – wenn schon
nicht im Leben, dann im Tod. Kleist war glückselig, eine
Gleichgesinnte gefunden zu haben, die, des irdischen Lebens
überdrüssig, mit ihm in die Freuden des Todes stürzen wollte.
Es war, als begingen sie eine Doppelhochzeit: einerseits die
Vereinigung mit dem Tod, der als Tor zum verlorenen Paradies
erlebt wurde, andererseits die Vereinigung mit der Geliebten,
wenn er sich gemeinsam mit ihr in die Tiefe fallen lässt, wie
im freien Vogelflug: »... einen Abgrund tief genug zu finden,
um mit ihr hinabzustürzen«.

Dass der gemeinsame Tod tatsächlich von beiden als selige
Vereinigung und höchste Lebens(!)erfüllung empfunden wurde,
zeigt der Abschiedsbrief der Todespartnerin Kleists. Henriette
Adolfine Vogel schrieb am Tag vor ihrem Tod an ihren Ehemann:

Mein teurer geliebter Louis! Nicht länger kann ich mehr das Leben ertragen, denn es legt sich mir mit eisernen Banden an mein Herz – nenne es Krankheit, Schwäche, oder wie Du es sonst magst, ich weiß es selbst nicht zu nennen – nur so viel weiß ich zu sagen, daß ich meinem Tode als dem größten Glücke entgegensehe; könnte ich Euch doch alle, die ich liebe, mitnehmen, möchtet Ihr doch bald zum ewigen herrlichen Verein folgen, ach! dann bliebe mir ja gar nichts zu wünschen übrig. Kleist, der mein treuer Gefährte im Tode, wie er im Leben war, sein will, wird meine Überkunft besorgen und sich alsdann selbst erschießen.

Weine oder traure nicht, mein vortrefflicher Vogel, denn ich sterbe einen Tod, wie sich wohl wenige Sterbliche erfreuen können, gestorben zu sein, da ich von der innigsten Liebe begleitet, die irdische Glückseligkeit mit der ewigen vertausche. Der Himmel möge Dich, wie unser liebes Paulinchen gnädiglich behüten und Dir, wie dem herrlichen Kinde tausendfältige Freuden bescheren ... (aus dem Brief vom 20. November 1811) Soweit das Beispiel Heinrich von Kleist und Henriette Adolfine Vogel. Sie waren beileibe nicht die einzigen, die so dachten und fühlten, wenn auch wenige eine solch radikale Konsequenz für sich zogen. Die ganze Romantik war beherrscht vom Thema Sehnsucht.[4]

Die Romantik

In keiner anderen Epoche ist die Sehnsucht so zur bestimmenden geistigen Strömung geworden wie in der Romantik. Sie prägte nachhaltig die Kultur des 19. Jahrhunderts, und sie wirkt auch heute immer noch nach, ohne dass es uns besonders auffällt, so sehr haben wir uns daran gewöhnt. Wir finden heute romantische Themen allenthalben in der Unterhaltungs- und Trivialliteratur, in der Vorstellung der romantischen Liebe (die

Liebesheirat hat es vor der Romantik als gesellschaftlich aner-
kannte Norm nicht gegeben) oder in der romantischen Musik
– beispielsweise Schubert, Schumann, Mendelssohn-Bartholdy,
Chopin, Liszt, Wagner, Brahms ... Wie keine andere Kunstform
ist die Musik dazu geeignet, das Stimmungshafte, Sehnsuchtsvolle auszudrücken. Auch die Lyrik, eine Kunstgattung, die von
der Musikalität der Sprache lebt, ist in der Romantik aufgeblüht
– im romantischen Lied fanden Komponisten wie Schubert eine
glückliche Synthese von Sprache und Musik.

Die romantische Bewegung in der ersten Hälfte des 19. Jahrhunderts wird unter anderem auch als eine Reaktion auf die
Enttäuschung verstanden, dass sich die Ideale der Aufklärung
nicht erfüllt hatten. Die politische Restauration, die beginnende
Industrialisierung mit der Entwurzelung und Verelendung großer
Teile der Bevölkerung – gegen alle diese deprimierenden Ent-
wicklungen in der realen Welt versuchte die Romantik ein
positives Zeichen zu setzen.

Wie die Menschen, die in ihrer Kindheit Verlust erlebt haben,
sehnten sich die Romantiker nach etwas Heilem, etwas Über-
dauerndem. Dies suchten sie zum Beispiel in der Vergangenheit,
sie belebten alte Bräuche und die in Vergessenheit geratenen
Kunst- und Bauwerke des Mittelalters (die Denkmalpflege hat
hier ihren Ursprung!), sie bereisten die Lande und nahmen alte
Volkssagen, Volksmärchen und Volkslieder auf, in der Hoffnung,
in der gemeinsamen, volksnahen Sprache etwas zu finden, was
das damals in unzählige Kleinstaaten zerstückelte und vom
napoleonischen Frankreich dominierte Deutschland vereinen
könnte.

Ihre Sehnsucht galt auch dem Fernen, dem Jenseitigen, dem
Unendlichen. Dies versprach ihnen Freiheit aus der konserva-
tiven Enge und stellte zugleich, etwa in der Gestalt der Natur
oder der »blauen Blume« Novalis', das Ursprüngliche, Unver-
dorbene dar. In der Einsamkeit suchten sie nach dem Heil, nach
Einheit und Harmonie. Sie fühlten sich der Mythologie des

Altertums und des Mittelalters nahe. Aber im Gegensatz zum festen Glauben des Menschen des Mittelalters war die romantische Sehnsucht nach Einheit prekär wie eine Gratwanderung. Denn sie spürten: Die Ekstase der Vereinigung, das Eintauchen in die große Einheit mit der Mutter, mit dem Geliebten, der menschlichen Gemeinschaft, der Natur, dem Transzendenten und Göttlichen ist in *diesem* Leben nur für Augenblicke möglich. Danach erfolgt nicht selten der Absturz in den Abgrund. Nicht zufällig fanden manche Romantiker im katholischen Glauben eine neue Heimat und eine Zuflucht vor ihrer Verzweiflung.

Typisch für die Romantik war die Wahrnehmung der Unvollkommenheit der Gegenwart, die sich im ewigen Werden zu einem imaginären vollkommenen Zustand hin entwickelt. Es war, modern ausgedrückt, eine schwärmerische, zugleich verzweifelte Suche nach *Identität*.

Die Romantiker waren sich durchaus der Brüchigkeit ihres Strebens bewusst. Sie, die als erste das Unbewusste im Menschen entdeckt haben, wussten um das Abgründige und das Irrationale in der menschlichen Natur. Sie hoben den Menschen als fühlendes und leidendes Einzelwesen von dem Idealtypus des rational denkenden Menschen der Aufklärung ab. In ihren Werken beschrieben sie individuelles Unglück und tragisches Scheitern, das sie teilweise aus eigener Erfahrung kannten. Viele von ihnen lebten tragische Liebesbeziehungen, unter denen sie einerseits furchtbar litten, die andererseits von ihnen zum hohen Ideal verklärt wurden – der Begriff der »romantischen Liebe« stammt aus dieser Epoche.

So wie das Leben mancher romantischer Dichter und Komponisten kurz und fragmentarisch blieb, so blieben auch viele ihrer genialen Werke fragmentarisch und unvollendet (zum Beispiel bei Novalis, Kleist, Schubert und Chopin). Die Nähe zum Tod war allgegenwärtig, sie wirkte erschreckend und inspirierend zugleich. Das Heroische und das Tragische lagen dicht nebeneinander.

Die wohl schönste Ausformung ihrer Gefühle und Ideen fanden die Romantiker im Lied, das sie oft dem Volkslied nachempfanden. Achim von Arnim und Clemens Brentano, zwei herausragende Vertreter der deutschen Romantik, gaben 1806 bis 1808 die erste umfassende Sammlung deutscher Volkslyrik heraus, die heute unter dem Namen *Des Knaben Wunderhorn* bekannt ist. Daraus stammt das folgende Lied, das Sie wahrscheinlich gut kennen. Es enthält die wichtigsten typischen Elemente der Romantik:

Wenn ich ein Vöglein wär'
Und auch zwei Flügel hätt',
Flög' ich zu dir;
Weil's aber nicht kann sein,
Weil's aber nicht kann sein,
Bleib' ich allhier.

Bin ich gleich weit von dir,
Bin ich doch im Traum bei dir
Und red' mit dir;
Wenn ich erwachen tu',
Wenn ich erwachen tu',
Bin ich allein.

Es vergeht kein' Stund' in der Nacht,
Da nicht mein Herz erwacht,
Und an dich gedenkt,
Dass du mir vieltausendmal,
Dass du mir vieltausendmal,
Dein Herze geschenkt.

Wenn eine geliebte Person stirbt – Todessehnsucht und Lebensmut

Es gibt neben der Todessehnsucht, die aus einer romantischen Lebenshaltung erwächst, auch eine, die mit echter Trauer zu tun hat. Es ist die Sehnsucht von Menschen, die eine oder mehrere geliebte Personen durch den Tod verloren haben. Ihre emotionale Nähe zum Tod hat weniger mit Todessehnsucht zu tun als mehr mit dem Schmerz über den Verlust der lebendigen Verbindung zum geliebten Menschen und dem Wunsch, mit diesem im (oder nach dem) Tod wieder vereint zu sein.

Wenn eine geliebte Person stirbt

Es gibt kaum ein Ereignis, das uns in unserem Lebensgefühl stärker erschüttert als der Tod einer geliebten Person. Der Tod eines nahen Menschen wirkt auf zweierlei Art verheerend auf den Trauernden: Zunächst ist es ein furchtbarer Verlust. Es fühlt sich an, als seien wir an einem Glied amputiert, als würde ein Stück unseres Körpers wegbrechen. In unserem Leben fehlt nun etwas Wesentliches – der Verstorbene. Unser Leben wird leerer. Der zweite Faktor hat mit der Verbindung zwischen Lieben und Leben zu tun. Liebe ist eine Leben spendende Kraft, die uns wie keine andere innig mit dem Leben verbindet. Liebe bindet uns ans Leben – oft hören wir von alten Menschen, dass sie trotz ihres hohen Alters und trotz zahlreicher Beschwerden und Gebrechen am Leben bleiben wollen, weil es jemanden gibt, den sie lieben und dem sie wichtig sind.
Wie ein Boot, das über Taue am Kai festgebunden ist, sind wir über unsere Lieben am Leben verankert. Je mehr Taue gelöst werden, desto lockerer wird die Verbindung zum Festland, desto

leichter kann ein Sturm das Boot losreißen. Und wenn eine Hauptleine unerwartet abgeschnitten wird, ist das Boot stark gefährdet. Es droht abgetrieben zu werden.

Deshalb gerät die Verbindung eines Menschen mit dem Leben ins Wanken, wenn eine wichtige Bezugsperson stirbt. Nicht umsonst sagen wir einem geliebten Menschen: »Du bist mir wichtig wie die Luft zum Atmen« oder: »Ich möchte mein ganzes Leben mit dir verbringen. Ich kann nicht leben ohne dich.« Aber jede Beziehung ist endlich. Wenn die geliebte Person stirbt und nicht mehr da ist, wie soll man weiterleben? Man fühlt sich tatsächlich wie ein losgerissenes Boot, das, ohne Orientierung und ohne Ziel, den Stürmen des Lebens schutzlos ausgeliefert ist.

Vorher haben die Unwetter uns nichts anhaben können, wir fühlten uns sicher und geborgen durch unsere Liebe, wie ein Schiff im Hafen. Wir fühlten uns geschützt, wie unser Körper durch ein intaktes Immunsystem vor Krankheiten geschützt wird. Tatsächlich schlägt der Verlust eines geliebten Menschen »Kerben« in unsere körperliche und psychische Abwehr und schwächt unser Immunsystem auf vitale Weise. Wir werden leichter krank, sind seelisch labiler. Wir können den Stürmen des Lebens nicht mehr so gut trotzen wie bisher. Es ist kein Zufall, wenn kurz nach dem Tod eines Menschen sein Lebenspartner ihm nachfolgt. Wenn einem die Lebensbeziehung, die einen viele Jahre wie ein fester Boden getragen hat, plötzlich unter den Füßen weggezogen wird, stürzt man dahin. Es ist also nur zu verständlich, wenn Trauernde in sich eine Todessehnsucht spüren. Manchmal tritt sie wirklich als bewusster Wunsch zu sterben auf. Manchmal äußert sie sich eher indirekt – als Lebensmüdigkeit oder Lebensüberdruss, als Energielosigkeit und diffuse Depressivität oder einfach in Form der bangen Frage: »Wozu denn noch?«

Selbstverständlich ist dies eine heikle Frage. Wenn man als Freund oder Bekannter spürt, dass der Trauernde daran zweifelt, ob er weiterleben soll, oder gar an dieser Frage verzweifelt, was kann man als Außenstehender dann tun?

Wie können wir helfen?

An diesem Punkt nützen wohlmeinende Ratschläge wie »Kopf hoch!«, »Das Leben geht weiter!« oder »Nimm dich zusammen! Du kannst dich doch nicht so hängen lassen!« überhaupt nichts. Hilfreicher wäre eher das Verständnis, dass Depression, Energielosigkeit, Orientierungslosigkeit und Todessehnsucht natürliche Bestandteile des Trauerprozesses sind. Alles, was Außenstehende tun können, ist, still und unaufdringlich da zu sein, im Wissen, dass die bloße Anwesenheit eines anderen Menschen tröstlich wirken kann. Wichtig ist, ein offenes Ohr zu haben für die direkten oder indirekten Zeichen der Trauer, aber auch der Wut (auf den Toten, dass er den Angehörigen allein gelassen hat). Und man sollte Vertrauen haben, dass der Trauernde einen ansprechen wird, wenn er sich aussprechen möchte oder sonst etwas braucht.

Für den Trauernden selbst kann es hilfreich sein zu wissen, dass die manchmal unverständlichen inneren Reaktionen, die in der Zeit nach einem Verlust bei ihm auftreten (wie zum Beispiel Ungeduld, Ärger, Hilflosigkeit, Orientierungslosigkeit – oder auch das Gegenteil davon: hektische Betriebsamkeit, sich überstürzende Ideen und Pläne), Teil des Trauerprozesses sind. Manchmal hilft es ein wenig, wenn man von einem Außenstehenden den Hinweis bekommt: Man ist so hektisch, ratlos oder ärgerlich, weil man gerade trauert. Dann kann man die innere Verbindung mit dem Trauerprozess wiederherstellen. Man wird toleranter sich selbst gegenüber. Und man wird offener für die eigenen Gefühlsregungen, welche auch immer in einem auftauchen mögen, vor allem wenn es sich um Emotionen handelt, die scheinbar überhaupt nicht zum Trauern passen. Dies kann zum Beispiel der Fall sein, wenn man Wut auf den Verstorbenen verspürt (das verstößt gegen die Pietät) oder wenn man sich erleichtert darüber fühlt, dass man sich nun nicht mehr um den Verstorbenen sorgen oder kümmern muss, besonders wenn dieser vorher intensive Pflege und Betreuung benötigt hat (das macht ein schlechtes Gewissen).

Den inneren Dialog mit dem Verstorbenen beibehalten

Noch eines erscheint mir wichtig: Ein wesentlicher Grund für die Todessehnsucht des Hinterbliebenen besteht in dem Wunsch, der verstorbenen geliebten Person nahe zu sein. Und da diese sich im Jenseits befindet, wünscht sich der Trauernde manchmal auch dorthin: Im Tode möchte man mit ihr wieder vereint sein.

Diese Vorstellung ist nicht ganz abwegig. Dennoch möchte ich ihr eine andere gegenüberstellen: Wir meinen normalerweise, es bestehe eine unüberbrückbare Kluft zwischen Leben und Tod. Eine gewisse Trennung besteht durchaus, weil die leibhaftige Person nicht mehr da ist. Wir können sie nicht mehr sehen, wir können sie nicht mehr berühren und nicht mehr sprechen. Aber die *seelische Verbindung* muss nicht abreißen. Dies ist eine Erfahrung, die viele Hinterbliebene machen. Wenn sie diese Verbindung zum Verstorbenen weiter aufrechterhalten, können sie immer wieder den inneren Dialog mit diesem aufnehmen. Sie können mit dem Verstorbenen sprechen, und manchmal bekommen sie von diesem auch eine Antwort – sei es, dass sie dessen Stimme in sich hören, sei es, dass sie ihn vor ihrem inneren Auge sehen, sei es, dass sie dessen Nähe und Anwesenheit körperlich spüren.

Dies gelingt nicht immer. Manchmal ist »am anderen Ende der Leitung« Stille. Aber es gibt viele Möglichkeiten, diese Verbindung zu pflegen. Man kann sein eigenes Ritual für den inneren Kontakt mit dem Verstorbenen entwickeln. Die Grabpflege dient beispielsweise nur zum Teil der Pflege des Grabes, sie gibt vielen Hinterbliebenen auch die Möglichkeit, sich Ruhe und Zeit für die innere Kontaktaufnahme mit dem Verstorbenen zu nehmen. In China baut man für die Geister der Ahnen und Verstorbenen kleine Hausaltäre auf, mit Fotos, Räucherstäbchen usw. Regelmäßig werden Obst und die Lieblingsspeisen der Verstorbenen davor gelegt. So sind sie immer mit im Haushalt dabei.

Noch ein anderes kleines Beispiel: Ein Mann hat nach dem Tod seines Vaters das Gefühl, dass dieser immer wieder bei ihm ist. Er fühlt sich in dieser Zeit berührbarer als sonst. Einmal träumt er, das Telefon klingelt und sein Vater meldet sich am anderen Ende der Leitung. Seine Stimme klingt ganz lebendig, völlig normal. Der Sohn ist so überrascht, dass seine erste Reaktion darin besteht, den Vater zu fragen, woher er denn anrufe. Daraufhin ist Stille in der Leitung, und der Sohn spürt, dass es die falsche Frage war. Hätte er ganz normal weiter mit dem Vater gesprochen, hätte es vielleicht eine schöne Unterhaltung gegeben ...

Wenn es uns gelingt, die verstorbene geliebte Person mehr in unser Leben zu integrieren, wenn es uns gelingt, sie mehr *hierher* zu holen, dann müssen wir nicht mehr *dorthin*, um ihr nahe zu sein. Denn unser eigenes Leben will gelebt werden. Hier finden wir unseren Sinn. Und die Menschen, die wir lieben, können wir innerlich nahe bei uns halten und den inneren Dialog mit ihnen pflegen, als Ratgeber, als Tröster – egal, ob sie am Leben oder verstorben sind. Für unsere Seele ist es gleichgültig, ob sie durch die Liebe eines Lebenden oder eines Verstorbenen genährt wird.

Ich möchte sogar noch einen Schritt weitergehen: Aus der Erfahrung von Verlust können wir auch Lebenskraft und Lebensmut gewinnen. Wir können diese schmerzliche Erfahrung nutzen, um fürs Leben zu kämpfen – für bessere Lebensbedingungen, für politische und psychologische Aufklärung, für die Unterstützung Schwächerer und Gefährdeter.

Ich habe weiter oben gesagt, dass man es einerseits als Zeichen der Schwäche ansehen kann, dass sehnsüchtige Menschen ein empfindliches Gespür für das Fehlende und Unvollendete haben. Wir können dies aber auch umgekehrt als eine besondere Fähigkeit betrachten, das Gegebene und Fehlerhafte nicht einfach zu akzeptieren, sondern es als eine Gelegenheit zu ergreifen, die Welt, die Menschen, sich selbst zu verbessern und zu verändern. *Revolutionäre Kraft ist meist aus der Verzweiflung geboren.*

Revolutionäre und Pioniere – in der Gesellschaft, den Wissenschaften und Künsten – sind meist Menschen, die am Anfang ihres Weges an den bestehenden Verhältnissen verzweifeln. Manche sind fast daran zerbrochen oder gescheitert oder der Resignation anheim gefallen. Aber irgendwann haben sie mehr an ihre Sehnsucht geglaubt als an die Resignation und haben ihr Leben selbst in die Hand genommen. Sie entschlossen sich, auf ihrem Eiland zu bleiben und es lebenswerter zu gestalten.

Wir haben gesehen, dass die Sehnsucht besonders stark bei Menschen ausgeprägt ist, die traumatische Erfahrungen in der Vergangenheit erlebt haben. Ein Beispiel aus unserer Zeit geben uns Überlebende aus den Konzentrationslagern des Dritten Reiches. Die meisten von ihnen haben ihre Angehörigen und Freunde unter grausamen Umständen verloren, sie haben dem Tod ins Auge gesehen, haben Erniedrigung ertragen. Sie haben erlebt, wie aus zivilisierten Menschen Bestien wurden, die, sobald die Winde sich drehten, wieder zur bürgerlichen Normalität zurückkehrten, als sei nichts geschehen.

Aus dieser bitteren Erfahrung kann man verschiedene Schlüsse fürs eigene Weiterleben ziehen. Die Sensibelsten unter den Naziopfern überlebten den nachfolgenden Frieden nicht lange. Sie folgten ihren verstorbenen Lieben bald in den Tod. Die Mutigen versuchten auf dem schmalen Grat zwischen Vergangenheit und Gegenwart ihren Weg zu finden. Sie suchten nach einer Antwort auf den Widerspruch zwischen Unmenschlichkeit und Menschlichkeit. Viele wurden Wissenschaftler, Dichter, Philosophen, Psychotherapeuten, Pädagogen, waren (und sind zum Teil noch) zeitlebens interessiert und engagiert in der gesellschaftlichen und politischen Entwicklung. Sie wollen die Menschen und die Gesellschaft ändern, damit sich so etwas Unmenschliches nicht wiederholt. Die meisten sind sich durchaus bewusst, dass Humanität, Moral und Zivilisation nur wie eine dünne Decke über dem Animalisch-Bestialischen im Menschen liegen, aber sie nehmen den heroischen Kampf trotzdem auf und versuchen dieses zarte Pflänzchen nach Kräften zu stärken. »Wachstum« ist für sie ein wichtiger Begriff.

Viele von ihnen sind für mich Vorbilder darin, wie Menschen aus existenziellen Grenzsituationen Kraft und Mut entwickeln können, um für das Leben und die Zukunft zu kämpfen: Robert Jungk zum Beispiel, Viktor Frankl und andere.

Ein Überlebender, der heute in den USA lebt, sagte einmal: »Wenn ich die Wahl hätte, würde ich mich auch heute dafür entscheiden, Jude zu sein. Wenn es eines Tages keinen Unterschied mehr machen würde, welcher Abstammung man ist, würde ich dieses Stück Identität gerne ablegen. Aber solange Juden noch beschimpft und verfolgt werden, ist es für mich ein Akt der Freiheit, Jude zu sein.«[5]

Das Ringen zwischen Todes- und Lebenssehnsucht

Es ist aber für mich auch erschütternd zu erleben, dass einige der Überlebenden den Kampf letztlich doch nicht schaffen und ihrem Leben, oft nach großen Erfolgen auf ihrem Gebiet, freiwillig ein Ende machen: zum Beispiel Jean Améry, Bruno Bettelheim ... Es macht den schmalen Grat deutlich, der zwischen Lebenssehnsucht und Verzweiflung verläuft.

Warum entscheidet sich der eine für den Freitod, der andere aber fürs Weiterleben? Es gehört viel Mut dazu, freiwillig aus dem Leben zu scheiden – Jean Améry hat dies zwei Jahre, bevor er es in die Tat umsetzte, in seinem 1976 erschienenen Buch *Hand an sich legen. Diskurs über den Freitod* beschrieben. Andererseits gehört, vor allem in Zeiten, in denen das Leben schwer wird, mindestens so viel Mut dazu, am Leben zu bleiben, sich nicht gehen zu lassen, sich nicht aufzugeben (denn man kann auch physisch oder psychisch krank werden und schleichend in den Tod gehen).

Es gibt Fragen, auf die es keine allgemein gültigen Antworten gibt. Jeder muss letztlich die eigene Antwort finden.

Casablanca

As time goes by

You must remember this,
A kiss is just a kiss,
A sigh is just a sigh.
The fundamental things apply
As time goes by.

And when two lovers woo
They still say I love you,
On that you can rely,
No matter what the future brings,
As time goes by.

Moon light and love songs
Never out of date,
Hearts full of passion, jealousy and hate.
Woman needs man
And man must have his mate,
That no one can deny.

It's still the same old story,
A fight for love and glory,
A case of do or die.
The world will always welcome lovers
As time goes by.

So wie die Zeit vergeht

Du musst dies wissen:
Ein Kuss ist bloß ein Kuss,
Ein Seufzer ist bloß ein Seufzer.
Die grundlegenden Dinge gelten,
So wie die Zeit vergeht.

Und wenn zwei Liebende umeinander werben,
Sagen sie immer noch, ich liebe dich.
Darauf kannst du dich verlassen,
Was auch immer die Zukunft bringt.
So wie die Zeit vergeht.

Mondenschein und Liebeslieder,
Nie aus der Mode,
Herzen voller Leidenschaft, Eifersucht und Hass.
Frau braucht Mann,
Mann muss seine Liebesgefährtin haben,
Dies kann keiner verleugnen.

Es ist immer noch dieselbe alte Geschichte,
Ein Kampf um Liebe und Ruhm,
Ein Fall des Tuns oder Sterbens.
Die Welt wird Liebende immer willkommen heißen,
So wie die Zeit vergeht.

Dies ist der Titelsong aus *Casablanca*, dem Film aller Filme. Er erzählt, eingerahmt in einer spannenden Rahmenhandlung, eine unsterbliche Liebesgeschichte, klassisch, romantisch. Humphrey Bogart schaut Ingrid Bergman in die Augen und sagt trocken: »Ich schau dir in die Augen, Kleines.«

Erinnern Sie sich noch an das tragische Ende? Bogart und Bergman, das heißt Rick und Ilse, wollen zusammen fliehen, vor der Gestapo und vor ihrem ungeliebten, aber edlen Ehemann Victor Laszlo, einem verfolgten Widerstandskämpfer. Sie wollen aber auch ihre Vergangenheit hinter sich lassen (sie hat ihn schon einmal ihres Mannes wegen im Stich gelassen, damals in Paris).

Rick hat die letzten zwei Flugtickets ergattert, aber er macht ihr vor, ihren Mann vor der Gestapo zu retten und diesen allein ins Flugzeug zu setzen und in die USA zu verfrachten, damit sie beide nun endlich in Casablanca zusammenbleiben können. Im letzten Moment aber, kurz bevor das Flugzeug startet, lässt er sie zu ihrem Mann einsteigen und verzichtet auf das zum Greifen nahe Liebesglück.

Am Abend zuvor hatte er gefragt, nachdem sie ihm alles gebeichtet hatte: »Aber es ist immer noch eine Geschichte ohne Schluss. Wie geht's nun weiter?« Worauf sie antwortete: »Ich weiß nicht mehr, was richtig ist. Du wirst für uns beide denken müssen – für uns beide!« Er: »Na gut, das werde ich. Ich schau dir in die Augen, Kleines!« Sie: »Ich wünschte, ich würde dich nicht so lieben, Richard!«

Er dachte für sie beide und entschied für sie beide. Hier noch einmal ihr Schlussdialog am Flughafen:

Er: Im Grunde wissen wir beide, dass du zu Victor gehörst. Du bist ein Teil seiner Arbeit. Du gibst ihm Kraft weiterzumachen. Wenn du jetzt nicht mit ihm gehst, wirst du's bereuen!

Sie: Nein!

Er: Vielleicht nicht heute, vielleicht nicht morgen, aber bald, und das bis an dein Lebensende!

Sie: Und was wird aus uns?

Er: Uns bleibt immer (die Erinnerung an) Paris. Wir hatten es nicht, bis zu dem Moment, als du nach Casablanca kamst. Wir haben es gestern Abend zurückgewonnen!

Sie: Ich habe dir gesagt, ich werde dich nie verlassen!

Er: Das wirst du auch nicht. Aber ich habe auch was zu erledigen, und wo ich hingehe, kannst du nicht mitkommen, dabei kannst du mir nicht helfen. Ich passe nicht in eine noble Rolle. Die Erkenntnis, dass die Probleme dreier Menschen in dieser verrückten Welt völlig ohne Belang sind, gehört nicht hierher. Eines Tages wirst du verstehen. (Sie schaut weg, er hebt ihr Kinn hoch.) Nein. Ich schau dir in die Augen, Kleines!

(Darauf lügt er dem Ehemann vor, dass seine Liebe zu Ilse lange vorbei sei. Beide Männer geben sich die Hand.)

Laszlo: Gut, dass Sie wieder in unserer Reihe sind. Ich weiß, dass wir diesmal gewinnen. (Dann zu ihr:) Bist du bereit?

Sie: (Pause) Ja, ich bin bereit! (Zu Bogart:) Rick, Gott schütze dich!

Er: Beeilen Sie sich, das Flugzeug hebt gleich ab!

Danach fliegen sie ab. Bogart erschießt den Gestapo-Major, der herbeigeeilt ist, um die Flucht Laszlos zu verhindern. Dann spaziert er mit dem französischen Polizeibeamten leger weg, der ihm cool bescheinigt: »Ich hatte Recht: Sie sind sentimental. Sie sind dazu auch noch ein Patriot!« Der Anfang einer wunderbaren (Männer-)Freundschaft ... und das Ende eines wunderbaren Filmes, eines Filmes, den man sich unendlich oft anschauen könnte.

Ich habe den Verdacht, dass wir uns alle in den Film verliebt haben (nicht nur in die beiden Hauptdarsteller), weil er tief in uns unsere Sehnsucht berührt und wir dadurch süchtig geworden sind nach dem Film und dessen tragisch-süßem und erhabenem Ende.

Wieso süchtig? Wir könnten uns zum Beispiel fragen, wie es nach dem tragischen Abschied mit Rick und Ilse weitergeht. Natürlich werden sie sich heftigst nacheinander sehnen. Natürlich werden sie sich ein Jahr später heimlich wiedertreffen, und der Bar-Pianist wird ihnen *ihr* Lied wieder vorspielen. Natürlich wird Ilse wieder von ihren Schuldgefühlen ihrem Mann gegenüber gepeinigt sein und es doch tun. Das tragische Ende garantiert eine sehnsuchtsvolle und unendliche Fortsetzung der Geschichte, genauso unendlich wie die Zahl ihrer Fans, die Jahr für Jahr in den Film pilgern. (Am schönsten, finde ich, ist er in der Vorweihnachtszeit!)

Vor knapp zwei Jahren habe ich aber in der Zeitung einen für mich leider etwas desillusionierenden, weil entlarvenden Artikel über *Casablanca* gelesen. Er wurde von Slavoj Zizek, einem slowenischen Filmkritiker und Psychoanalytiker, unter der Überschrift »Kierkegaard in Casablanca« geschrieben.[6] Ich zitiere daraus die wichtigste Passage:

»Eine Filmszene, die das Kino überhaupt in sich zusammenfasst? Natürlich der Schluss von Michael Curtiz' *Casablanca*! Schauen wir den Tatsachen ins Gesicht: Film ist Hollywood, und Hollywood ist die Erzeugung von Liebespaaren. Das Problem besteht natürlich darin, wie Jacques Lacan geschrieben hat, ›dass es keine sexuelle Beziehung gibt‹: eine radikale Asymmetrie, die auf ewig die Vollendung eines harmonischen Paares verhindert.

Aus diesem Grund ist das Ende von *Casablanca* ... zu Recht berühmt als *der* Kino-Schluss ... Er ist deshalb so befriedigend, weil er in ein und derselben Geste drei unvereinbare Gründe bündelt, warum man der Erfüllung einer sexuellen Beziehung entsagen soll. Diese drei Gründe entsprechen Kierkegaards Triade aus dem Ästhetischen, dem Ethischen und dem Religiösen.

Die erste, ästhetische Lesart von Bogarts Geste besteht darin, in ihr das Bewusstsein wahrzunehmen, dass, obwohl sie sich leidenschaftlich lieben, die Erfüllung ihrer Beziehung (dass sie zusammenbleiben) mit Notwendigkeit schal werden würde: die Befriedigung entsteht aus der bloßen Erkenntnis, dass sie getan haben *könnten*, was sie wollten. Dieses Paradox wurde zuerst in Kierkegaards *Dialektik der Verführung* formuliert: die Realisierung des Prozesses der Verführung im sexuellen Akt macht das Ziel, nach dem der Verführer die ganze Zeit gestrebt hat, in seiner Vorläufigkeit und Vulgarität sichtbar. Die einzige Möglichkeit, den Horror der Desublimierung zu vermeiden, ist es, kurz zuvor aufzuhören, wodurch man den Traum von dem, was hätte geschehen *können*, am Leben erhält – indem der Verführer die Liebe in der Zeit verliert, gewinnt er für die Ewigkeit.

Die zweite Lesart ist die ethische: Bogart stellt die universelle politische Sache über sein privates Vergnügen (seine Liebe zu Bergman) – und erweist sich auf diese Weise ihrer Liebe würdig. Man begegnet diesem ideologischen Taschenspielertrick in fast jedem Melodram, das die Bereitschaft des Mannes, seine Liebe der öffentlichen Sache zu opfern, als höheren Beweis seiner Liebe deutet, d.h.: › dass sie ihm alles bedeutet‹. Der sublime Moment des Wiedererkennens tritt ein, wenn die Frau schließlich begreift, dass der Mann sie aus Liebe zu ihr verlassen hat: sie ist sich bewusst, dass – › in einem tieferen Sinne‹, wie man sagt – er es für sie getan hat, um ihrer Liebe würdig zu werden.

Es gibt nun noch eine dritte Lesart, die Bogarts finale Entsagung als grausamen, narzisstischen Racheakt an Bergman deutet, d.h. als Bestrafung dafür, dass sie ihn in Paris im Stich gelassen hat: nachdem er sie zu dem Geständnis gebracht hat, dass sie ihn wirklich liebt, ist er nun am Zug, sie mit einer Geste zurückzuweisen, deren zynische Botschaft lautet: › Vor einem Jahr in Paris hast Du Deinen Ehemann vorgezogen – nun bleib gefälligst bei ihm, auch wenn Du mich vorziehst!‹ Diese Logik einer rachsüchtigen, erniedrigenden und grausamen Abrechung macht

Bogarts Geste zu einer religiösen, nicht bloß zu einer ästhetischen.«

Ich zitiere diese Passage so ausführlich, weil sie ein Schlaglicht auf die innere Natur der Sehnsucht wirft.

Im Kapitel »Was ist Sehnsucht?« habe ich schon auf die scheinbar paradoxe Tatsache hingewiesen, dass der Reiz der Sehnsucht gerade in der Unerreichbarkeit ihres Zieles zu liegen scheint, im beständigen Hungern nach dem, was uns fehlt. Paradox ist dies insofern, weil wir normalerweise nach der *Erfüllung* unserer Wünsche streben.

Wir Gestalttherapeuten sagen dazu: Die meisten unserer Handlungen sind durch das Verlangen nach dem *Vollkontakt* gesteuert, das heißt nach der umfassenden Verschmelzung mit dem Objekt unserer Begierde. Im Vollkontakt, etwa bei der sexuellen Vereinigung, fließen beide Partner ineinander, sie verschmelzen kurzzeitig zu einer größeren Einheit, dabei tauschen sie ihr Intimstes aus. Nach diesem Höhepunkt lösen sie sich dann voneinander, gesättigt und befriedigt, und in der darauf folgenden Phase des Nachkontaktes nehmen sie das eben Erlebte in sich auf, sie schmecken ihm noch einmal intensiv nach, bevor es langsam in den Hintergrund absinkt und die betreffenden Personen innerlich bereichert.

In gewissen Fällen scheint es aber eine noch *größere* Befriedigung zu geben als die Erfüllung im Vollkontakt. Dies liegt in unserem Fall im bewussten Verzicht auf die Bedürfnisbefriedigung, das heißt in der Sublimierung. Sublimierung bedeutet wörtlich Verfeinerung, Veredelung. In der Psychoanalyse versteht man darunter die Umwandlung unbewusster sexueller Triebimpulse in geistige, kulturell wertvolle Tätigkeit. Wenn Zizek also vom »Horror der Desublimierung« schreibt, dann meint er, dass die Leidenschaft zwischen den Titelhelden in dem Moment ihres höchsten Reizes beraubt wäre, in dem sie beieinander bleiben und »glücklich bis an ihr Lebensende leben« würden.

Hier entdecken wir wohl eines der tiefgründigeren Geheimnisse der Sehnsucht: dass sie eine noch größere Erregung (Befriedigung kann man das nicht mehr nennen) aus dem Anhalten kurz vor dem Vollkontakt, kurz vor dem Liebesvollzug zieht als aus diesem selbst. Der Sehnsüchtige verzichtet bewusst oder unbewusst auf die Befriedigung seiner Lust und nimmt mit der ewigen Vorlust vorlieb.

»Denn alle Lust will Ewigkeit«, dies wusste schon Goethe, dieser große Liebhaber der Frauen, der in seiner Seele eigentlich schon Romantiker war. Die Befriedigung der Lust bringt nur einen einzigen Höhepunkt. Auch nach der leidenschaftlichsten Umarmung wird die Spannung unweigerlich abfallen. (Männer scheinen darunter, vielleicht organisch bedingt, mehr zu leiden.) Und man wird aus der himmlischen Verschmelzung wieder zu sich selbst zurückkehren. Was dann?

In welche individuelle Hülle man zurückkehrt, wie dieses »Zu-sich-selbst-Zurückkommen« sich anfühlt, wird letztlich darüber entscheiden, ob wir den Vollkontakt anstreben oder ob wir die ewige Vorlust vorziehen:

Wenn wir uns in uns selbst wohl fühlen, wenn wir uns in uns selbst beheimatet fühlen, wenn wir uns freuen, zu uns selbst zurückzukehren (mit dem Geschenk der eben erlebten Begegnung) – dann war der Vollkontakt schön und ausreichend. Wir lösen uns von unserem Gegenüber, dankbar für die Begegnung, und freuen uns darauf, uns irgendwann wieder zu treffen.

Wenn wir aber zu uns zurückkehren wie in ein kaltes, dunkles Loch, das uns im Grunde wie eine notdürftige Behausung fremd geblieben ist, dann werden wir uns nicht gerne aus der beglückenden Verschmelzung lösen. Wir werden uns lieber an den Partner festklammern und versuchen, das Ende unseres Zusammenseins so lange wie möglich hinauszuzögern, besonders dann, wenn wir, durch frühere Verlassenheitserfahrungen gewarnt, befürchten müssen, dass jede Begegnung die letzte sein könnte. Dann würden wir uns vielleicht bereits vor dem

Vollkontakt und der damit verbundenen Enttäuschung und Ernüchterung fürchten und deshalb schon bei der Vorlust stehen bleiben wollen.

Was hat es mit der Vorlust genauer auf sich? Ihr wichtigstes Merkmal ist die Steigerung, das Crescendo. Die innere Erregungskurve steigt ständig an. Unsere Sinne sind aufgeladen und geraten in immer höhere Spannung, in Erwartung der Erfüllung all unserer Wünsche. Es ist ein elektrisierendes Gefühl: die Beschleunigung des Herzschlages, die zunehmende Faszination, das Hingezogensein, das Hineinfallen in den Liebestaumel. Ein Schwindel erregender Zustand! Und wir merken plötzlich, dass es ein Zustand ist, von dem man richtig süchtig werden kann! Und hier ist sie wieder: die Suchtseite der Sehnsucht.

Gehen wir noch einen Schritt weiter. Schmerzliche Entbehrungen in der Kindheit können ein schier bodenloses Loch in unserem Herzen zurücklassen. Wenn wir in den Abgrund dieses Loches hineinschauen, wird klar, dass es schier unmöglich ist, durch ein einziges Erlebnis, eine einzige Liebesbegegnung, einen einzigen Liebesvollzug dieses Loch zu füllen, gleichgültig, wie schön dieses Erlebnis auch immer sein mag.

Es fällt uns wie Schuppen von den Augen: Nur die ewige Vorlust kann dies bodenlose Loch in der Seele füllen, kann ihm standhalten, ist ihm ebenbürtig. Wenn es uns gelänge, die Vorlust auf eine Ewigkeit auszudehnen, dann könnte doch die Ewigkeit der Erregung am Ende die Bodenlosigkeit unseres inneren Loches wettmachen.

Mit »Ewigkeit« verbinden wir in der christlichen Vorstellung den Himmel, mit »bodenlos« die Hölle. Es ist, als wollten wir der ewigen Verdammnis in der Hölle durch ein verzweifeltes Uns-Strecken nach dem Himmel entfliehen. Und doch drohen wir im Fegefeuer der Vorlust zu verbrennen.

Wir spüren, welche Verzweiflung in einem solchen Unterfangen stecken muss, wie die Wonne der Vorlust durch eine zerreißende Spannung erkauft ist, wie Glückseligkeit und Schmerz ekstatisch ineinander verschmelzen im sadomasochistischen Clinch und wie man immer weiter von seiner Mitte hochgewirbelt wird, bis man sich ganz verloren hat ...

Sehn-Sucht.

Die kunstvolle Sublimierung gerät dann leicht aus den Fugen und wird zum Wahn. Sublimierung kann uns einerseits anspornen zu kulturellen, zum Beispiel künstlerischen Höchstleistungen. Sie kann uns aber auch so entfremden von unseren natürlichen Bedürfnissen und unserem Wesenskern, dass wir am Ende nicht mehr wir selbst sind. Siehe van Gogh, Hölderlin, Nietzsche ...

Vielleicht sollte es besser heißen: »Denn alle Vorlust will Ewigkeit.«

Erleichterung

Es gibt da noch eine vierte Lesart von *Casablanca*. Die hat weder mit ewiger Vorlust, edlem Verzicht noch mit gemeiner Rachsucht zu tun, sondern mit einem viel profaneren Gefühl – der Erleichterung.

Erinnern Sie sich nochmals an die Schlussszene in *Casablanca*. Diese war *nicht* der dramatische Abschied zwischen Bogart und Bergman, sondern etwas anderes: Rick hat eben den Gestapo-Major Strasser im Duell erschossen (der hat zuerst gezogen – Pech für ihn). Der Polizeipräfekt Louis, der als einziger Zeuge anwesend war, hat in einer netten Geste der Kameradschaft seinen später eintreffenden Beamten befohlen, statt Rick »die üblichen Verdächtigen zu verhaften«. Dann sind die beiden Männer wieder allein. Louis bietet Rick an, diesen für ein paar Monate im Schutz einer anderen Garnison unterzubringen, selbstverständlich gegen eine angemessene Summe. Die beiden entfernen sich, freundschaftlich plaudernd, langsam von der Kamera und verschwinden in den nächtlichen Dunst der Flugpiste ...

Ein überaus entspanntes Bild. Da ist nichts mehr von Liebesschmerz, Sehnsucht, Abschied auf Nimmerwiedersehen zu spüren. Man hört nur zwei Männerstimmen, die über etwas Ver-
trautes, nämlich Geld und Geschäfte, plaudern. Sie werden eine
Zigarette miteinander rauchen und in der nächsten Kneipe
einkehren. Und nach ein paar Monaten wird Rick sein Etablis-
sement wieder eröffnet haben. Nach der dramatischen Schlie-
ßung werden sich garantiert noch mehr Gäste als vorher ein-
finden.

Nein, Entspannung und Erleichterung liegt in der Luft. Gott sei
Dank ist dieser heldenhafte Laszlo auf dem Weg in die USA,
er hätte das unausgesprochene Arrangement zwischen den
Schiebern und Hehlern, Polizisten und Offizieren unnötig gestört
und nur für Unruhe gesorgt. Es ist zwar ein bisschen schade,
dass die hübsche Ilse weg ist, aber sie wäre Rick mit der Zeit
doch ein bisschen auf die Nerven gegangen mit ihrer Leiden-
schaftlichkeit und ihrem ewigen »Du musst nun für uns beide
denken!«, und er hätte sich irgendwann an ihren Augen satt
gesehen. Dann hätte er nicht mehr in Ruhe in seinem Café
sitzen bleiben können, sie hätte ihn stündlich angerufen und
gefragt, wann er endlich nach Hause käme. Oder können Sie
sich einen Rick am Bar-Piano angelehnt vorstellen, in der einen
Hand die Zigarette und im anderen Arm ein schreiendes Baby?
Nein, in der richtigen Männerwelt stören Helden und Frauen
nur. Es lässt sich bisweilen einfacher in der Sehnsucht einrichten
als in einer realen Beziehung.

Ein Mann erzählt einmal schwärmerisch von seiner ersten Liebe.
Seit dem Nachmittag, an dem sie ihn, gerade fünfzehnjährig,
im Kino (vielleicht spielte gerade *Casablanca*?) geküsst hat, sei
er in sie verknallt gewesen, und er sei es immer noch, bis heute.
Es sei furchtbar für ihn gewesen, dass sie ihn gleich nach ein
paar Wochen wegen eines anderen Jünglings sitzen ließ. Aber
er habe über all die Jahre die Verbindung zu ihr aufrechterhalten,

und sie habe es ihm gnädig gewährt. Wenn er in die Stimmung komme, dann setze er sich hin und schreibe ihr einen Liebesbrief, der damit beginnt: »Weißt du noch ...?« Dann könne er eine Nacht lang nicht so gut schlafen. Und wenn sie gut gelaunt sei, würde sie ihm antworten und ihm sogar vorlügen, sie hätte ihn auch vermisst, obwohl sie nie den ersten Schritt mache, um ihm zu schreiben oder ihn zu treffen. Er sei sicher, dass er nicht zu den Männern zählt, in die sie ernsthaft verliebt gewesen ist. Trotzdem, es sei immer wieder schön, sich kurz zu treffen, wenn sie einander über den Weg laufen.

Mit den Jahren sei ihm jedoch, mit ein bisschen Unbehagen, klar geworden, dass die Treffen mit ihr und ihre Gegenwart ihm immer entbehrlicher, um nicht zu sagen störend geworden seien. Die Frau seiner Träume sei viel geheimnisvoller und anziehender als die reale, die mit dem Alter zwar nicht ihren Charme, aber doch ihre schwarzen Locken verloren hat. Es sei eher die Traumfrau, an die er eigentlich denkt und schreibt. Die Treffen seien in letzter Zeit für beide eher etwas langweilig geworden, und er sei meistens froh gewesen, wieder daheim zu sein. Dann sei er wieder alleine und könne wieder an sie denken, statt sich mit ihr leibhaftig zu treffen. Eigentlich sei er froh, dass er nicht mit ihr zusammenlebe und drei Kinder mit ihr habe, wie ihr Ehemann. Die Rolle des heimlichen (wenn auch eingebildeten) Liebhabers ziehe er doch vor ...[7]

»A kiss is still a kiss«

Ich möchte indes dieses Kapitel, das mit dem Titelsong aus *Casablanca* begonnen hat, nicht abschließen, ohne auf eine kleine Fassette hinzuweisen. Da gibt es noch eine schöne Nebensächlichkeit im Text von »As time goes by«. In der Originalversion heißt es in der ersten Strophe:

You must remember this,
A kiss is just a kiss,
A sigh is just a sigh.
The fundamental things apply
As time goes by.

Auf Deutsch:

Du musst dies wissen:
Ein Kuss ist bloß ein Kuss,
Ein Seufzer ist bloß ein Seufzer.
Die grundlegenden Dinge gelten,
So wie die Zeit vergeht.

Diese erste Strophe ist so etwas wie ein trauriger Seufzer über die Vergänglichkeit und Vergeblichkeit der Liebe: Ein Kuss vergeht, ein (Liebes-)Seufzer vergeht. Am Ende sind es die grundlegenderen, weltbewegenderen Dinge wie Politik, Pathos, Patriotismus, die über die Liebe obsiegen. So endet ja auch die Film-Story. Die beiden Liebenden verzichten zugunsten der ehelichen Treue, der bürgerlichen Moral, der politisch rechten Gesinnung, des (männlichen) Heroismus. Was hat eine Liebe gegen die geballte Macht solch hehrer Werte zu bieten?
Wie sagte Rick? »Ich passe nicht in eine noble Rolle. (Hier log er: Natürlich stand ihm die noble Rolle hervorragend! Sie hat ihn unsterblich gemacht!) Die Erkenntnis, dass die Probleme dreier Menschen in dieser verrückten Welt völlig ohne Belang sind, gehört nicht hierher.« Ich habe aber eine andere Version mir angehört, gesungen von einer Frau, von Barbara Streisand. Und da sang sie:

You must remember this,
A kiss is still a kiss,
A sigh is still a sigh.
The fundamental things apply
As time goes by.

Auf Deutsch:

Du musst dies wissen:
Ein Kuss ist immer noch ein Kuss,
Ein Seufzer ist immer noch ein Seufzer.
Die grundlegenden Dinge gelten,
so wie die Zeit vergeht.

Wie klingt nun diese Version?

Ein Kuss ist *immer noch* ein Kuss. Ein Seufzer ist *immer noch* ein Seufzer, auch wenn die grundlegenden Dinge weitergelten. Hier hat die Interpretin eine Lanze, wenn auch eine feine, für die Sehnsucht gebrochen.

Traumwelt – reale Welt

Ich möchte Ihnen hier eine alte chinesische Sage erzählen:

Ein Junge hatte früh seine Eltern verloren. Seine ältere Schwester nahm ihn bei sich auf. Mit der Zeit wuchs er zu einem schönen Jüngling heran.

Er war klug und tugendhaft, las und dichtete gerne, und als er das Alter erreichte, in dem man einen Beruf ergriff, machte er sich auf den Weg zur Provinzhauptstadt, um sich dort den Examen zu unterziehen, durch die man in die höheren Staatsdienste aufgenommen wurde. Da er begabt war, machte er sich große Hoffnungen, dass er, mittellos wie er war, durch die Examen zu Ansehen und Wohlstand gelangen könnte.

Leider bestand er die Examen nicht. Man tröstete ihn, er könne es nächstes Jahr noch einmal versuchen. Enttäuscht und traurig machte er sich auf den Heimweg.

Gedankenverloren wie er war, merkte er nicht, dass er in eine für ihn unbekannte, öde Gegend gelangte. Es begann bereits zu dämmern und er war darauf gefasst, im Freien übernachten zu müssen, als er in der Ferne ein Licht sah. Wie er näher kam, entdeckte er zu seiner Überraschung ein schönes, stattliches Haus, mitten in der Einöde. Da es anfing, leise zu nieseln, wagte er anzuklopfen.

Eine junge Dienerin machte auf. Er fragte höflich, ob er über Nacht bleiben könne, denn er habe sich verirrt. Die Dienerin ging hinein und kam mit der Dame des Hauses zurück, einer wunderschönen zarten Frau von edler Gestalt und höfischer Manier. Sie bat ihn herein und ließ von der Dienerin ein köstliches Abendmahl auftragen. Sie erzählte ihm, dass sie seit dem Tod ihres Mannes hier allein lebe und sich über Besuch freue. Es erwies sich, dass sie sich in Literatur, Gesang und Dichtung wunderbar auskannte. So saßen sie lange zusammen, aßen und tranken und plauderten angeregt miteinander. Der Abend verging wie im Flug. Sie verliebten sich ineinander und der Jüngling verbrachte die Nacht bei ihr.

Am nächsten Morgen wollte er weiterziehen, denn man erwartete ihn zu Hause. Aber sie bat ihn, diesen einen Tag noch bei ihr zu bleiben. Er ließ sich nicht ungern überreden und blieb auch noch die nächste Nacht und den darauf folgenden Tag bei ihr. Endlich, am Morgen des dritten Tages, rief ihn doch sein Pflichtgefühl, da man ihn vermissen würde. Er versprach ihr aber wiederzukommen, so bald er könne. Sie gab ihm einen kostbaren geschnitzten Edelstein zum Abschied und ließ ihn unter Tränen ziehen.

Er fand seinen Weg schnell wieder, gelangte noch am selben Tag nach Hause. Dort wurde er überschwänglich empfangen. Man hatte schon geglaubt, er sei unter Räuber gekommen und umgebracht worden. Nachdem man drei Monate lang keine Spur von ihm gefunden habe, habe man ihn für verloren erklärt und habe um ihn getrauert.

Er wunderte sich. Denn er war ja nur drei Tage länger weggeblieben als vorgesehen. Am nächsten Tag machte er sich auf den Weg und wollte das Haus der Geliebten wieder aufsuchen. Er fand es aber nirgends. Nach tagelanger Suche gab er es schließlich auf, trauerte sehr um die verlorene Liebe und ging wieder seinen Studien nach.

Ein Jahr später brach er wieder auf zu den Examen. Wieder bestand er nicht. Diesmal war er noch verzweifelter, als er sich auf den Heimweg machte. Auf einmal erschien ihm die Gegend wieder vertraut. Der sanfte Regen setzte wieder ein, und mühelos fand er das erleuchtete Haus wieder. Bangen Herzens klopfte er an. Die junge Dienerin öffnete die Tür, und voller Freude schlossen sich die Liebenden in die Arme.

Diese Nacht war unvergleichlich schöner als die vom Vorjahr. Die Liebenden waren wie berauscht von ihrem wiedergewonnenen Glück. Der Jüngling vergaß die Zeit, er vergaß alle guten Vorsätze und blieb.

Nach einiger Zeit bekam er aber wieder Heimweh und bat die Geliebte, ihn noch einmal seine Angehörigen besuchen zu lassen. Danach werde er für immer bei ihr bleiben. Sie bat ihn inständig, nicht wegzugehen. Sie habe die dunkle Ahnung, dass sie sich nie wieder sehen würden. Er ließ sich einmal, er ließ sich zweimal überreden. Beim dritten Mal machte er sich schweren Herzens doch auf und beteuerte, er werde gleich am nächsten Tag zu ihr zurückkehren. Sie überreichte ihm einen noch kostbareren Edelstein und schaute ihm tränenüberströmt lange, lange nach.

Wieder fand er mühelos den Weg nach Hause. Dort war die

Freude groß. Er erfuhr, dass er diesmal drei Jahre abwesend gewesen war. Man hatte bereits alle Hoffnungen aufgegeben und ihn für tot erklärt.

Aus Dankbarkeit über seine Rettung ging man zusammen zum Tempel, um ein Dankesopfer zu erbringen. Kaum betraten sie den Tempel, als ein alter Mönch auf ihn zutrat, ihn eindringlich anschaute und dann erschrocken ausrief: »Mein Sohn, wo bist du gewesen? Was ist dies für ein Schatten, der auf deinem Antlitz liegt?«

Der Jüngling erzählte dem Mönch von seinem Liebesglück. Als Beweis zeigte er ihm die beiden Edelsteine, die er von seiner Geliebten als Geschenk erhalten hatte. Nach genauer Untersuchung stellte der Mönch aber fest, dass solch kostbare Juwelen zu ihren Tagen nirgendwo mehr hergestellt würden. Sie stammten mit großer Wahrscheinlichkeit aus früheren Jahrhunderten. Mit großer Beunruhigung ließ sich der Mönch die Stelle, an der der Jüngling das Haus gefunden hatte, genau beschreiben. Dann rief er aus: »Nein! In dieser Gegend, die du beschreibst, gibt es seit Jahrhunderten keine Behausung mehr. In der letzten Dynastie soll aber dort ein herrschaftliches Haus gestanden haben, in dem die junge Tochter des Hauses sich aus Liebeskummer das Leben nahm – sie hat einen jungen Mann niederer Herkunft geliebt, sollte jedoch standesgemäß an einen anderen verheiratet werden. Seither geisterte es im Haus, es wurde verlassen und verfiel. Aber es wird auch berichtet, dass die Unglückliche immer wieder jungen Männern erschienen ist, diese betörte und in den baldigen Tod zog.

Mein Sohn, der Schatten auf deiner Stirn ist ein Zeichen dafür, dass auch du in ihren Bann geraten bist und unweigerlich sterben wirst, wenn du noch einmal zu ihr hingehst.« Daraufhin trat er auf ihn zu, legte ihm die Hand auf die Stirn und sprach eine lange Zauberformel.

Am nächsten Tag ließ sich der Mönch vom Jüngling zu der Stelle führen, an der das Haus gestanden hatte. Sie fanden nichts außer den Resten einer alten Grundmauer. Ein rauer Wind wehte. Es regnete nicht.

Geheilt von dem Spuk ging der Jüngling seinen Studien nach. Im nächsten Jahr bestand er endlich die Examen, er brauchte nicht mehr zu Fuß nach Hause zu gehen, sondern wurde in einem Pferdegespann gebracht. Als hoher Beamter errang er hohes Ansehen und Reichtum, ehelichte eine Tochter aus vornehmem Hause, mit der er glücklich lebte und viele Kinder hatte.

Nur ab und zu träumte er von seiner ersten Liebe. Sie erschien ihm im Traum und schaute ihn voller Trauer, aber ohne Vorwurf an. An diesen Tagen ging er lange draußen spazieren, nachdem er zwei kleine Gegenstände, die er sonst stets in seinem privaten Gemach verschlossen hielt, in die Tasche seines langen Gewandes gesteckt hatte. An diesen Tagen war er für niemanden mehr zu sprechen.

So endet eine der bekanntesten chinesischen Volkssagen. Das Motiv taucht in den alten Erzählungen immer wieder auf, wenn auch in unterschiedlichen Variationen: Ein Jüngling trifft seine Traumfrau, mit der er lange glücklich lebt. Irgendwann wird er entzaubert – meist ist es ein Mönch, der dies bewerkstelligt – und merkt, dass er ein Traumleben mit einem Traumwesen verbracht hat: Die Frau war in Wahrheit entweder der Geist einer Verstorbenen oder ein Tiergeist, zum Beispiel eine verzauberte Füchsin.

Und immer hinterlassen diese Sagen einen Hauch Melancholie, ein leises Bedauern, dass das irdisch-überirdische Glück so trügerisch gewesen ist. Und man ist fast verärgert über den Mönch, obwohl dieser dem jungen Mann das Leben gerettet und ihn von seinem Wahn geheilt hat. Warum? Weil man nicht weiß, was man dem Jüngling lieber gewünscht hätte: Liebesglück, ja Liebesrausch, verbunden aber mit einem frühen Tod (der Schatten in seinem Antlitz!) – oder langes Leben, Ansehen,

Wohlstand und geordnete Verhältnisse, aber entzaubert. Welches von beidem würden *Sie* wählen, wenn Sie an seiner Stelle gewesen wären?

Traumwelt – reale Welt

Beginnen wir nun mit der – zugegebenermaßen trockeneren – Analyse. Was ich mit diesem Märchen (das ich seit meiner Kindheit kenne und genauso liebe wie den Film *Casablanca*) aufzeigen möchte, ist die Trennung zwischen Traumwelt und realer Welt. Wobei ich nicht behaupten will, es gäbe keine Traumwelt, es existiere keine Geisterwelt. Obwohl ich es nicht mit handfesten Beweisen belegen kann, bin ich ziemlich sicher, dass diese existieren. Ich bin sogar ziemlich sicher, dass es Brücken zwischen diesen Welten und der so genannten realen Welt gibt.[8] Eine dieser Brücken ist jedem Menschen bekannt. Wir spazieren jede Nacht darüber – im Traum! Und kehren auch wieder zurück, ob traurig (weil's *dort* so viel schöner war als *hier*) oder erleichtert (weil's ein Alptraum war).
Selbst nach seiner Entzauberung fand der Jüngling dann und wann über diese Brücke zu seiner Traumwelt zurück: Er träumte von seiner ersten Liebe. Und nach dem Aufwachen hatte er nicht nur, wie die meisten von uns, eine vage Erinnerung an das Jenseitige, sondern er konnte aus seinem verschlossenen Geheimfach zwei kostbare Souvenirs aus diesem geheimnisvollen Reich herausholen, zwei Beweise dafür, dass er früher wirklich einmal drüben gewesen war. Ein Grenzgänger.
Vielleicht sind wir in gewisser Weise alle Grenzgänger. Immerhin träumen wir. Naturwissenschaftlich arbeitende Traumforscher haben bewiesen, dass jeder Mensch träumt. Wenn jemand behauptet, er träume nicht, dann hat er seine Träume wahrscheinlich schlicht vergessen. Und die Traumforscher meinen sogar: Träumen ist gesund! In einem Experiment wurde festge-

stellt, dass die in ihren Träumen immer wieder unterbrochenen Schläfer mit der Zeit dem Wahnsinn nahe waren und psychoseähnliche Symptome zeigten (unabhängig davon, ob sie schön oder schlecht geträumt hatten).[9]

Können wir annehmen, dass es für unsere seelische Gesundheit wichtig, nein, notwendig ist, die Brücke zur Traumwelt aufrechtzuerhalten und regelmäßig darüber zu gehen?

Warten wir noch ein wenig mit der Beantwortung dieser Frage und kehren wir zur obigen Sage zurück. Lassen Sie uns zuerst der Frage nachgehen, ob es außer dem Traum noch andere Brücken zu anderen Welten gibt und wann und weshalb manchmal die Grenze zwischen Realität und Traumwelt überschritten wird.

Das Motiv Erlösung

In der chinesischen Sage hatte sich die junge Frau aus Liebeskummer das Leben genommen. Ein unglücklicher Freitod zwingt, so zumindest der Volksglaube, die Verstorbenen dazu, immer und immer wieder auf die Menschenwelt zurückzukehren, um nach der Lösung dessen zu suchen, was sie einst in den Tod getrieben hat. Sie geistern dann heimatlos herum und suchen jemanden, der sie erlösen könnte.

Solche Motive tauchen in Volkserzählungen immer wieder auf, auch in den deutschen Märchen, zum Beispiel in »Brüderchen und Schwesterchen« nach den Gebrüdern Grimm, in dem die von ihrer Stiefmutter ermordete Königin um Mitternacht erschien, um für ihr neugeborenes Kind und ihren zum Reh verzauberten Bruder zu sorgen:

»Aber in der Nacht – sah die Kinderfrau – trat die rechte Königin in die Stube, sie ging zur Wiege, nahm ihr Kind heraus, hob es an ihre Brust und gab ihm zu trinken, dann schüttelte sie ihm sein Bettchen auf, legte es wieder hinein und deckte es

zu. Darauf ging sie in die Ecke, wo das Rehkälbchen schlief, und streichelte ihm über den Rücken. So kam sie alle Nacht und ging wieder fort, ohne ein Wort zu sprechen.
Einmal aber trat sie wieder ein und sprach:
›Was macht mein Kind? was macht mein Reh?
nun komm' ich noch zweimal und dann nimmermehr‹,
und that alles, wie in den andern Nächten. Die Kinderfrau weckte aber den König und sagte es ihm heimlich. Der König wachte die andere Nacht, und da sah er auch, wie die Königin kam und hörte deutlich ihre Worte:
›Was macht mein Kind? was macht mein Reh?
nun komm' ich noch einmal und dann nimmermehr‹.
Aber er getraute sich nicht, sie anzureden. In der andern Nacht wacht' er wieder, da sprach die Königin:
›Was macht mein Kind? was macht mein Reh?
nun komm' ich noch diesmal her und dann nimmermehr‹.
Da konnte sich der König nicht länger halten, sprang auf und umarmte sie, und wie er sie anrührte, ward sie wieder lebendig, frisch und roth ...«[10]
Dreimal ist sie gekommen, der König traute sich die ersten beiden Male nicht. Das dritte Mal aber nahm er sich ein Herz, sprang hervor und umarmte sie, und wie er sie anrührte, ward sie wieder lebendig.
Vielleicht hätte der chinesische Jüngling seine Geliebte auch aus dem Schattenreich erlöst, wenn er den Mut gehabt hätte, ein drittes Mal zu ihr zu gehen und sie in die Arme zu nehmen! Stattdessen gehorchte er der Autorität des Mönches, der ausgewiesener Fachmann auf dem spirituellen Gebiet war. Aber was dieser oberflächlich als Heilung (für den Jüngling) ansah, könnte sich letztlich als Verhinderung einer größeren Heilung erweisen, bei der der Jüngling und seine Geliebte aus dem Schattenreich erlöst worden wären. Manchmal ist es besser, der eigenen Intuition zu folgen, um das Haus und die Frau seiner Träume wieder zu finden. In fachkundiger Begleitung stößt man aber

nur noch auf die verblassten Trümmer der einstigen Stätte des Glücks: trockene Archäologie.

Das Motiv der verwaisten Kinder, die sich finden

Der Geist der verstorbenen Frau wollte erlöst werden. Aber auch der Jüngling suchte, vielleicht unbewusst, nach Erlösung durch die Liebe. Gleich zu Beginn erfahren wir in der Sage, dass er früh beide Eltern verloren hatte, er war also Vollwaise. Beide, sowohl der Jüngling als auch seine Geliebte, haben empfindliche Verluste in ihrem vergangenen Leben erleiden müssen. So haben sich zwei Unglückliche gefunden, zwei Menschen, die innerlich verwundet waren und für eine sehnsuchtsvolle, romantische Liebe prädestiniert zu sein schienen. Auch das deutsche Märchen beginnt mit der Verwaisung beider Kinder: »Brüderchen nahm sein Schwesterchen an der Hand und sagte: › Seit die Mutter todt ist, haben wir keine gute Stunde mehr, die Stiefmutter schlägt uns alle Tage, und wenn wir zu ihr kommen, stößt sie uns mit dem Fuß fort; sie giebt uns auch nichts zu essen, als harte Brotkrusten; dem Hündlein unter dem Tisch gehts besser, dem wirft sie doch manchmal was Gutes zu, daß Gott erbarm, wenn das unsere Mutter wüsste: Komm laß uns miteinander fortgehen.‹ Sie gingen zusammen fort und kamen in einen großen Wald, da waren sie so traurig und so müde, daß sie sich in einen hohlen Baum setzten und da Hungers sterben wollten.«

Existenzielle Krisen und übersinnliche Wahrnehmung

Schwesterchen und Brüderchen waren so traurig, dass sie sterben wollten. Auch der chinesische Jüngling ist verzweifelt gewesen. Er bestand die Examen nicht – man muss dazu wissen, dass im alten China das Bestehen der staatlichen Examen für Männer aus dem gemeinen Volk die einzige Chance darstellte, gesellschaftlich aufzusteigen. Deshalb war das Nichtbestehen der Examen ein wahrer Schicksalsschlag für den Jüngling. Er muss sich wie eine gescheiterte Existenz gefühlt haben. Wie Brüderchen und Schwesterchen war auch er todtraurig und geriet in seiner Verzweiflung in die verzauberte Gegend, in der das Geisterhaus stand.

Schmerz und Verzweiflung können uns manchmal im Leben bis an den Rand unserer Existenz treiben. In unserer Ausweglosigkeit ist der Sprung ins Wasser oder, wie bei *Anna Karenina*, unter den Zug nur einen kleinen Schritt weit entfernt. Wir begegnen dem Tod.

In solchen existenziellen Situationen überschreiten wir gelegentlich auch die Grenze zwischen Realität und Traumwelt: Unsere Nerven sind in diesen Momenten so überreizt, dass wir an den Rand des Wahnsinns geraten können. Der Alltagsverstand funktioniert nicht mehr. Uns wird schwindelig. Wir geraten außer uns.

Aber wir sind in solchen Augenblicken auch imstande, *andere* Realitäten als die normale wahrzunehmen. Dann kann es durchaus sein, dass wir für Erscheinungen aus anderen geistigen Ebenen, für so genannte übersinnliche Erscheinungen, empfänglich werden.

Diese übersinnlichen Wahrnehmungen sollten wir von Wahnvorstellungen unterscheiden. Denn Wahnvorstellungen setzen sich vorwiegend aus solchen Inhalten zusammen, die bei der betreffenden Person bereits in deren Bewusstsein oder im Unbewussten vorhanden sind. Durch die seelische Erschütterung sind diese Inhalte sozusagen nur durcheinander geschüttelt worden. Die Person wird überschwemmt von unbewussten Triebimpulsen, zum Beispiel aggressiver oder sexueller Art, die sie bisher verdrängt hat. Was in ihrem Wahn sichtbar wird, ist immer noch ein Teil ihres Selbst, ein Teil, der normalerweise im Verborgenen liegt, ihr »Schatten«.

Übersinnliche Wahrnehmungen stellen dagegen wirklich andere Realitäten dar. Ein Mensch, der übersinnlich wahrnimmt, empfängt Botschaften aus anderen Ebenen. Seine sinnlichen Grenzen haben sich so geöffnet, dass er Botschaften aus anderen Welten aufnehmen kann. Es ist, als würde ein Radioempfänger, der bisher nur auf eine Welle programmiert ist, auf einmal andere Wellenbereiche empfangen.

Seit dem Altertum kennen wir Berichte von Menschen, die solche Botschaften empfangen und weitergeben – das Orakel von Delphi war in der gesamten antiken Welt berühmt. Je nach der geistigen Einstellung der Zeit hat man diese Menschen Propheten (die Gottes Botschaft ans Volk übermitteln), Heilige (denen sich Gott unmittelbar offenbart), Magier und Hexen (die mit dem Teufel im Bunde stehen), Visionäre oder Medien (aus denen der Geist anderer Menschen oder anderer Wesen spricht) genannt.

Das Wort »Medium« ist recht gut geeignet, das Phänomen der übersinnlichen Wahrnehmung zu beschreiben. Ein Medium ist ein Mensch, der Mittelglied, Mittler, Vermittler zwischen der realen und der übersinnlichen Welt ist. Er hat die Gabe, andere Welten wahrzunehmen, und kann uns von diesen anderen Welten berichten.

Übersinnliche Wahrnehmungen sind nichts Außerordentliches. Die meisten Menschen sind in der Lage, solche zu empfangen. Ich habe bereits den Traum als eine Brücke zu anderen Welten erwähnt. Auch bei unseren Träumen können wir unterscheiden zwischen einem Teil, der bewusste oder unbewusste Inhalte des Träumers darstellt, und einem anderen, der übersinnliche Wahrnehmungen mit beinhaltet: wenn wir beispielsweise von einem Freund träumen und dieser ruft uns am nächsten Tag an, oder wenn wir von einem Ereignis träumen, das etwas später tatsächlich eintritt. Dies sind Trauminhalte, die nicht oder nicht allein durch die vorhandenen Bewusstseinsinhalte des Träumers ausreichend zu erklären sind.

Wann treten solche übersinnlichen Wahrnehmungen bei uns auf? Dann, wenn unsere normalen sinnlichen Grenzen sich öffnen. Normalerweise sind wir in unseren psychischen Funktionen eingegrenzt, wir können auch sagen: eingeschränkt. Jeder von uns hat sein individuelles Wahrnehmungsmuster, jeder nimmt auf seine Art die Welt wahr. Diese gewohnte Art, die Welt und uns selbst wahrzunehmen, garantiert uns das Gefühl für unsere Identität. Solange ich mich und meine Umwelt so und so wahrnehme, weiß ich, wer ich bin.

Dies ist normalerweise von Vorteil. Denn mit einer gleich bleibenden Wahrnehmung unseres Ichs und unserer Umwelt können wir unser Leben planvoll gestalten. Wir haben etwas Verlässliches in der Hand. Wir sind in Kontrolle.

Dies kann uns jedoch auch zum Nachteil geraten, wenn wir nicht mehr die innere Freiheit haben, uns anders zu sehen, oder wenn wir uns nicht mehr vorstellen können, anders als gewohnt zu leben. Dann werden die Grenzen unserer Wahrnehmung eingeschränkt. Wie Pferde, denen der Fuhrmann Scheuklappen angezogen hat, trabten wir immer geradeaus weiter. Wir lebten im wahrsten Sinne gezügelt. Leidenschaften hätten keinen Platz mehr in unserem Leben.

Stellen Sie sich vor, Sie wären ein Zugpferd. Sie leben im Stall, werden gut versorgt. Und jedes Mal, bevor Sie aus dem Stall geführt werden, zieht man Ihnen Scheuklappen an, jahrein, jahraus. Wenn Sie dann ins Freie hinausgeführt werden, sehen sie immer die Straße vor sich, der sie getreu entlangtraben.

Nun stellen Sie sich vor, eines Tages werden Sie verkauft an einen anderen Kutscher. Dieser benutzt keine Scheuklappen. Stellen Sie sich vor, wie es ist, wenn Sie zum ersten Mal aus dem Stall ins Freie geführt werden ...

Da strömen sinnliche Eindrücke auf Sie ein, unbekannte Farben, unbekannte Weiten, unbekannte Welten, so dass Sie davon völlig überwältigt sind. Überwältigtsein ist aber etwas anderes als Wahnsinnigsein. Denn irgendwann werden Sie sich an die neuen Realitäten in Ihrer Umgebung gewöhnt haben, auch wenn Sie dafür einige Zeit brauchen werden. Denn es sind Realitäten, die immer schon da gewesen sind: die Wiesen, die Bäume, die Häuser. Aber durch die Scheuklappen haben Sie diese nie zuvor wahrnehmen können. Durch die Abnahme Ihrer Scheuklappen hat sich das Bild Ihrer Welt nur vervollständigt. Es ist eine vollständigere Realität, die Sie jetzt wahrnehmen. Das, was Sie vorher wahrgenommen haben, war nur ein willkürlicher, wenn auch (für den Kutscher) nützlicher Ausschnitt der Realität.

Wann verändert sich die Wahrnehmung unserer Realität?

In unserem Beispiel mit dem Zugpferd veränderte sich die Wahrnehmung der Realität mit dem Besitzerwechsel.
Folgende Umstände beziehungsweise Bedingungen können uns Menschen zu veränderten Wahrnehmungen führen:

O *Träume;*

O *Umbruchphasen:* Es gibt besonders sensible Phasen in der Entwicklung, in denen sich etwas Grundlegendes in unserer Selbst- und Fremdwahrnehmung verändert, etwa in den Trotzphasen, in der Pubertät, in der Lebensmitte, im Altern, im Sterben;

O *einschneidende Ereignisse:*
positive einschneidende Ereignisse: zum Beispiel Liebe, Verliebtsein, sexuelle Erfüllung und andere ekstatische Erlebnisse, Schwangerschaft und Geburt, Kinder, Enkelkinder, persönliche oder berufliche Erfolge etc.;
negative einschneidende Ereignisse: Schicksalsschläge, Angst, Erschrecken, Hass, plötzliche Trennungen, Verlust

oder Verrat nahe stehender Menschen, körperliche und seelische Verletzungen, persönliche oder berufliche Misserfolge, plötzliche Lebensbedrohung etc.

In diesen Zeiten bricht die Kruste unseres gewohnten Lebens auf, wir gelangen zu plötzlichen und unerwarteten Einsichten in unser Selbst, aber auch in die Welten »über und unter« uns. Dies sind oft existenziell wichtige Momente im Leben, in denen wir von neuen Einsichten erschüttert oder von unbekannten Gefühlen überflutet werden. Wenn die Kruste des bisherigen gewohnten Lebens reißt, öffnet sich nicht selten eine bedrohliche Spalte in unserer Existenz, manchmal auch in uns selbst. Es sind Zeiten, in denen die Wahrnehmung unserer Realitäten sich zu spalten beginnt: Wir nehmen die normale Realität wahr, aber gleichzeitig auch eine andere, wie der Jüngling, der zwischen Geisterwelt und realer Welt pendelt. Und wir sind manchmal nicht imstande, eine Brücke zwischen diesen Welten zu schlagen.

Manchmal erschrecken wir vor dem Neuen, Unbekannten und fühlen uns von ihm bedroht, wie der Jüngling von der Vorstellung, seine Geliebte sei ein Gespenst. Dann retten wir uns oft durch einen Rücksprung ins Altvertraute. Der Jüngling nahm seine alte Lebensspur wieder auf, studierte, bestand seine Examen, stieg sozial auf und war äußerlich satt und zufrieden. Aber in seinen Träumen, die eine Brücke zu seiner Sehnsucht schlugen, erkannte er, was er verloren hatte, welchen Preis er für seine äußere Sicherheit bezahlt hatte.

Er musste die Erinnerungen an sein einstiges Liebesglück, die beiden Edelsteine, ins Geheimfach seines Privatgemaches einschließen. Damit verschloss er den Schatz in seinem Herzen. Er konnte zwar beruhigter weiterleben, aber der Glanz der Edelsteine, die Liebe wärmte nicht mehr seine Existenz.

Natürlich hätte er umgekehrt auch einen hohen Preis bezahlt, wäre er ein drittes Mal zu seiner geisterhaften Geliebten zurückgekehrt. Er hätte eventuell wirklich sein Leben verloren und wäre, zumindest in den Augen seiner Umwelt, gestorben, so wie sie ihn schon für tot erklärt hatte, als er die ersten beiden Male wegblieb. Er hätte die Verlässlichkeit einer realen Existenz aufgegeben, wäre vielleicht auch ein Geisterwesen geworden wie seine Geliebte, wurzellos, zeitlos, raumlos.

Noch einmal die Frage: Welches von beidem hätten Sie gewählt, wenn Sie an seiner Stelle gewesen wären?

Die innere Kammer – Sehnsucht nach dem göttlichen Geheimnis in uns

Jeder von uns hat ein innerstes Geheimnis. Aber nicht jeder weiß davon. Und selbst wenn wir seine Existenz ahnen, wissen viele nicht den Weg dorthin. Doch gibt es für jeden von uns einen Wegweiser zu unserem innersten Geheimnis. Es ist unsere Sehnsucht.

Die Sehnsucht ist etwas Universelles, sie ist etwas, das für jeden Menschen spürbar und wahrnehmbar ist. Fragen Sie einen x-beliebigen Menschen nach seiner Sehnsucht! Zunächst werden Sie bei ihm ein überraschtes Innehalten registrieren. Er wird kurz stutzen, weil ihn diese Frage im alltäglichen Getriebe unterbricht.

Ein Hauch von Schamröte wird über seine Wangen huschen. – Scham signalisiert uns, dass seine innere Barriere (seine Schamgrenze) berührt worden ist, die die intime Zone jeder Person vor dem neugierigen Blick Nichteingeweihter schützt. Aber wenn er uns für vertrauenswürdig hält, wird sein Blick sich nach innen wenden, und er wird uns, vielleicht zuerst noch zögernd, von seinen inneren Sehnsüchten erzählen.

Die meisten Menschen antworten auf die Frage nach ihrer Sehnsucht mit Glück, Zufriedenheit, einer erfüllten Partnerschaft, Erfolg im Beruf, Ansehen, einem Häuschen, einem schicken Auto, Gesundheit. Dies sind aber meist nur äußere Attribute eines inneren Zustandes. Der ideale Partner, das Häuschen, der berufliche Erfolg – sie alle sind das *Symbol* für ein inneres Befinden. Die innere Sehnsucht lässt sich viel schwerer in Worte fassen, weil sie sprachlos ist, weil sie aus einer Welt stammt, die jenseits der Worte liegt. Deshalb greifen wir automatisch zu Bildern, wenn wir etwas darüber mitteilen möchten.

Das Häuschen, das Liebesglück, die sportliche Leistung – sie rufen in uns ein Bündel unbeschreiblicher Gefühle hervor. Auf diese Gefühle kommt es an. Es ist dieser Zustand innigster Verzückung, der den Kern unserer Sehnsucht bildet. Es ist ein Gefühl, als kämen wir nach Hause. Und weil die Sehnsucht unsere allerintimsten Gefühle anspricht, bewahren wir sie meist wie ein kostbares Geheimnis für uns, damit sie nicht von unachtsamen Zeugen entweiht werden. Wir hüten diesen Schatz, weil unsere Sehnsucht mit unserem innersten Wesen zu tun hat. Das, was mich im Wesen ausmacht, liegt in meiner Sehnsucht verborgen und geborgen.

Wenn wir unsere Sehnsucht kennen, wissen wir, wer wir im Kern unserer Person sind. Wenn wir wissen, wer wir sind, wissen wir, wo wir in unserem Leben hin wollen. Wir können unsere Lebensziele genauer definieren. Wir wissen besser, was wir aus unserem Leben machen wollen.

Doch ist es leider so, dass die meisten von uns ihre Sehnsüchte nicht ernst nehmen oder zumindest nicht ernst genug. Wir tun sie gerne ab. Wir meinen, sie seien romantisches Gesäusel, das man sich vielleicht einmal nachts bei Vollmond gestatten kann. Aber am nächsten Morgen heißt es wieder, nüchtern und cool zu sein.

So kann es passieren, dass wir jahrelang an unserem innersten Wesenskern vorbeileben. Oberflächlich glücklich, innerlich leer. Oder, was noch schlimmer ist, wir erlangen das erstrebte Symbol – das Häuschen, den idealen Partner, den beruflichen oder sportlichen Erfolg –, aber dann stehen wir ratlos davor und wissen damit nichts Rechtes anzufangen – weil wir am Symbol stehen geblieben sind, weil wir nicht weitergeforscht haben, was wir einst *hinter* diesem Glückssymbol gesucht haben, weil wir unsere Sehnsucht, die etwas Inneres, Nichtfassbares, Immaterielles ist, mit etwas Äußerem, Greifbarem, Materiellem verwechselt haben.

Die innere Kammer

Um dieser schwer beschreibbaren Sehnsucht eine Gestalt zu geben, benutze ich gerne das Bild der inneren Kammer. Ich bin vor Jahren darauf gekommen, als ein Mann mir Folgendes erzählte:

»Seit meiner Kindheit träume ich immer wieder diesen einen Traum: Ich bin in meiner Wohnung. Sie ist nicht irgendeine Wohnung, sondern meine ureigenste. Manchmal bin ich alleine drin, manchmal sind andere, mir vertraute Menschen dabei. Aber immer bin ich glücklich dort. Es ist keine himmelhochjauchzende Freude, eher eine stille Glückseligkeit. Ich bin wirklich daheim.

Ich gehe eine Treppe hinunter, komme durch eine Tür – und gelange dann in eine ›äußere‹ Wohnung. Dann erst merke ich, ›meine‹ Wohnung ist eigentlich eine versteckte, eine unsichtbare, zu der man nur durch eine Geheimtür gelangt. Wenn man nicht weiß, dass im Haus noch eine Wohnung ist, dann würde einem das Haus ganz normal und vollständig vorkommen. Meine Wohnung ist eine Wohnung in der Wohnung, ähnlich wie bei Anne Frank, die sich mit ihrer Familie jahrelang in einer geheimen Wohnung vor den Nazis versteckt hielt.

Wenn ich dann aus dem Traum aufwache, dann ist mir immer noch so, als sei diese Wohnung Realität, als bräuchte ich nur vom Bett aufzustehen und hinzugehen. Ich sehe das weiche Licht an den Wänden, während ich die Treppe hochgehe, fühle die Stufen unter meinen Füßen. In mir ist eine tiefe Gewissheit, dass die Wohnung existiert. Dann aber schaltet sich mein Alltagsbewusstsein ein, ich frage nach ihrer Existenz in Zeit und Raum und finde sie nicht mehr.«

Ich war sehr beeindruckt von dieser Schilderung. Mit der unsichtbaren Wohnung hat der Mann den Ort seiner tiefsten Sehnsucht ganz plastisch beschrieben. Er hat ihn in ein Bild verpackt, das jeder versteht: Die innere Kammer eines Menschen ist der Ort, wo er innerlich zu Hause ist. Hier ist die Wohnung seiner Seele.

Wir sehen an dieser Schilderung, wie gut sich Bilder dazu eignen, um innere Zustände zu beschreiben. Bilder sind ganzheitlich, sie sind nicht analytisch, sie zerlegen das, was man meint, nicht in Einzelteile, sondern geben ihm nur ein Gefäß, in dem es aufgefangen und aufgehoben ist. Und sie bewahren das innerste Geheimnis des Menschen. Sie geben ihm eine Form, ohne aber seinen Inhalt zu verraten und preiszugeben.

Durch den Traum des Mannes ermutigt, fragte ich auf einem Seminar, das ich leitete, die Teilnehmer nach ihrer inneren Kammer. Die Gruppe fiel in ein langes Schweigen, in dem alle nach innen schauten und nachspürten. Die Atmosphäre war auf einmal ganz dicht. Es war, als würden wir uns in einen anderen Raum, in einen anderen Bewusstseinszustand begeben.

Dann fingen die Teilnehmer an, über *ihre* innere Kammer zu sprechen: Manche beschrieben diesen Ort als eine große Höhle. Meist ist es keine dunkle Höhle, sondern eine Art Kuppel tief unter der Erde, die mit Licht und Wärme erfüllt ist. Manche Höhlen sind gefüllt mit Schätzen, andere beherbergen einen tiefen unterirdischen See. Vor der Höhle wacht manchmal ein Drache oder ein Ungeheuer. Der Weg dorthin ist oft lang und steinig. Manche dieser Pfade sind versperrt durch ein unüberwindliches Hindernis. Andere führen geradewegs ans Ziel.

Hier die Schilderung eines der Teilnehmer:

»Ich sehe meine innere Kammer als einen kleinen, dunklen Raum. Er ist weitgehend unmöbliert. Da ist höchstens ein niedriges Bänkchen, auf dem ich mich niederlassen kann, und ein Tischchen, auf dem eine Kerze brennt. Der Raum rundherum liegt im Halbdunkel.

In meiner inneren Kammer bin ich ganz allein mit mir selbst. Ich schaue nur auf das Licht der Kerze. Und da alles rundherum im Halbdunklen liegt und nichts meine Aufmerksamkeit beansprucht und mich ablenkt, wird das Licht zum Mittelpunkt des Raumes. Ich beginne, es in mir selbst zu spüren.

Mit Überraschung stelle ich fest, dass sich außer mir keine andere Person in meiner inneren Kammer befindet. All die Objekte meiner Begierde, alles, wonach ich mich sonst sehne, hat sich wie in Luft aufgelöst, und ich bin allein mit mir selbst. Ohne das Lichtchen würden diese Begierden wie Gespenster wieder auftauchen und mich in ihren Bann ziehen. Sie würden mich wie tanzende Schatten an der Wand verwirren. Aber sobald das Licht da ist mit seinem hellen, klaren Schein, verschwinden alle Schatten. Es ist ein schattenloses Licht, beständig, wärmend, ernst und heiter zugleich.

Ich stelle mir vor: In diese kleine Kammer kann ich mich zurückziehen, wenn ich in der Unrast des Tages unterzugehen drohe, wenn ich im Begriff bin, mich selbst zu verlieren. Sobald ich in der Kammer sitze, bin ich wieder ruhig, aufrecht und entspannt. Meine Sorgen, meine Probleme, meine Krankheiten fallen von mir ab. Ich bin wieder ich selbst. Ich kann meinen Körper spüren, meinen Atem. Es ist, als würde ich nicht mehr wie sonst heimatlos in der Welt umherirren, sondern Geborgenheit in mir selbst finden.

Wie ich eben dasitze und mir die Zeit nehme, um ins Licht zu schauen, merke ich auf einmal, dass das Licht in mir ist und nicht mehr außerhalb von mir. Darüber bin ich sehr froh. Denn dann ist das Licht überall in meinem Alltag mit dabei. Ich hätte es immer bei mir, oder besser: in mir. Es wird vielleicht auch aus mir ausstrahlen, in meinen täglichen Verrichtungen und in meinen Begegnungen mit anderen Menschen.«

Am Ende dieses Seminars, das nur einen Nachmittag dauerte, verabschiedeten wir uns herzlich voneinander. Viele schienen ein Stück von sich selbst entdeckt oder wieder entdeckt zu haben und gingen beglückt nach Hause.

Sehnsucht nach sich selbst

Jeder Mensch hat seine innere Kammer. Sie ist auch seine Schatzkammer. Wir halten diese Kammer meist geheim vor den neugierigen Blicken anderer, Uneingeweihter. Aber Menschen, denen wir vertrauen, weihen wir gerne in dieses Geheimnis ein. Wir sind zwar gerne allein in unserer stillen Kammer, aber wir möchten sie gelegentlich auch mit einem Vertrauten teilen. Wenn wir solch einen Menschen haben, dann ist dies ein besonderes Glück.

Um das Geheimnis eines Freundes, einer Freundin zu wissen, es mit ihm oder ihr zu teilen und Stillschweigen darüber zu bewahren, ist ebenfalls ein besonderes Glück. Und es ist eine besondere zwischenmenschliche Aufgabe, um das Geheimnis einer vertrauten Person zu wissen und es zugleich zu bewahren.

Wir finden hier die ursprüngliche Bedeutung des Wortes »Tabu«. Es bezeichnet etwas Heiliges, Unantastbares, Unverletzliches.

Das Wort entstammt ursprünglich dem Sakralbereich und bezeichnet all jene Gottheiten und gottgeweihten heiligen Dinge, die aus religiöser Scheu vor dem Zugriff des Profanen, auch vor dem sprachlichen Zugriff, geschützt sind. Das wirklich Geheimnisvolle hat keinen Namen. Man wendet den Blick ab aus Scheu, Verehrung und Respekt.

Im religiös-spirituellen Bereich wissen wir, dass die letzten Geheimnisse, auch Mysterien genannt, heilig sind im dreifachen Sinne: Sie vermitteln das Heil, sie haben eine große Heilkraft in sich, die uns geistig und körperlich ganz machen kann. Sie sind darüber hinaus heilig zugleich, das heißt verehrungswürdig, unantastbar. Denn – und hier zeigt sich ihre dritte Eigenschaft – sie sind empfindlich und zerbrechlich. Von uneingeweihten Händen angefasst, zerbröseln sie zu Staub. Es ist, als würden sie sich vor dem falschen Zugriff schützen. Von eingeweihten Händen gehalten, erstrahlen sie in ihrer ganzen Herrlichkeit. Hierin besteht das Mysteriöse, das Rätselhafte der Mysterien.

Es gibt eine tiefe menschliche Sehnsucht nach religiöser und spiritueller Erfahrung. In drei Lebensbereichen machen wir solche Erfahrungen: im Alltag, in Krisenzeiten und in religiösen beziehungsweise spirituellen Gemeinschaften.

Solche Erfahrungen können im *Alltag* wie von selbst auftauchen, wenn wir für Augenblicke plötzlich aus dem gewohnten Lebensrhythmus herausgerissen werden und wie gebannt vor einer Blumenwiese oder unter dem Sternenhimmel stehen oder von einer Melodie aus dem Radio wie in eine andere Welt versetzt werden, oder wenn wir durch die unerwartete Begegnung mit einem fremden Menschen uns tief in unserer Seele berührt fühlen.

Spirituellen und religiösen Erfahrungen begegnen wir vor allem in *Zeiten der Krise und des Umbruchs* – bei Geburt, Sterben, Krankheit, Leiden, Freude und Ekstase. Wir sind häufig von ihnen erschüttert und brauchen Zeit, um sie zu verstehen und in uns aufzunehmen. Dann wird uns ihre Bedeutung bewusst:

Durch sie erfahren wir Lebenssinn und Lebenskraft. Wir finden zu unserer eigentlichen Lebensbestimmung.

Dafür müssen wir diesen Erfahrungen Raum geben, deshalb beschließen manche Menschen, einen bewussten *religiös-spirituellen Weg* zu gehen, um beständig am großen Geheimnis teilzuhaben. Dann müssen wir in das Geheimnis »eingeweiht«, initiiert werden. Dafür sind Riten da, symbolische Handlungen, die uns aus dem Alltagsbewusstsein herausheben und die Verbindung mit dem Göttlichen vermitteln. Je näher wir dem Geheimnis kommen, desto mehr tauchen wir ab in die Versenkung, in die Stille – ins große Mysterium. Es gibt auch den Weg der Verzückung, der Ekstase, in der wir rauschhaft erfasst werden vom großen Geist, vom Ur-Rhythmus des Lebens.

In diesen Riten sind wir zugleich in einer Gemeinschaft verankert. Es ist eine beglückende Erfahrung, spirituelle Erlebnisse mit anderen Gleichgesinnten zu teilen. Dadurch werden die individuellen spirituellen Erfahrungen an eine religiöse Gemeinschaft angebunden. Die christlichen Sakramente haben ursprünglich alle mit der Übermittlung mystischer Erfahrungen zu tun – sie sollen durch gemeinsame symbolhafte Handlungen die unmittelbare Verbindung des Menschen zu Gott herstellen. In diesem Sinne beruht die christliche Religion genauso wie andere Religionen auf mystischen Erfahrungen.

Das Göttliche im Wesenskern

Martin Luther sagte einmal: »Wo dein Schatz ist, da ist dein Herz, und wo dein Herz ist, da ist dein Gott.«
Es ist nun kein Zufall, dass ich die innere Kammer eines Menschen in Verbindung mit der göttlichen Erfahrung zusammengebracht habe. Beides ist nämlich innig miteinander verbunden. Wenn wir uns beispielsweise meditativ in uns versenken, nehmen wir das Göttliche in uns wahr – es ist wie ein

Licht, ein Energiestrom oder ein überirdischer Klang. Wir spüren uns selbst in diesen Augenblicken wie ein Gefäß, dem das Göttliche innewohnt.

Ich habe versucht, dies durch einen Kreis mit einem Mittelpunkt zu symbolisieren. Unser *Wesenskern,* dieser innerste Teil unseres Selbst, wäre der Kreis, und der göttliche Bezug wäre der Mittelpunkt des Kreises. Die Kraft aus diesem Kern strahlt aus und bildet unsere *Aura,* hier als gestrichelter, größerer Kreis dargestellt.

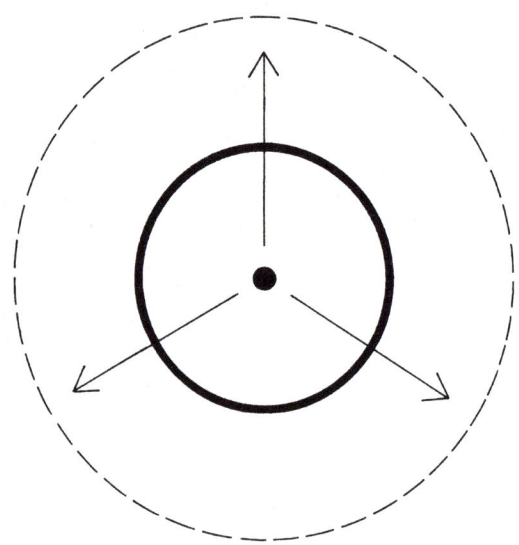

Natürliche Scham

Wenn wir in unserem Wesenskern geöffnet sind, sind wir nach außen hin ungeschützt. Jeder kann uns erkennen, kann uns berühren, beglücken oder verletzen. Es ist, als wäre die Tür zur inneren Kammer ständig offen. Wie wir gesehen haben, ist es ein beglückendes Erlebnis, mit einem vertrauten, geliebten Menschen sein Innerstes zu teilen. Dies nennen wir die »intime Begegnung«. Beide Menschen sind in ihrem Wesenskern zueinander geöffnet und kommunizieren unmittelbar miteinander.

Wenn wir aber mit Fremden und weniger vertrauten Menschen zusammen sind, brauchen wir einen Schutz für unsere Intimität. Hier setzt unsere natürliche Scham an. Unsere Scham stelle ich mir bildhaft wie Schutzhüllen vor, die sich wie konzentrische Kreise um unseren Wesenskern legen. Diese Schichten nennen wir unsere *Schamgrenzen.*

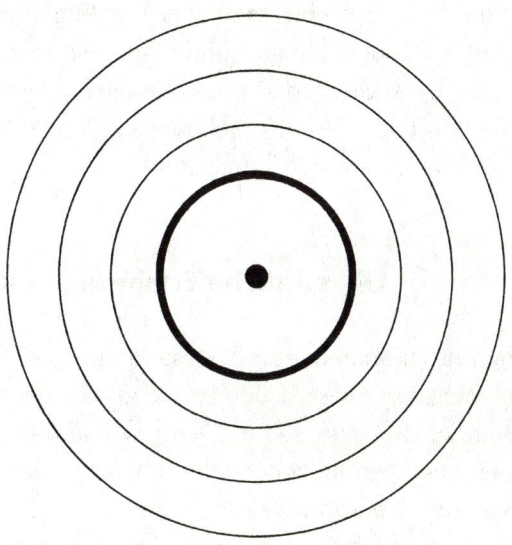

Mit unterschiedlichen Menschen unterhalten wir unterschiedlich intime Beziehungen. Menschen, die wir eben erst kennen gelernt haben, begegnen wir auf der äußersten Schicht, wir sind vorsichtig, höflich, distanziert. Werden sie uns vertrauter, dann lassen wir uns von ihnen in einer intimeren, inneren Schicht berühren. Wir zeigen ihnen mehr von unserem Privatleben, lassen sie mehr an dem, was uns bewegt, teilhaben. Lieben wir sie schließlich, dann lassen wir die letzte Schamhülle fallen und lassen sie an unseren Wesenskern heran.

Im Umgang mit unserem Körper werden uns die Schamgrenzen besonders deutlich. Zum einen ist Intimität auf das Innigste mit unserem Körper verbunden. Wenn wir lieben, möchten wir der geliebten Person körperlich nahe sein, wir schmiegen uns an, wir streicheln uns. Wenn wir uns schützen möchten, schützen wir zuallererst unseren Körper, wir ziehen die Schultern hoch, wenden unseren Blick ab, verhüllen unsere Brust.

Nun verstehen wir, welch wertvolle Funktion unsere Scham erfüllt. Sie reguliert mittels der Schamgrenzen den Kontakt, die Begegnung und die Beziehung zu unseren Mitmenschen. Sie dosiert die Intensität des Kontakts und macht einen geschützten Kontakt mit der Umwelt überhaupt erst möglich. Unsere Schamgrenzen sind normalerweise flexibel. Je nach den Erfordernissen des Kontakts können sie sich öffnen und schließen.

Die göttliche Erfahrung in der Liebe

Es gibt neben der unmittelbaren Gotteserfahrung auch eine, die über die Liebe geht. Dies ist der Grund dafür, weshalb jeder von uns sich nach Liebe sehnt. Denn wir ahnen, dass wir, jenseits aller geschlechtlichen Leidenschaft, im Kern unseres Wesens existenziell berührt werden, wenn wir uns liebend mit einem Menschen vereinen. Die Liebe verwandelt uns.

Wenn wir uns in der intimen Begegnung mit einem anderen Menschen verbinden, geht etwas Göttliches in uns auf. Hier wird etwas spürbar, das wir nicht als einzelnes Individuum erfahren können. Dies ist der Weg durch das Du. Er ergänzt den Weg durch das Ich.

Im Film *Before Sunrise* treffen sich zwei junge Menschen im Zug zwischen Budapest und Paris, eine Französin und ein Amerikaner. Sie verlieben sich ineinander und steigen, bevor sich ihre Wege endgültig trennen, spontan in Wien aus. Dort wandern sie eine Nacht lang durch die Straßen, die ganze Zeit in einem intimen Dialog vertieft. Fast beiläufig sagt die Frau zum Mann: »Manchmal glaube ich, Gott befindet sich nicht im Himmel. Er befindet sich auch nicht im einzelnen Menschen. Er befindet sich zwischen den Menschen.«[11]

Wir könnten es uns bildlich vorstellen: Es ist, als wäre irgendwann in grauen Vorzeiten die Welt in tausend Stücke zersprungen. Wenn sich zwei Menschen lieben, ist es, als würden sich zwei verloren gegangene Splitter von einst wieder finden. Sie fügen sich zusammen zu einer größeren Einheit, aus der wir eine Ahnung davon bekommen, wie die Welt einst vor diesem Zerspringen ausgesehen haben mag.

Wir könnten auch versuchen, dieses Phänomen energetisch zu beschreiben: Wenn zwei Menschen in der Liebesumarmung voreinander stehen oder aufeinander liegen, dann berühren sich alle ihre Energiezentren (Chakren), die sich entlang ihrer Körperachse befinden, gleichzeitig. In der Liebesvereinigung findet ein umfassender Energieaustausch statt, der die beiden an einen höheren Energiekreislauf anschließt.

Bei diesen Bildern sollten wir uns aber darüber im Klaren sein, dass all dies nur Metaphern, Gleichnisse sind, um etwas, das nicht mit Worten zu definieren ist, zu umschreiben. Ich möchte hier nur herausstellen, dass die liebende Begegnung zwischen zwei Menschen zu den großen transzendierenden Erfahrungen gehört.

Die inneren Schichten im Wesenskern

Wenn wir nun nach innen schauen, dann begegnet uns bald ein neues Rätsel: Es öffnet sich nicht nur eine innere Kammer, sondern es tun sich immer mehr Kammern auf. Und jede dieser Kammern hat eine Tür. Wenn wir dies in unserem Modell des Kreises umsetzen, bedeutet dies, dass der Wesenskern kein leerer Kreis ist, sondern aus vielen konzentrischen Schichten um den zentralen Mittelpunkt aufgebaut ist. Im Gegensatz zu den Schamgrenzen, die als äußere Schutzschichten Angriffe von außen abwehren, gehen diese Schichten nach innen, auf den göttlichen Mittelpunkt zu. Sie sind Manifestationsformen des Göttlichen, die immer feiner werden, je mehr wir zur Mitte hin eintauchen. Wir können diese inneren Schichten im Wesenskern *Kernschichten* nennen.

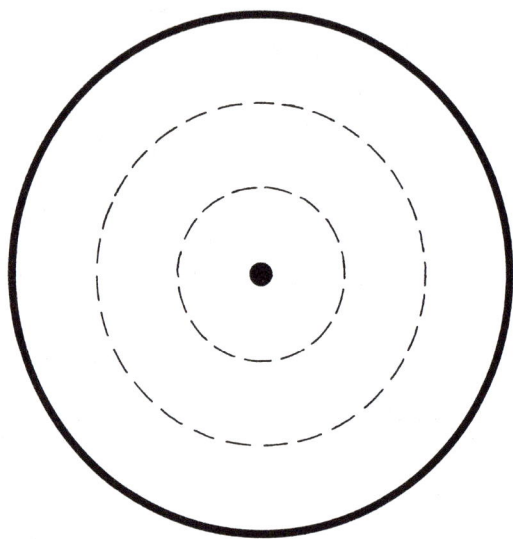

Es ist also wie eine unendliche Entdeckungsreise, wenn wir uns auf den Weg zur Mitte aufmachen. Wir gelangen von einem Raum in den nächsten, wir stehen immer wieder vor neuen verschlossenen Türen.

Die Tür zur inneren Kammer

Was bedeutet die verschlossene Tür?
Wir sind ursprünglich eins gewesen mit dem göttlichen Mittelpunkt. Wir sind einst ganz gewesen, heil, ungebrochen, aufrecht. Durch die Traumata des Lebens jedoch haben wir viel Schmerz

und Angst erfahren. Weil wir – besonders als wir klein waren – die schlimmen Schmerzen und Ängste aber nicht dauerhaft ertragen konnten, haben wir uns verschlossen. Wir haben die Schmerzen und die Ängste tief in uns eingeschlossen, in Verliesen, die wir mit eisernen Türen versiegelten.

Eine Klientin beschrieb ihre Reise zu sich selbst mit genau diesem Bild: dass sie eine Treppe in den Keller ihres Elternhauses hinunterging und Türen aufschloss, in denen die »Leichen« aus ihrer Kindheit verlassen dalagen. Es sei fast eine Reise in den Wahnsinn gewesen.

Diese eisernen Türen sind es, die wir auf unserem Weg in unseren Wesenskern antreffen und die uns den Weg zu uns hin versperren. Sie tun es aus gutem Grund: Wir haben *damals* die Schmerzen und Ängste nicht ertragen. Sie trennen uns aber auch von unserer Mitte, von unserer Unschuld, von unserer Wahrheit. Irgendwann, wenn wir groß und stark geworden sind, wenn wir mehr Unterstützung von außen haben (zum Beispiel durch eine Liebesbeziehung, die uns Kraft gibt, oder durch eine Therapie), werden wir uns aufmachen auf den Weg, die Treppe hinunter. Wir fürchten uns, wir fühlen in uns eine Todesangst, wir ahnen, dass es alles andere als leicht sein wird, aber etwas in uns zieht uns dahin. Wir wollen es wissen. Denn wir haben erfahren, dass unser Leben in eine Sackgasse führt, wenn wir diese alten, schmerzlichen Geschichten aus unserer Vergangenheit vor uns selbst fernhalten. Wir wollen durch die Tür in die Räume, die dahinter liegen. Wir ahnen, dass hinter dem Schmerz, der Not und der Angst die Erlösung und die Wahrheit warten. Letztendlich kann uns nur unsere ureigene Wahrheit heilen.

Wir werden die alten Schmerzen wieder spüren, mit ihnen werden die alten Erinnerungen wieder ins Bewusstsein hochgespült werden. Aber mit unserer neu gewonnenen Kraft und der Unterstützung von außen werden wir sie durchstehen. Und wir werden merken, dass nicht nur die Schmerzen und die schlimmen Erinnerungen hochgespült werden, sondern auch schöne, ebenfalls vergessene Erlebnisse; Gefühle von Freude, Glück, Lust, Erfülltsein, Lebendigsein werden ebenfalls aus dem Verlies befreit.

Und wir werden uns wieder eins fühlen, wir sind wieder ganz – die Spaltung, die durch das Zuschlagen der eisernen Tür entstanden ist, hebt sich allmählich wieder auf. Wir kommen mit unserer Mitte mehr und mehr in Berührung.

Wiederentdeckung der leiblichen Einheit

Eine der schmerzhaftesten, aber auch beglückendsten Erfahrungen auf diesem Weg des Wieder-Einswerdens ist die Wiederentdeckung unseres Leibes – und mit ihm die Wiederentdeckung der geistig-seelisch-körperlichen Einheit, wie wir sie als Kinder noch hatten.

Die meisten von uns haben den Kontakt mit unserem Körper in der Auseinandersetzung mit den Forderungen der profanen Realität abgebrochen, abbrechen müssen. Schmerzlich ist es zum Beispiel zu sehen, wie aufrechte, aufgerichtete Kinder, die ihren Körper mit Leichtigkeit und Grazie getragen haben, bereits nach der ersten Woche in der Grundschule zusammensacken und eine gebückte Haltung einnehmen. Vor unseren Augen verlieren sie ihre Ganzheit. Aus aufrechten Menschen werden unterdrückte Untertanen, aus schwungvollen Kindern resignierte Schüler, die sich ihrem Schicksal ergeben haben, die nächsten zehn oder dreizehn Jahre »abzusitzen« (ein Wort – gleichbedeutend mit »im Gefängnis sitzen«.)

So sind die meisten von uns krumm, gebeugt, resigniert geworden. Mit dem Abbruch der Beziehung zu unserem Leib haben wir aber auch unsere geistigen Energien, unsere seelische Widerstandskraft, unsere visionäre Fähigkeit verloren. Mit der Unterbrechung der senkrechten Verbindungslinie, die uns in der aufrechten Haltung mit der Kraft von Himmel und Erde »anschließt« (der so genannten Schwerlinie), sind wir zu Marionetten geworden, deren Fäden gekappt wurden und die sich nur noch schlaff, kraftlos, visions- und damit auch hoffnungslos durchs Leben schleppen.

Wenn wir nun irgendwann durch Körperschulung oder Körpertherapie an diese Linie wieder angeschlossen werden, können wir durchschüttelt werden von den schlimmsten körperlichen Schmerzen, Schmerzen, die uns aufschreien und aufweinen lassen – dies sind die seelischen Schmerzen, die uns einst veranlasst haben, unser Aufgerichtetsein aufzugeben. Es ist das tonnenschwere Gewicht einer Eisentür, die nachzugeben beginnt und sich millimeterweise öffnet. Es ist wie ein kleiner Tod, den wir sterben, wenn wir diese Eisentür durchschreiten. Aber wenn wir es schaffen, die Türschwelle zu überwinden, dann können wir auf einmal von ungeheuren Energieströmen durchflutet werden. Wir sehen Licht. Wir spüren Hitze. Wir sehen engelhafte Wesen, die bei uns stehen. Und wenn diese Flut von nie dagewesenen Eindrücken, Empfindungen und Bildern abgeebbt ist, empfinden wir einfaches, ungetrübtes Glück. Wir sind wieder zu uns zurückgekehrt. Ein neuer Raum, eine neue Kammer hat sich für uns wieder aufgetan. Wenn wir künftig darauf achten, dass wir diese Verbindung mit Himmel und Erde, dieses Aufgerichtetsein immer wieder herstellen, dann haben wir ein Stück dessen wieder gefunden, wozu wir eigentlich bestimmt sind.

Wenn Kinder die Sehnsucht
ihrer Eltern leben

Ein Kind ist geboren. Die Eltern halten es zum ersten Mal im Arm. Sie freuen sich, dass die Geburt gut gegangen ist. Und sie schauen auf ihr Kind und sind innerlich tief bewegt. Was bewegt Eltern in solch einem besonderen Augenblick?

Glücklich sind sie. Mit jedem Kind wird neue Hoffnung geboren. Jedes Kind bedeutet einen neuen Zukunftsentwurf. Mit jedem Kind wird eine neue Seite in der Geschichte des Paares aufgeschlagen.

Es wird aber auch eine neue Seite in der Geschichte des Lebens aufgeschlagen. In der Geburt offenbart sich das große Geheimnis, das im Buch des Lebens geschrieben steht. Es wird in diesem magischen Augenblick für einen kurzen Moment geöffnet.

Ein frisch gebackener Vater läuft durch die Stadt, noch ganz erfüllt von der Geburt seines ersten Kindes, die er soeben miterlebt hat. Er wundert sich, dass die Menschen alle ruhig ihren Geschäften nachgehen. Wieso jubilieren sie nicht mit ihm? Wissen sie denn nicht, dass eben das Wunderbarste geschehen ist? Wieso bleibt die Welt weiter so, wie sie ist? Wieso hält sie nicht an und fängt ganz neu von vorne an?

Ohne es zu wissen, hat dieser junge Vater eben das Geheimnis von Weihnachten am eigenen Leib erfahren. Dies ist die große Hoffnung, die in der Geburt jeden Kindes liegt. Diese Hoffnung nährt sich von »der Sehnsucht des Lebens nach sich selbst« (so die wunderschöne Beschreibung von Kahlil Gibran).[12]

Es gibt neben dieser großen Hoffnung auch eine kleine Hoffnung – die individuelle Hoffnung der Eltern. Diese Hoffnung nährt sich von der persönlichen Sehnsucht der Eltern. Durch sie hindurch wirkt aber auch die Sehnsucht ihrer Familie und der Gemeinschaft, in die sie eingebettet sind.

In die Hoffnung können sich aber manchmal auch Angst und böse Ahnungen mischen. Die Eltern spüren in sich die bange Frage aufsteigen, ob alles im Leben ihres Kindes auch so gut gehen wird, wie man es ihm heute wünscht. Auf welche Wege wird das Schicksal dies Kind führen?

Diese Sehnsüchte, Hoffnungen und Ängste äußern sich bei den meisten Eltern recht konkret: Eine Mutter drückt ihre Tochter fest an sich und wünscht ihr, dass sie ein leichteres Leben haben möge als sie selbst. Ein Vater schaut seinem hellwachen Sohn in die Augen und träumt von der großen Karriere, die ihm, dem Vater, nicht vergönnt war. Ein anderer Vater erschrickt über die äußere Ähnlichkeit zwischen seinem Sohn und ihm, und er spürt, gegen seinen Willen, eine heftige Abneigung gegen das Kind. Die Mutter findet aber ihren Sohn wunderschön und verliebt sich sofort in ihn. Eine andere Mutter ist enttäuscht, dass ihre Tochter nicht die dichten Haare hat, die sie sich immer erträumt hat. Wieder eine andere erinnert das Kind an ihre Großmutter, die das schwarze Schaf der Familie war ...

Es ist ganz normal, dass wir solche oder ähnliche Hoffnungen und Ängste beim Anblick unserer Kinder spüren. Unsere Kinder verkörpern ja unsere Zukunft. In sie projizieren wir deshalb unsere Zukunftshoffnungen und Zukunftsängste. Gleichzeitig sind unsere Kinder ein Stück unserer *eigenen* Zukunft. Sie sind ein Stück von uns, sie kommen von uns, sie kommen durch uns. Das englische Wort für Nachkommen, *offspring*, drückt dies gut aus: Die Kinder *ent-springen* den Eltern. Dies wird auch durch das Bild des Stammbaumes ganz plastisch dargestellt: Aus dem Stamm der Menschheit zweigen sich immer neue Seitentriebe ab, die sich immer feiner verästeln. So wachsen unsere Kinder wie eine neue Knospe aus uns heraus, wie wir aus unseren eigenen Eltern hervorgegangen sind.

So sind Eltern die wesentlichste Grundlage für die Entwicklung ihrer Kinder. Das, was ihnen eigen ist, geben sie unweigerlich an ihre Kinder weiter. Dies ist nicht nur im biologischen, sondern auch im sozialen Sinne zu verstehen. Kinder stammen einerseits biologisch von ihren Eltern ab, sie wachsen andererseits auch in innigster Nähe zu ihren Eltern auf.

Ich habe es einmal so ausgedrückt: Die Familie bildet einen »gemeinsamen intimen Raum«, in dem sich die Familienmitglieder gegenseitig beeinflussen. Durch diese hohe Dichte und Nähe werden sowohl die guten, liebevollen, lebensbejahenden Energien in den Eltern unmittelbar von den Kindern empfunden und empfangen als auch deren böse, verletzte, unverarbeitete Anteile.[13] Die Kinder nehmen all diese Energien von Geburt an auf (eigentlich bereits schon intrauterin, also im Mutterleib – die pränatale Forschung hat herausgefunden, dass der Embryo bereits für sehr viele Signale aus seiner Umgebung empfänglich ist). Jedes Kind verarbeitet diese Energien auf seine individuelle Art. (Deshalb entwickeln sich Geschwister auch unterschiedlich, selbst wenn sie in einer ähnlichen Umgebung aufwachsen, ganz abgesehen von der Tatsache, dass sich die familiäre Situation für jedes neue Kind anders darstellt als für das vorherige.)

So wird mit den Hoffnungen und Ängsten der Eltern dem Kind ein Stück Zukunft in die Wiege gelegt. Sie können ihm zum Segen gedeihen, sie können ihm aber auch zum Fluch werden. Es werden positive, sinngebende Botschaften ans Kind weitergegeben, aber auch unselige, belastende Aufträge.

Dies ist, wie gesagt, ein normaler Vorgang. Keine noch so wohlwollenden Eltern können es vermeiden. Es gehört zum Schicksal von Eltern, dass sie das, was ihnen eigen ist, an ihre Kinder weitergeben. Sie können sich aber bemühen, das Positive in sich weiterzuentwickeln und das Negative zu verarbeiten. Indem wir als Eltern darauf achten, dass wir mit unseren eigenen persönlichen Problemen vorankommen, entlasten wir unsere Kinder. Dann brauchen sie unsere unverarbeiteten Probleme nicht zu übernehmen und an die nächste Generation weiterzugeben.

Genauso gehört es zum Schicksal der Kinder, sowohl das Positive als auch das Negative ihrer Eltern in sich aufzunehmen. Dies gehört zur Grundlage ihres weiteren Lebens. Aber auch als Kinder unserer Eltern können wir mit diesem Ererbten weiterarbeiten. Wir können das Gute dankbar annehmen und ausbauen. Das Negative können wir an die früheren Generationen zurückgeben, wenn es eindeutig von dort stammt. Und wenn wir spüren, dass ein Stück des Ererbten ein Teil von uns selbst geworden ist, können wir dies belastende Erbe für uns so weiterverarbeiten, bis wir auch daraus Identität und Selbstbewusstsein beziehen können.

Unser Schicksal können wir also durchaus als Chance für unseren weiteren Lebensweg ansehen. Unser familiäres Schicksal ist Teil unserer Lebensbestimmung. Dies gilt sowohl für unsere Rolle als Eltern als auch für unsere Rolle als Kinder.

Es gibt Sehnsüchte, die mehrere Generationen brauchen, um realisiert zu werden. Es gibt Schulden und Hypotheken, die mehrere Generationen brauchen, um getilgt zu werden.

Mao Tse-tung erzählte einmal das Märchen vom alten Mann, der im Schatten eines hohen Berges gelebt hat. Schon seine Vorfahren lebten an diesem schattigen Ort, an dem das Getreide nur karg wuchs. Eines Tages entschloss sich der alte Mann, den Berg, der ihn und seine Familie seit Generationen gestört hatte, abzutragen. Als er mit der Arbeit begann und die ersten Körbe Erde wegtrug, kamen seine Nachbarn und fragten, was er mache. Als er ihnen antwortete, er wolle den Berg abtragen, lachten sie ihn aus oder bemitleideten ihn: Wie soll er, der schon so betagt ist, je hoffen, diesen Berg, der seit einer Ewigkeit dort steht, abzutragen!

Der Alte antwortete: »Meine Vorfahren sind schon im Schatten dieses Berges aufgewachsen. Alle haben sie gesagt, der Berg sei zu hoch, unser Leben zu kurz, um etwas daran zu ändern. Aber was ich nicht schaffe, werden meine Kinder fortsetzen,

117

und was sie nicht schaffen, werden ihre Kinder fortsetzen. So werden wir Schritt für Schritt vorankommen.« (Mao Tse-tung hat mit dieser Erzählung das chinesische Volk letztendlich nicht zum Kommunismus bekehren können. Aber das Märchen existierte auch schon lange Zeit vor Mao, es war lange vor ihm Teil der Volksseele.)

Nehmen wir die Verarbeitung der deutschen Geschichte als anderes Beispiel. Die Rivalität und Feindschaft zwischen Deutschen und Franzosen währt seit einigen Jahrhunderten. Nach dem Zweiten Weltkrieg haben Adenauer auf der einen und de Gaulle auf der anderen Seite begonnen, Brücken zwischen beiden Völkern aufzubauen. Die Feindschaft hat inzwischen stark abgenommen.

Umgekehrt werden die Schuld, die die Deutschen im Dritten Reich durch die Judenvernichtung auf sich genommen haben, und die Scham, die ihre Nachgeborenen spüren, einige Generationen brauchen, um abgetragen zu werden, genauso wie die Juden einige Generationen brauchen werden, um mit den Deutschen wieder ins Reine zu kommen. Jede Generation wird ihren spezifischen Teil an der Bewältigung dieser Aufgabe zu leisten haben, Stück für Stück.

Wenn Kinder die unverarbeiteten Sehnsüchte ihrer Eltern übernehmen

Kehren wir nach diesen kollektiven Phänomenen zu familiären Schicksalsläufen zurück.

Wenn Kinder die unverarbeiteten Sehnsüchte ihrer Eltern übernehmen, kann es zu Fehlentwicklungen in ihrem Leben kommen. Zunächst entwickeln sich solche Kinder zur vollen Zufriedenheit ihrer Eltern. (Diese sind ja erst einmal froh und dankbar, dass die Kinder ihre Lebensträume verwirklichen.) Die Schwierigkeiten der Kinder offenbaren sich meistens erst im Erwachsenenalter. Sie bekommen später im Leben beispielsweise Probleme in ihrem Beruf oder ihren Liebesbeziehungen. Sie wissen nicht, wer sie sind und was sie werden sollen. Oder sie haben nur eine vage Idee, wie sie sein sollen, und haben das Gefühl, sie schaffen nicht, was ihre Eltern ihnen aufgetragen haben. Deshalb verachten und bestrafen sie sich selbst.

Eine junge Frau versteht nicht, warum sie im Leben immer wieder von Unruhe gepackt wird. Obwohl sie einen guten Beruf und eine gute Beziehung hat, hat sie das Gefühl, im Leben nicht voranzukommen. Immer wieder überfällt sie das Gefühl von Überdruss. Sie möchte dann am liebsten alle Zelte hinter sich abbrechen und ganz allein in die große weite Welt ziehen.

Langsam wird ihr klar, dass hier vorwiegend die Sehnsucht ihrer Mutter zugrunde liegt. Diese hatte sich seit früher Kindheit um den Haushalt und ihre jüngeren Geschwister kümmern müssen, da ihr Vater im Krieg gefallen war und ihre verwitwete Mutter allein blieb. Deshalb war sie froh, als sie einen Mann kennen lernte und heiratete. Mit ihm zog sie fort, in der Hoffnung auf ein schöneres Leben. Aber die Ehe war unglücklich, und wieder fühlte sie sich fest angebunden, diesmal durch Familie und Kind. Ihre Tochter liebte sie zärtlich. Sie ging mit ihr oft spazieren und erzählte ihr von der großen weiten Welt, einer Welt, die sie, die Mutter, nicht aus eigener Erfahrung, sondern vor allem aus der Lektüre von Romanen und Reise-beschreibungen kannte.

Die Mutter verstarb, ohne in die große weite Welt aufgebrochen zu sein. Nun spürt die Tochter die Sehnsucht der Mutter in sich und hat das Gefühl, dass sie weder ihr eigenes Leben noch die Ideale ihrer Mutter leben kann. Sie fühlt sich wie dazwischen eingeklemmt.

Ein anderes Beispiel: Ein Mann ist der Meinung, sich in seinen Liebesbeziehungen ständig im Kreis zu drehen. Er begegnet immer wieder Frauen, die ihn zwar akzeptieren, aber nicht lieben, und er fühlt sich von ihnen ausgenutzt. Häufig sind es Frauen, die einen anderen Mann vor ihm geliebt haben. Von seiner Mutter kennt er schon seit früher Kindheit den Kommentar: »So wie du bist, wirst du später keine Frau bekommen!« Das bekam er immer zu hören, wenn er in ihren Augen zu energisch, neugierig oder forsch gewesen war. Wenn er aber brav war, behandelte ihn seine Mutter wie einen Liebhaber und teilte mit ihm ihre Geheimnisse.

Nach der Geschichte seiner Mutter gefragt, sagte er, die Mutter hänge ihr Leben lang an ihrer Jugendliebe, die im Krieg fiel. Die Ehe mit dem Vater habe die Mutter als lästige Pflicht empfunden. Der Vater wisse heute noch nicht, dass er »zweite Wahl« gewesen ist.

In diesen beiden Beispielen wird deutlich, dass die erwachsenen Kinder die Sehnsüchte eines Elternteils ausleben. Auffällig ist, dass die Elternteile, von denen die Kinder die Sehnsucht übernahmen, wichtige Bezugspersonen im Krieg verloren haben (im ersten Fall den Vater, im zweiten die Jugendliebe). Wenn frühe Verluste nicht betrauert werden, entsteht eine unendliche Sehnsucht, als bleibende Verbindung zur verlorenen Bezugsperson, wie eine nicht durchtrennte Nabelschnur.

Die betreffenden Elternteile konnten aufgrund ihrer Verluste diese unendliche Sehnsucht nicht stillen und mussten sie immer wieder verdrängen. Als sich ein Kind ankündigte, hofften sie, ihre geheime Sehnsucht mit dem Kind teilen zu können. Das Kind bekam im ersten Fall die Sehnsucht der Mutter als Lebensauftrag, alles stehen und liegen zu lassen und allein in die weite Welt zu ziehen, wie der Vater einst in den Krieg gezogen war. Im zweiten Fall wurde es von der Mutter unbewusst anstelle der gefallenen Jugendliebe zum Partnerersatz auserwählt.

In beiden Fällen übernahmen die Kinder unbewusst die Sehnsucht der Eltern und machten sie zu ihrer eigenen. Damit waren sie »besetzt«. Sie hatten in ihrem Herzen keinen Platz mehr für ihre eigene Sehnsucht. Sie konnten ihr eigenes Leben nicht mehr leben, sie waren nicht mehr offen für eine eigene Liebesbeziehung.

Auffällig an beiden Beispielen ist auch, dass die Eltern nicht richtig zueinander passten, dass die Eltern innerlich voneinander »geschieden« waren. So wurde das Kind näher an einen Elternteil gebunden und wurde mit dessen Sehnsüchten implizit (also unbewusst) oder explizit (als bewusster Auftrag) ausgestattet. Sie bildeten beide eine Koalition gegen den anderen Elternteil, so dass das Kind nichts von diesem zweiten Elternteil übernehmen durfte, ohne das Gefühl zu haben, den ihm näher stehenden Elternteil zu verraten. So entwickelt sich das Kind zum doppelten Verräter: Wenn es einem Elternteil treu sein will, muss es den anderen verraten.[14]

In Über-Identifikation mit dem geliebten Elternteil leben die Kinder später als Erwachsene dessen Sehnsucht aus. Und in Abgrenzung zum anderen, abgespaltenen Elternteil verbieten sie sich, irgendetwas von diesem Elternteil zu übernehmen, manchmal sogar von dessen ganzer Verwandtschaft. So spaltet sich ihre Herkunftsfamilie in eine »gute« und eine »schlechte« Linie.

Dies ist ein furchtbares und unmenschliches Schicksal. Denn ein Kind gehört immer zu beiden Eltern. Wenn es eine der zwei Seiten ablehnen muss, spaltet es sich mitten entzwei. Die Spaltungslinie verläuft quer durch sein Selbst. Häufig bemüht sich das Kind, zwischen beiden Seiten hin- und herzuspringen. Denn ein Kind hält es nicht aus, sein Leben lang nur dem einen Elternteil treu zu sein und dem anderen nicht. Es gibt keine Treue, die größer ist als Kindertreue. Wir kommen nicht in Frieden mit uns selbst, wenn wir gezwungen sind, Vater oder Mutter zu verraten.

Kinder brauchen es, dass ihre Eltern ihre eigenen Sehnsüchte leben

Deshalb ist es wichtig für Eltern, ihre eigenen Sehnsüchte zu leben. Natürlich müssen wir als Eltern auf vieles verzichten, wenn wir Kinder bekommen. Wir geben einen großen Teil unserer Lebenskraft an die Kinder, darin besteht nun einmal die Aufgabe von Eltern. Aber wir dürfen uns selbst dabei nicht aufgeben. Kinder brauchen liebevolle Eltern, sie brauchen aber auch Eltern, die mit sich und ihrem Leben zufrieden und glücklich sind. Dann haben sie ein gutes Vorbild dafür, wie man ein erfülltes Leben führt. Sie brauchen nicht die ungelebten Sehnsüchte ihrer Eltern stellvertretend zu leben, und sie brauchen sich auch nicht schuldig zu fühlen, dass ihre Eltern sich ihretwegen aufgeopfert haben. Sich aufopfernde Eltern sind nicht notwendigerweise die besten Eltern.

Natürlich ist es nicht einfach für Eltern, inmitten eines arbeitsreichen Berufs- und Familienlebens das eigene Lebensziel und die eigene Vision nicht aus den Augen zu verlieren. Aber es ist auch eine Sache der Prioritätensetzung – eine Lebensentscheidung, wenn Sie wollen. Wenn eine Mutter (Mütter sind hier für gewöhnlich um ein Vielfaches mehr gefordert als Väter, die sich meist zumindest im Beruf ein Stück verwirklichen können) wirklich für sich beschließt, dass es für sie existenziell wichtig, ja lebensnotwendig ist, am Tag mindestens eine Stunde für sich zu haben, um das zu tun, was nur für sie persönlich wichtig ist, dann lässt sich dies fast immer einrichten. Sie muss sich dieses Recht »nur« von ihrem Mann, von ihren Kindern, von ihrer Verwandtschaft und von ihrer Umgebung einfordern und erkämpfen, damit sie die entsprechende Entlastung bekommt.

Den größten Widersacher findet sie aber meist in sich selbst: Es ist häufig das sehnsüchtige, einsame innere Kind in der Mutter, dem schon früh die liebevolle Zuwendung von ihren

Eltern gefehlt hat, das nun, da es selbst Mutter geworden ist, von sich fordert, ihren eigenen Kindern all das zu geben, was ihr selbst einst gefehlt hat. Aber ihre Kinder können nicht stellvertretend für sie die Mutterliebe, die ihr früher gefehlt hat, annehmen. (Oft wehren sie sich zu Recht gegen diese Überbemutterung.) Nur sie selbst kann sich die Zuwendung, die sie braucht, geben beziehungsweise sich diese anderweitig holen.

Die gemeinsame Sehnsucht leben

Jenseits solcher neurotischer Identifikationen, Projektionen und Delegationen (wie wir solche Prozesse psychologisch nennen) gibt es aber auch »gesunde« Sehnsüchte, die wir mit unseren Lieben teilen.

Die schönste gemeinsame Sehnsucht stellt wohl die *Liebesbeziehung* dar – die Sehnsucht zweier sich liebender Menschen, ihr Leben zusammen zu verbringen. Es gibt meinem Gefühl nach nichts Größeres, was wir im Leben vollbringen können. (Die Sehnsucht nach Gott liegt auf einer anderen Ebene.) Unser Wesenskern ist wohl so beschaffen, dass wir uns erst in der intimen Verbindung mit dem Wesenskern einer anderen Person rund und ganz fühlen. (In der Liebe verwirklicht sich ja auch Gott. Insofern besteht kein Widerspruch zwischen der Liebe zum Partner und der Liebe zu Gott.)

Und wenn es sich um ein junges, heterosexuelles Paar handelt, ist die Sehnsucht nach Kindern die natürliche Erweiterung und Ausdehnung der Liebessehnsucht. In eigenen Kindern (und später in Enkelkindern) wird »die Sehnsucht des Lebens nach sich selbst« am intensivsten erfahrbar. Die Sehnsucht nach einem gemeinsamen Liebesobjekt ist natürlich auch in homoerotischen Verbindungen oder Beziehungen, in denen es keine gemeinsamen Kinder gibt, spürbar und berechtigt, auch wenn sie schwerer zu verwirklichen ist. Selbst wenn es kein Kind ist, werden Paare immer wieder gemeinsame Objekte und Projekte finden, die die Beziehung bereichern und befruchten – sei es eine schöne Wohnung, ein Haustier, ein gemeinsamer Garten oder Beruf. Gemeinsame Sehnsüchte und Visionen sind die Basis jeder lebendigen Beziehung.

Auch in *Eltern-Kind-Beziehungen* sind es gemeinsame Sehnsüchte, die die Beziehung beleben und bereichern, unabhängig davon, ob die Kinder noch klein oder bereits erwachsen sind. Gemeinsame Aufgaben, Spiele, Projekte, Freizeiten bestätigen immer wieder die natürliche innere Verbindung. Über Mehrgenerationen-Aufgaben habe ich bereits am Beispiel des alten Mannes und dem Berg sowie am Beispiel des Verhältnisses zwischen den Völkern gesprochen. In jeder Familie gibt es außerdem familienspezifische Entwicklungslinien, Umgangsstile und Rituale, die für diese Familie charakteristisch sind und die die Sehnsucht dieser Familie beinhalten. Sie werden oft in Form einer Vision symbolisiert, zum Beispiel: In Amerika eine neue Existenz gründen! Oder: Den Familienbetrieb aufrechterhalten! Oder: Gemeinsam musizieren und singen! Oder: Am Heimatfleck zusammenbleiben! Oder umgekehrt: Die Welt kennen lernen und von anderen Kulturen lernen ...

Diese gemeinsamen Sehnsüchte und Visionen geben der betreffenden Familie ihr besonderes Gepräge. Wenn wir auf das Symbol des Baumes zurückgreifen: In einem solchen organischen Gewebe findet jeder Spross, jeder Zweig, selbst die so genannten wilden Triebe ihren Platz und ihre Bedeutung. Und jede Generation reicht sozusagen den Stab weiter an die nächste, die ihn aufnimmt und eigenverantwortlich weiterentwickelt. In einer solchen Familie ist es für jeden Einzelnen selbstverständlich, Opfer zu erbringen für die gemeinsame Sache (statt: sich aufzuopfern), da die innere Belohnung, die sich aus einer solchen gemeinsamen Anstrengung ergibt, um ein Vielfaches größer ist.[15]

Jenseits der Generationenaufträge

Aber es gibt, jenseits der Generationenaufträge und -hypotheken, auch eine Sehnsucht, die klar aus den vielschichtigen Ablagerungen der Generationen herausragt. Es ist die *Sehnsucht nach Selbstverwirklichung.* Als solche ist sie Teil der »Sehnsucht des Lebens nach sich selbst«. Es ist die Sehnsucht, dass jeder Mensch das sein möge, zu dem er geboren ist. Sie will, dass jeder Mensch alle Potenziale und Möglichkeiten, die in ihm schlummern, zum Leben erwecken und entfalten möge. (Mehr zur Selbstverwirklichung finden Sie in den letzten beiden Kapiteln.) Selbstverständlich sind dieser Entfaltung im realen Leben Grenzen gesetzt. Aber Grenzen sind oft notwendig, um das Wachstum in eine bestimmte Richtung zu fördern. Es gibt kein Wachstum ohne Begrenzung.

Mein Freund und Kollege Werner Nickel hat einmal Folgendes gesagt: »Freiheit und Grenzen gehören zusammen. Grenzenlose Freiheit ist eine bloße Fiktion, ist ein Ideal. Als Möglichkeit, als Potenzial bleibt sie aber irreal, virtuell, ungelebt. Um Wirklichkeit zu werden, braucht Freiheit einen Rahmen, in dem sie wachsen und erfahrbar gemacht werden kann. Kleine Kinder gehen zum Beispiel, dem Lustprinzip folgend, ihren natürlichen expansiven Bedürfnissen nach und stoßen an Grenzen. Da sind sie frustriert, sie schreien, sie schimpfen. Irgendwann aber, wenn die Eltern sie lassen und nicht voreilig zur Hilfe herbeieilen oder sie entmutigen, setzen sich Kinder mit ihren Grenzen auseinander. Dabei lernen sie, ihre realen Möglichkeiten zu leben.

Solche Grenzerfahrungen können auch wir als Erwachsene nutzen, indem wir an den uns einschränkenden Grenzen innehalten, sie spüren und dort warten (statt zu versuchen, sie zu überrennen oder zu überfliegen). Irgendwann öffnet sich die Grenze, und eine neue Möglichkeit eröffnet sich, manchmal ganz unerwartet.«

So wäre es schön, wenn wir ab und zu unsere Kinder mit offenen Augen anschauen könnten und ihnen wünschen, dass sie die Person werden mögen, zu der sie geboren sind.

Der Schatten der Sehnsucht – Spaltung der Wirklichkeit, Spaltung der Seele

Es gibt eine Schattenseite der Sehnsucht. Sie zeigt sich nicht gerne, sie scheut das Licht. Der Sehnsüchtige hält sich lieber auf der Sonnenseite seiner Gefühle auf. Er verweilt lieber bei den zarten Spitzen seiner aufkeimenden Empfindungen, den lieblichen Düften seiner Phantasie. Wenn wir an unsere Sehnsucht denken, denken wir meist an die süßen, vielleicht auch an die bitter-süßen Empfindungen, die sie in uns hervorruft. Aber wer denkt schon an Angst vor Nähe, an Horror, an Hass und mörderische Wut?

Doch wäre die Sehnsucht unvollständig, wenn wir ihre negativen Seiten ausklammerten. Je mehr wir vor ihnen weglaufen, desto beharrlicher heften sie sich an unsere Fersen, desto mehr stehen wir in Gefahr, plötzlich von Angst und Grauen überfallen zu werden.

Wie können wir uns dieser dunklen Seite der Sehnsucht nähern?

Eine Mondnacht

Denken wir an eine klare Mondnacht. (Der Mond ist ein typisches Symbol für die Sehnsucht.) Das silbrige Licht des Mondes taucht alles in geheimnisvolle Kontraste und Konturen.

126

So eine Nacht ist unvergleichlich schön, sie ist wunderlich und faszinierend. Alle Stimmen des Tages sind verstummt, über allem liegt Stille, Kühle, Einsamkeit. Unser Blick wird magisch vom leuchtenden Silber der Mondscheibe angezogen. Diese scheint sogar zu uns zu sprechen. Wir können die Worte nicht vernehmen, aber wir spüren ihre Botschaft, es ist die Botschaft der Sehnsucht.

Die Faszination einer Mondnacht nimmt uns so gefangen, dass wir nicht mehr erkennen, was uns an ihr fehlt. Ihr fehlt die Wärme der Sonne, ihr fehlen die Farben des Tages, ihr fehlt die Bezogenheit auf die Realität, vor allem fehlt das menschliche Gegenüber. In der Mondnacht halten wir Zwiesprache mit einem Licht, das überirdisch-irreal über uns erstrahlt. Dieses Licht zieht die Sehnsucht aus der Tiefe unserer Seele an, es bringt unsere Sehnsucht zum Klingen, es gibt ihr eine Stimme. Aber im Grunde unterhalten wir uns mit uns selbst – wir sind allein, wenn wir in Kontakt mit unserer Sehnsucht sind. Der Mond bietet uns eine ideale Projektionsfläche für unsere Sehnsucht.

Stellen wir uns nun vor, wir stehen allein in der Mondnacht und genießen den Blick auf den Mond. Plötzlich taucht eine andere Person neben uns auf. Was empfinden wir in diesem Moment? Wir erschrecken. Denn wir haben uns allein gewähnt. Wir fühlen uns gestört, da wir eben dabei waren, der sehnsüchtigen Botschaft des Mondes zu lauschen. Eben war uns noch unsere Einsamkeit schmerzlich bewusst, eben haben wir uns noch nach der Wärme einer geliebten Person gesehnt. Aber wenn ein anderer Mensch tatsächlich erscheint, stört er uns. Ist das nicht seltsam?

Hier zeigt sich die grundsätzliche Ambivalenz der Sehnsucht. Sie ist zwar auf eine ersehnte Person, einen ersehnten Ort oder irgendein anderes Objekt unseres Begehrens gerichtet. Aber sie richtet sich immer auf etwas, das *fehlt*, selten auf etwas, das da ist. Der größte Feind der Sehnsucht ist, so paradox es klingen mag, ihre Erfüllung. Obwohl wir uns nichts Schöneres vorstellen

können als die Erfüllung unserer Sehnsucht, kann es furchtbar sein, wenn sie sich tatsächlich einstellt!

Kehren wir zur Mondnacht zurück. Die leibhaftige Anwesenheit einer anderen Person stört uns. Denn das, was uns an der Mondnacht so fasziniert hat, war die Tatsache, dass wir allein und ungestört waren. Da konnten wir in diese nebulöse Stimmung eintauchen, in der wir Zwiesprache mit unserer Seele halten konnten.

»Zwiesprache halten mit unserer Seele« – dies ist eine gute Umschreibung der Sehnsucht. Die Sehnsucht, auch jene Sehnsucht, die wir in der Zwiesprache mit Gott oder im mystischen Erleben empfinden, ist ein *Gefühl des Zuzweitseins im Alleinsein,* sie ist eine Art Meditation, ein Gesang, ein Gebet im Alleinsein. Aber sie ist *kein Dialog mit einem anderen, realen Menschen.*

Unsere Sehnsucht dürfen wir somit nicht mit einer realen Beziehung verwechseln. Sehnsucht hat etwas mit uns selbst zu tun. Sie ist, wie der Mond, ein Spiegelbild unserer inneren Wünsche und Bedürfnisse. In der Sehnsucht projizieren wir diese Wünsche und Bedürfnisse in die ersehnte Person hinein. Sie soll so und nicht anders sein. In unserer Sehnsucht darf und kann der Liebespartner perfekt sein, fehlerfrei, makellos schön, tapfer und selbstlos, verführerisch und treu. Sehnsucht bringt unsere Träume zum Blühen. Sehnsucht ist einseitig.

Was geschieht, wenn sich unsere Sehnsucht tatsächlich erfüllt? Was geschieht, wenn wir uns lange nach einem liebevollen Partner gesehnt haben und nun ein Partner tatsächlich auftaucht? Dann begegnen wir der Schattenseite der Sehnsucht!

Ein Mann berichtet, wie er nach längerer Zeit der Einsamkeit, in der er seine Sehnsucht nach einer Partnerschaft sehr stark spürte, eine Frau kennen lernt. Er blüht auf, spürt wieder Lebenslust und Lebensfreude. Mit der Zeit aber merkt er, wie er sich innerlich von seiner neuen Freundin distanziert. Er hat sexuelle Phantasien über andere Frauen, greift wie in früheren

Zeiten auf Pornographie zurück. Und wenn sie längere Zeit zusammen sind, etwa an Wochenenden, erfasst ihn eine Art inneres Grauen. Wenn sie sich zusammen in einer Wohnung aufhalten, fühlt er sich wie gebannt, fixiert, gefangen. Er beginnt sie ab und zu, ohne jeglichen Anlass, abzuwerten und zu kritisieren. Er versteht sich und seine eigene Reaktion nicht und hat Angst, dass die Beziehung irgendwann scheitert, wie so viele Beziehungen, die er in der Vergangenheit gehabt hat ...

Als Menschen sind wir einerseits soziale Wesen, wir brauchen die Nähe anderer Personen. Wir sind andererseits aber auch eigenständige Individuen, die viel für sich allein sein wollen. Weil wir soziale Wesen sind, fühlen wir uns einsam, wenn wir zu lange allein sind. Andererseits suchen wir die Einsamkeit, wenn wir zu lange mit anderen Menschen zusammen gewesen sind.

Das bedürftige innere Kind

Wir haben gesehen, dass ein Hauptgrund für die Entwicklung von Sehnsucht in dem Erlebnis tiefer Einsamkeit und Verlassenheit besteht, vor allem wenn ein Kind von seinen Bezugspersonen früh im Stich gelassen worden ist. Dann entsteht ein schmerzliches »Loch«, eine Lücke in seiner Seele, die nach menschlicher Liebe und Wärme schreit.

Aber dies ist nur die *eine* Konsequenz des Verlassenseins. Die andere spürt das Kind nicht. Diese besteht in der Angst vor Nähe und der Wut auf die Menschen, die es im Stich gelassen haben. Solange das Kind allein und verlassen ist, spürt es nur die Sehnsucht. Das Gefühl des Mangels und das Bedürfnis nach Nähe stehen ganz im Vordergrund, weil dies (neben dem Bedürfnis nach Nahrung und Schutz) das vordringlichste Bedürfnis ist, das bei einem Kind befriedigt werden muss. Deshalb nimmt das Kind jegliche Zuwendung an, die ihm geboten wird, egal von wem, egal wie.

Aber wenn eine liebevolle Person tatsächlich erscheint und nicht mehr weggeht, dann tauchen die untergründigen Gefühle der Angst, des Terrors, der Wut, ja des Hasses auf – Gefühle, die *auch* zum Gefühlskomplex der Verlassenheit gehören. Wenn das Kind sich wirklich sicher ist, dass es von der anderen Person nicht verstoßen oder verlassen wird, dann wagt es die negativen Gefühle zu zeigen, die bislang tief in seiner Seele unter der Sehnsucht geschlummert haben. (Solange es sich noch unsicher fühlte, hat es sich um die Zuwendung von außen anstrengen müssen, musste es brav sein, damit es nicht wieder fortgeschickt wird.) Und so schlägt die vorher so angenehme Begegnung ins Gegenteil um. Das Kind zeigt sich plötzlich von seiner kratzbürstigen, trotzigen, weinerlichen, jämmerlichen, abstoßenden Seite. Es schreit, es spuckt, es wendet sich ab, zieht sich beleidigt zurück.

Die erwachsene Person steht ratlos davor. Je mehr sie sich ums Kind bemüht, desto mehr wird sie zurückgestoßen. Irgendwann verliert sie die Lust, irgendwann hat ihre Geduld ein Ende, und sie wendet sich ihrerseits enttäuscht vom Kind ab. »Man soll sich eben davor hüten, sich ein Heimkind ins Haus zu holen. Die sind sowieso zu schwierig. Und undankbar sind sie auch noch dazu!«, wird sie sich vielleicht sagen.

Was ist geschehen? Das Kind war zunächst tatsächlich froh, endlich von einem Menschen wahrgenommen und angenommen zu werden. Es nahm die ihm gebotene Zuwendung anfangs dankbar entgegen. Aber dann quillt der Schmerz, das Leid, das ihm bis dahin widerfahren ist, aus ihm heraus, ohne dass es etwas dagegen tun kann. Die inneren Dämme brechen. Alles Leid, das ihm von seinen früheren Bezugspersonen angetan wurde, bricht hervor und richtet sich blindwütig gegen den Wohltäter, gegen die Bezugsperson, die *jetzt* vor ihm steht.

Es ist die Wiederholung all jener traumatischen Erlebnisse, die das Kind durchgemacht hat, die sich hier und jetzt dem Zuschauer darbietet. Es ist wie ein historisches Schauspiel, das in früheren Tagen Wirklichkeit gewesen ist, die bittere Wirklichkeit des Kindes, die es uns hier vorspielt. Und das Kind zwingt uns dazu, die Rolle seiner früheren Peiniger, seiner alten Bezugspersonen einzunehmen. Wir sind hier nur Stellvertreter für diese Gespenster aus alten Tagen, gegen die sich die Wut, der Zorn, der Hass des Kindes richtet.

Manchmal müssen wir diese fremden Rollen *teilweise* annehmen, damit wir überhaupt verstehen, was sich damals abgespielt hat. Aber gleichzeitig müssen wir uns bewusst sein, dass es sich um die szenische Wiederholung eines früheren Dramas handelt. Wir dürfen uns nicht verleiten lassen, die uns angebotenen Rollen wirklich anzunehmen und auszuspielen. Sonst fügen wir dem bereits erlittenen Trauma des Kindes noch ein weiteres hinzu.

Für die jetzige Bezugsperson ist es wie eine Gratwanderung, ein Navigieren zwischen Skylla und Charybdis – zwischen dem Sich-verschlingen-Lassen von der Furie der vom Kind angebotenen und in uns selbst wachgerufenen Leidenschaften und dem mitleidlosen Sich-Heraushalten, weil es uns selbst ja nichts angeht.

Es ist dies ein Drama, das sich in vielen Liebesbeziehungen und anderen intimen Beziehungen abspielt, ein Drama, das immer wieder zu erneuter Anziehung, Annäherung, dann zu Kampf und Beziehungsabbruch führt, und zwar so lange, bis das Drama von den beteiligten Personen verstanden und durchgearbeitet wird.

Dies ist das Drama, das sich bisweilen auch in der Psychotherapie zwischen Klienten und Therapeuten abspielt und dort *Übertragung* und *Gegenübertragung* genannt wird. (Wenn ein Klient unbewusst dem Therapeuten ähnliche Gefühle entgegenbringt wie seinen früheren Bezugspersonen, nennen wir dies Übertragungsreaktion. Wenn der Therapeut unbewusst mit ähnlichen Gefühlen wie die früheren Bezugspersonen auf den Klienten reagiert, nennen wir dies Gegenübertragungsreaktion.)

Solche Dramen spielen sich in uns ab, wenn wir eine unstillbare Sehnsucht spüren. Es ist dabei im Grunde gleichgültig, wie alt wir sind. Entscheidend ist das innere Kind in uns, ob es gesättigt oder bedürftig ist. Solange das innere Kind bedürftig ist, wird sich die Schattenseite der Sehnsucht äußern, jedes Mal, wenn eine neue nahe Beziehung entsteht, jedes Mal, wenn sich Nähe zu einer anderen Person herstellt.

Angst vor Nähe

Wie wir am letzten Beispiel gesehen haben, wird die Nähe, die anfangs von dem Bedürftigen willkommen geheißen und von ihm fast gierig eingesogen wird, ihm irgendwann zu viel. Schließlich sind ihm nur Beziehungsferne und Entfremdung vertraut, Nähe und Vertrautheit jedoch so gut wie unbekannt. Die fremd anmutende Nähe fühlt sich auf einmal bedrohlich an. Der Betreffende hat das Gefühl, der andere »rückt ihm zu nahe auf die Pelle«, er kommt ihm zu nahe.

Bei manchen Menschen kann die Nähe anderer Menschen so bedrohlich werden, dass sie das unheimliche Gefühl bekommen, andere könnten durch sie hindurchgehen oder in ihr Eingeweide hineingreifen. Das heißt, sie haben das Gefühl, andere Menschen könnten die natürliche körperliche Barriere der Haut, die uns sonst von der Umwelt abgrenzt und uns das Gefühl gibt, »in uns zu sein«, beliebig überschreiten, ohne dass sie sich dagegen wehren können. Sie fühlen sich schutzlos entblößt, dem Zugriff ihres Gegenübers ausgeliefert.

Dies ist ein äußerst bedrohliches Gefühl. Wenn sich ein solcher innerer Zustand einstellt, muss der Betreffende oft die Notbremse ziehen: Er »rastet aus«, schreit, schimpft, schlägt um sich und versucht mit jedem erdenklichen Mittel »sich seiner Haut zu erwehren«. Oder er flieht in heller Panik aus der sozialen Situation, wie vertraulich die Stimmung auch sein mag, wie liebevoll der Partner auch ist – denn es ist ja gerade die Nähe, die das Gefühl der eigenen Identität gefährdet. Die uralte, in jedem Tier instinkthaft angelegte Reaktion des Angreifens oder Fliehens wird mobilisiert, um der als lebensbedrohlich empfundenen Nähe zu entfliehen. Entweder wird der Partner – der nun als lebensgefährlicher Feind wahrgenommen wird – »vernichtet«, oder man flieht panikartig vor ihm, um nicht selbst vernichtet zu werden.

Borderline-Störung und Spaltungserlebnisse

Die geliebte Person wird auf einmal zum Intimfeind. In der Psychotherapie nennen wir dies eine Borderline-Reaktion. Die betreffenden Personen leben wie auf einer ständigen Gratwanderung zwischen extrem positiven und extrem negativen Gefühlswelten. Sie wechseln ständig ihre Masken und Kostüme, ohne dass sie das Spiel, das sie spielen, verstehen.

Manchmal kann ein solcher Wechsel völlig unvermittelt, wie aus heiterem Himmel stattfinden. Es ist, als habe man einen Schalter umgedreht, und der betreffende Mensch verwandelt sich von einem Augenblick zum anderen in eine völlig andere Person. Dies erstaunt nicht nur die Umwelt, sondern erschreckt die betreffende Person selbst. Wir sprechen dann von Spaltungserlebnissen. Es ist, als sei die Person in sich gespalten, als sei sie nicht eine, sondern zwei Personen. Unter Umständen kann es sogar vorkommen, dass sie sich wie aus mehreren Persönlichkeiten zusammengesetzt fühlt.

Dieses psychische Phänomen hat es schon immer gegeben. Aus der Literatur kennen wir manche Gruselgeschichten, in denen sich ein normaler Mensch zu einem Monster verwandelt. Robert Louis Stevenson hat bereits vor mehr als einem Jahrhundert, im Jahr 1886, eine solche schockierende Verwandlung in seiner Erzählung *Dr. Jekyll und Mr. Hyde* beschrieben: Ein liebenswerter, guter Arzt erfindet in seinem Labor ein Medikament und testet es an sich selbst aus. Da verwandelt er sich in ein Scheusal, in genau das Gegenteil dessen, was er bisher im Leben gewesen ist.

In den letzten Jahren hat dieses Motiv vor allem in Kinofilmen (der Film ist wohl dasjenige Medium, in dem sich das Unheimliche am eindrucksvollsten darstellen lässt) so massiv zugenommen, dass man von einem Boom des Unheimlichen sprechen könnte. Dort verwandeln sich Menschen in Monster, oder das Umgekehrte passiert: Außerirdische Wesen, »Aliens« (»Fremde«), bekommen eine menschliche Gestalt. Die Medien bestätigen aber nur das, was bereits in den Menschen existiert. Die Filme kanalisieren nur unseren allgegenwärtigen Horror und versuchen gleichzeitig, uns Erklärungen dafür anzubieten.

So ist es nicht verwunderlich, dass man mit der Zunahme dieses unheimlichen Phänomens der Persönlichkeitsspaltung in den letzten Jahrzehnten auch einen psychologischen Fachbegriff dafür gefunden hat. Man nennt sie »Borderline-Störung«. Borderline bedeutet Grenzlinie: Zum einen findet man Ähnlichkeiten sowohl mit den Neurosen als auch mit den Psychosen, deshalb lokalisiert man diese Störung an der Grenze zwischen Neurosen und Psychosen. Zum anderen liegt eine Spaltung in der Persönlichkeit vor, wenngleich nicht so stark wie bei der Schizophrenie, bei der sich ein wahnhafter Teil von der normalen Persönlichkeit völlig abgespalten hat. Bei der Borderline-Störung äußert sich die Spaltung in der Persönlichkeit eher im Alltag, und zwar in einem sprunghaften, übergangslosen Wechsel der Persönlichkeit von der einen Seite zur anderen.

Bei den meisten Menschen äußert sich die Angst vor Nähe jedoch in weniger drastischer Form als bei der Borderline-Störung: Zum Beispiel fühlt sich ein Mann in Gegenwart einer nahen Bezugsperson plötzlich gereizt, ihm stellen sich auf einmal alle Nackenhaare auf, ohne dass er irgendeinen ersichtlichen Grund dafür findet. Aus der gereizten Stimmung heraus bricht er möglicherweise einen Streit vom Zaun, der die Intimität sofort zerstört und die von ihm benötigte Distanz wiederherstellt – eine unbefriedigende Lösung aus einer als unerträglich empfundenen Nähe.

In manchen Beziehungen können solche Ausbrüche und Streitigkeiten zu einem festen Ritual erstarren. Es herrscht zuweilen ein regelrechter Grabenkrieg, in dem sich die Partner aus ihren Schützengräben heraus heftigst beschießen, ohne dass irgendetwas in Bewegung kommt. Manchmal sind die Fronten, die prekäre Balance zwischen Nähe und Distanz, fast millimeterweise festgesteckt. An echte Intimität – Intimität ist ja nur möglich, wenn sich die Partner ohne Waffen und Rüstung begegnen – ist überhaupt nicht zu denken. Beide Partner sehnen sich nach Liebe und Wärme, aber jeder tut alles Erdenkliche, um dies zu verhindern, und gibt dem anderen die Schuld dafür, dass der Wunsch nach Intimität ewig Wunschtraum bleibt.

Wieder andere reagieren unauffälliger. Sie verschwinden einfach für eine Weile, wenn ihnen alles zu viel wird. Es gibt viele Menschen in Ehen oder Zweierbeziehungen, die eine allzu große Nähe vermeiden, indem sie sich in alle möglichen Aktivitäten stürzen: Arbeit, Haushalt, Kinder, Hobbys, Sport, Ehrenämter in Vereinen usw. Da sie die Notwendigkeit all ihrer diversen Aktivitäten rational wunderbar begründen können, kommen ihre Partner nie (oder erst sehr spät) darauf, dass es sich hier um ein raffiniertes Vermeidungsverhalten handelt. Sie nehmen meistens nur ein dumpfes Gefühl des Unbefriedigtseins wahr, wenn sie mit dem betreffenden Menschen zusammen sind. Es kommt einfach keine Intensität in den Begegnungen auf. Die Beziehungen stagnieren, sie schlafen ein. Der »verlassene« Partner fängt schließlich an, an sich selbst zu zweifeln: Ich habe doch alles! Einen treuen Partner, brave Kinder, ein schönes Haus. Warum habe ich dennoch das Gefühl, dass etwas Entscheidendes fehlt? Warum meine ich, dies hier sei nicht das Leben, wonach ich gesucht habe?

Es gibt viele Formen der Treue und Untreue. Ein ständig überarbeiteter Partner mag sexuell treu sein, aber ist er es auch in Bezug auf Nähe und Intimität seinem Partner gegenüber? Teilt er sich wirklich von Herzen mit, wenn er mit ihm spricht? Zeigt er sich seinem Partner mit all seinen Licht- und Schattenseiten? Lässt er sich in der Beziehung wirklich fallen? Oder behält er letztlich den Schlüssel zu der inneren Kammer seines Herzens bei sich?

Namenlose Wut und mörderischer Hass auf das geliebte Objekt

Liebe kann unglaubliche Kräfte in uns entfachen. Sie befähigt uns, die wunderbarsten Taten zu vollbringen. Liebe kann uns aber auch zerstören, sie kann einen bis dahin unbescholtenen Bürger zum Mörder (oder Selbstmörder) werden lassen. Eifersucht ist wohl das bekannteste Motiv für Mordlust. Aus Eifersucht, gekränkter Eitelkeit und enttäuschter Liebe entsteht nicht selten jenes hoch brisante Gemisch, aus dem die großen Tragödien der Menschheit gemacht sind.

Jeder kennt das Märchen von König Blaubart, jenem, der seiner jungen Frau den Schlüssel zu einer verschlossenen Kammer übergibt mit dem Verbot, sie je zu öffnen. Sie tut es trotzdem und entdeckt darin die Leichen aller ihrer Vorgängerinnen. Sie lässt den Schlüssel fallen, er fällt ins Blut der Ermordeten und wird zum anklagenden Beweis ihrer Schuld.

Ihrer Schuld? Wieso *ihrer* Schuld? Ist der blutdurchtränkte Schlüssel nicht Beweis *seiner* Schuld?

Was ist *ihre* Schuld? Es ist die Schuld einer Liebenden, die zu viel von dem geliebten Mann will. Einer Liebenden, die es wagt, in die innerste Kammer der Seele ihres Geliebten einzudringen, und die dort nicht die ersehnte Liebe, sondern mörderischen Hass findet. Hass ist die grimmige Kehrseite der Sehnsucht.

136

Was ist mit *seiner* Schuld?

Blaubart – Blau ist die Farbe der Sehnsucht – er sehnt sich selbst danach, von seinem Hass erlöst zu werden. Warum soll er sonst den Schlüssel zu der verbotenen Kammer seiner Frau dargeboten haben? Er reicht ihn ihr mit einer höchst widersprüchlichen Botschaft, einer Bitte, die zugleich Warnung ist: »Schließe mein Herz auf, befreie mich endlich aus meiner Not und meiner Schuld. Nur du in deiner Liebe zu mir kannst es schaffen – aber wehe dir, wenn du es tust! Denn mit diesem Akt der Liebe gefährdest du mich und mein Leben so sehr, dass ich nicht umhinkann, als in schierer Notwehr dich zu töten. Denn du entschleierst mein innerstes Geheimnis. Mit der ganzen Hässlichkeit meines bisherigen Lebens stünde ich nackt vor dir!«

Nirgendwo liegen Sehnsucht nach Liebe und blinder Hass beziehungsweise Selbsthass, Intimitätswunsch und Intimitätsangst, Erlösungswunsch und Ausweglosigkeit so dicht beieinander. Auch hier finden wir eine Gratwanderung nach Vorbild der Borderline-Störung. Wie wird Blaubart reagieren, wenn er entdeckt, dass seine Frau das Tabu gebrochen hat? Auf welche Seite wird sich die Waagschale in seinem Herzen neigen? Auf die Seite der erlösenden, alles verzeihenden Liebe, auf die Seite des Humors, wo man über sich lachen und schmunzeln kann – oder auf die Seite des Schwertes, des klaren Schnittes, der Rache, des Blutopfers?

Sehnsucht hat viel mit Besessenheit zu tun. Wie finden wir den Ausweg aus der Besessenheit, aus dem von blinden Leidenschaften Besetztsein? Zwei Hindernisse sind es vor allem, die uns im Teufelskreis der Sehnsucht halten: die narzisstische Wut und die Sucht.

Narzisstische Wut können wir bereits bei kleinen Kindern ab eineinhalb bis zwei Jahren beobachten. In diesem Alter entwickelt das Kind langsam die intellektuelle und motorische Fähigkeit, Gegenstände aus seiner Umwelt in die Hand zu nehmen und sie nach seinem Willen zu »manipulieren«. Es gelingt ihm immer mehr, Herr über seine Umwelt zu werden, zum Beispiel sich den Schuh anzuziehen. Dies bereitet ihm große Freude und stärkt sein Selbstbewusstsein ungemein.

Aber manchmal gelingt ihm doch nicht alles. Ein bestimmter Handgriff sitzt noch nicht. Das Kind probiert einmal, zweimal, viele Male. Dann bricht es in verzweifeltes Geheul aus, beschimpft das Objekt seines Interesses auf das Hässlichste, schlägt drauf, zertrümmert es oder schleudert es weit von sich. Und es lässt sich von niemandem trösten, es lässt sich durch nichts ablenken oder besänftigen.

Das ist narzisstische Wut. Es ist die Wut darüber, dass die Welt nicht so ist, wie man sie gern hätte. Es ist die Wut auf den Gegenstand, der sich nicht so manipulieren lässt, wie man es will. Es ist die Wut auf den Vater, die Mutter, das Geschwister, dass diese nicht tun, was das Kind will. Die Welt ist aus den Augen des Kindes – auf dieser Entwicklungsstufe – vorwiegend dazu da, das in ihm sich entwickelnde Ich zu stärken und zu bestätigen. Alles, was das Ich und das, was es will, in Zweifel zieht, kränkt oder auch nur relativiert, trifft auf die geballte Wut des Kindes und wird vernichtet, eliminiert, basta! Dass dies nicht nur kleinkindhaftes Gebaren ist, sondern bis in die höchsten Gefilde reicht, zeigt ein Beispiel aus der biblischen Schöpfungsgeschichte:

Zunächst erschuf Gott Himmel und Erde. Ähnlich wie ein Kind, das seine wachsenden Fähigkeiten erprobt, erschuf er die Meere, die Erde, die Pflanzen, die Tiere, schließlich auch die Menschen – diese ausdrücklich »nach seinem Bilde«, das heißt auch zu seiner narzisstischen Selbstbestätigung. »Und er sah, dass es sehr gut war«, und segnete sie.

Einige Kapitel später war er nicht mehr so stolz, denn er sah, dass die Menschen schlecht waren: »Und alles Dichten und Trachten ihres Herzens nur böse war immerdar«. Er wurde nun selbst böse auf sein bestes Werkstück und beschloss, es zu vernichten. Er schickte eine Sintflut, die nicht nur alle Menschen, sondern auch alle unschuldigen Tiere erbarmungslos von der Erdoberfläche tilgen sollte, mit Ausnahme von Noah, der ein frommer Mann war. Nach der Sintflut versöhnte Noah Gott durch eine Opfergabe. Dieser »roch den lieblichen Geruch und sprach in seinem Herzen: Ich will hinfort nicht mehr die Erde verfluchen um der Menschen willen; denn das Dichten und Trachten des menschlichen Herzens ist böse von Jugend auf. Und ich will hinfort nicht mehr schlagen alles, was da lebt, wie ich getan habe.«[16]

Ein bemerkenswerter Sinneswandel: Gott erkennt durchaus, dass die Menschen in ihrem »Dichten und Trachten« weiterhin böse sind und auch in Zukunft bleiben werden. Genau dies ist vorher der Grund gewesen, weshalb er die Menschen vernichten wollte. Man könnte sagen: Dies war der Grund für seine narzisstische Wut. Denn sie waren ja *nach seinem Bilde* erschaffen. Wurde er so wütend, weil die Bosheit der Menschen auf seine eigene Bosheit hinwies?

Nun, *nach* der Sintflut, erkennt er die Bosheit im Menschen als etwas Gegebenes an und ist fortan bereit, ihnen diese Bosheit nachzusehen. Hat er sich vielleicht auch mit seiner eigenen Bosheit ausgesöhnt? War die Vernichtung fast des gesamten Lebens auf der Erde Beweis genug für seine eigene Grausamkeit? Ja, Gott schließt sogar einen ewigen Bund mit den Menschen und allem lebendigen Getier und setzt sich selbst den Regenbogen als Erinnerungszeichen für seinen Bund vor. Sein Versprechen spricht er, wie in einem Ritual, dreimal hintereinander aus.

»Bund« bedeutet Bindung. Können wir es so interpretieren: Gott hat schließlich seine narzisstische Wut über die Unvollkommenheit seiner Geschöpfe (und seine eigene Unvollkommenheit) überwunden und ist am Ende bereit, sich aufs Innigste mit den Menschen zu verbinden? Ist er bindungsfähig geworden?

Wenden wir uns nach diesem Exkurs in die göttliche Welt wieder den zwischenmenschlichen Beziehungen zu. Hier sieht es nicht viel anders aus:

Die Lösung aus der narzisstischen Betrachtung der Welt geht durch unsere Wut und Aggression hindurch. Durch die narzisstische Brille betrachtet erscheint alles, was in der Welt ist, ausschließlich als eine Bestätigung oder eine Kränkung des eigenen Ich. Jede Beziehungsperson ist erst einmal dazu da, das eigene Ich zu bestätigen. Wenn sie dies tut, dann ist sie gut und wird geliebt, und zwar auf naive und eigensüchtige Weise: Sie wird sozusagen ins eigene, grandiose Ich einverleibt. Oder, um einen modischeren Begriff zu verwenden: Sie gehört fortan zum eigenen Fanklub. Solange sie ein Fan bleibt, ist alles »paletti«. Tut sie es nicht, dann wird sie verdammt, abgelehnt, vernichtet. Sie gehört nicht mehr zum Ich, sondern zum Feind. »Wer nicht für mich ist, ist gegen mich!«

Dies kann lange so weitergehen. Wie Blaubart, der aus einem inneren Zwang heraus jede neue Frau töten muss, obwohl er sich nach Liebeserfüllung sehnt. Dies ist der *Suchtkreislauf*, der aus unverarbeiteter Sehn-*Sucht* resultiert.

Die Befreiung aus diesem Teufelskreis geschieht über das Erkennen des eigenen Narzissmus und dessen unselige Auswirkungen. Wenn es uns wie im obigen Beispiel der Sintflut gelingt, dass wir nach dem vernichtenden Sturm erkennen, was wir in unserer narzisstischen Wut an Zerstörung bei unseren Bezugspersonen angerichtet haben, dann beginnen wir, unser Gegenüber wirklich als solches zu sehen. Und zwar als jemand, der von unserem vorher grenzenlos-grandiosen Ich getrennt existiert. Wir beginnen anzuerkennen, dass es andere Menschen gibt, die das gleiche Anrecht haben zu existieren wie wir selbst. In unserer Wahrnehmung der Welt beginnen sich das Ich und das Du zu trennen und sich gegeneinander klarer abzugrenzen.

Wenn wir uns der Grenze zwischen dem Ich und dem Du bewusst werden, wenn wir wahrnehmen können, wo das Ich endet und das Du beginnt, dann werden wir kontaktfähig. In der Gestalttherapie sagen wir dazu: Kontakt findet an der Grenze zwischen dem Ich und dem Du statt.

Erst jetzt sind wir in der Lage, einen »Bund« zu schließen mit einem anderen Menschen. Bund bedeutet Vertrag, er bedeutet gegenseitige Vereinbarung, Aussprache, Kommunikation, aber auch Auseinandersetzung (man setzt sich quasi räumlich und geistig auseinander). Wir lösen uns also aus der narzisstischen Verschmelzung, werden zu eigenverantwortlichen Einzelwesen (ein sehr beängstigender und schmerzlicher Prozess!), und erst dann, als freie Individuen, können wir uns wieder dem anderen Menschen annähern. Aber wir tun es nun anders als vorher – selbstsicherer, aus freien Stücken, in Eigenverantwortung – und nicht aus innerer Not.

Wir werden im Kapitel »Lösung und Befreiung aus einer unglücklichen Liebe« noch näher auf diesen Aspekt eingehen.

Liebe und Sehnsucht

Liebe und Sehnsucht

Das Gefühl der Sehnsucht kennen wir am besten von der Liebe. Liebe löst die stärksten Sehnsuchtsgefühle in uns aus. Wenn wir lieben, richten wir unsere ganze Energie auf eine einzige Person. Deshalb handeln die meisten Geschichten, die ich bisher erzählt habe, von der Sehnsucht nach einer geliebten Person. Liebe und Sehnsucht gehören somit zusammen.

Liebeswonne – Liebesqual

Nirgendwo sind wir leidenschaftlicher als in der Liebe. Nirgendwo erleben wir mehr Glückseligkeit, nirgendwo aber auch mehr Leid. Eben »Leiden-Schaft«.
Liebe wirkt anti-depressiv. Wenn wir mit Leib und Seele lieben, können wir gar nicht depressiv sein. Die Liebe mobilisiert die schönsten Kräfte in uns. Wir tauchen stimmungsmäßig aus dem alltäglichen Grau heraus. Die Welt wird bunt, farbig, himmelblau oder rosarot. Die Luft erfüllt sich mit Musik, alles um uns pulsiert im Gleichklang. Die Vögel scheinen *unser* Liebeslied zu singen, ja die ganze Natur scheint mit uns zu jubilieren. Wir fühlen uns wie in die Mitte des pulsierenden Lebens gestellt. So ist Liebe die Essenz des Lebens.

Aber Liebe zieht uns auch aus unserer Mitte. Wo wir sonst in uns ruhen, geraten wir außer uns. Das Außer-sich-Sein erscheint typisch für Verliebte. Unsere Kraft ist nicht mehr gebündelt, sondern strebt, nein fliegt auf die geliebte Person zu.

Wenn wir uns verlieben, dann sind wir mit unseren Gefühlen und Gedanken beim geliebten Partner. Dies ist ja ein Haupt-kennzeichen der Liebe überhaupt, dass wir aus unserem ge-wohnten Für-uns-Sein heraustreten und uns mit all unseren Lebensfasern nach dem Partner sehnen. Und wenn dieser unsere Liebe erwidert, ist der Zustand des Außer-sich-Seins auch wun-derschön, denn auch der Partner fliegt auf uns zu, und wir verschmelzen miteinander.

Wenn wir verliebt sind, sind wir nicht mehr eins – in zweierlei Hinsicht: Erstens sind wir nicht mehr eins mit uns selbst. Wir fühlen uns nicht mehr in uns ruhend. Vom Strudel unserer Gefühle mitgerissen, verlieren wir unseren Stand im Leben. Wir stolpern, fallen hin (im Englischen wird das Sich-Verlieben »falling in love« genannt: Man fällt in die Liebe hinein). Wir purzeln hinein, werden durchgewirbelt, verlieren unsere Ori-entierung. Wir verlieren den Kompass, mit dem wir sonst sicher durchs Leben navigieren. So fühlen wir uns haltlos, ein seliges Opfer unserer eigenen Leidenschaft.

Zweitens erleben wir uns nicht mehr als eine Person, sondern als zwei. Im Geiste gehen wir aus uns selbst heraus und sind nur noch bei der geliebten Person. Fast fühlt es sich an, als wohnten wir nicht mehr im eigenen Haus, als bewohnten wir nicht mehr den eigenen Körper. Das Schönste für uns wäre, wir könnten uns im Geliebten auflösen, wir könnten uns ganz in ihn verkriechen.

Der chinesische Dichter Tao Yüang-Ming (um 400 n.Ch.) um-schrieb einmal seine Liebessehnsucht wie folgt:[17]

Wäre ich der Kragen doch aus feiner Seide,
der heute zärtlich ihren Hals umschlang,
den Duft des zarten Köpfchens in sich trank –
wie sehr ich ihren Kragen doch beneide!
Ach nein! – Denn schlüpft sie abends aus dem Kleide,
legte sie mit dem Kleid mich in den Schrank –
und ach, die Nacht, wie ist die Nacht so lang!

Dann denke ich wieder: wenn ich mir erwähle,
ihr Schuh zu sein, ihr Seidenschuh! – ich hätte
so nahe sie; die Zartheit ihrer Seele
könnt ich im Füßchen fühlen, seine Glätte
sanft streicheln ... Nein! Ich würde ja vergehn
vor Sehnsucht, stünd des Nachts ich unterm Bette
und müsst allein dort bis zum Morgen stehn!

Wie wunderbar leicht lässt sich aus diesem Gedicht die Liebeswonne eines Fetischisten ableiten! Aus ihm spricht nicht nur die kindlich anmutende Phantasie- und Bilderwelt eines Verliebten. Dieses »Nein! Ich würde ja vergehn vor Sehnsucht ... müsst allein dort bis zum Morgen stehn!« beschreibt auch die Unmöglichkeit der Erfüllung solch einer grenzenlosen Sehnsucht.

Der Verliebte *ist* in diesem Augenblick der Verzückung in dem Kragen oder den Schuhen der Angebeteten. Als eigenständige Person löst er sich in diesem Moment auf. Er ist nicht mehr vorhanden.

Wenn wir verliebt sind, verlieren wir unsere normale Abgrenzung als Individuum. Durch die seelische (und körperliche) Verschmelzung mit dem Geliebten hoffen wir, in einer größeren, höheren Einheit aufzugehen, eine Einheit, die wir das *Paar* nennen. Aber dies ist nur möglich, wenn unsere Liebe erwidert wird, wenn der Partner sich genauso in uns fallen lässt, wenn er ebenso bereit ist, sich mit uns zusammen in die Flammen der Leidenschaft zu stürzen. Nichts Schöneres!

Liebesschmerz

Aber was ist, wenn er dazu nicht bereit oder nicht fähig wäre? Was ist, wenn wir allein blieben mit dem glühenden Wunsch, uns in ihm zu verlieren, und er nicht mitmachte (oder zumindest nicht so, wie wir es uns wünschen)?

Dann wird es zu einem freien Fall ins Nichts. Im freien Fall löst sich die konkrete Welt auf, da wir uns an nichts Bekanntem und Verlässlichem festhalten können. Wenn wir fallen, finden unsere Hände keinen Halt. Unsere Sinne beginnen sich zu drehen, wir verlieren unsere innere Balance. Wir werden »verrückt« – weggerückt von unserem vertrauten Selbst.

Deshalb kann das Verliebtsein, vor allem das Unglücklich-Verliebtsein uns bis an den Rand der Psychose treiben, manchmal reißt es uns direkt in den Wahn. Dies kommt vor allem vor, wenn wir seelisch dazu disponiert sind, wenn wir beispielsweise im bisherigen Leben ähnliche seelische Katastrophen erfahren haben, so dass an diesem einen Punkt alle traumatischen Erfahrungen, die wir im Laufe unseres Lebens erlitten haben, sich zusammenballen. Es kommt zu einer explosiven Entladung aller bisher verdrängten Emotionen und Spannungen, die die Person innerlich zerreißen. Auch bisher »normale«, unauffällige, »coole« Menschen kann es treffen. Vor einer Psychose ist kein Mensch hundertprozentig sicher, so wie kein Mensch sicher sein kann vor einer leidenschaftlichen Liebe.

Und wo endet der freie Fall? Wie kommen wir unten an? Wir drohen zu zerschellen. Wir schlagen unten auf und landen hart auf dem Boden der Realität. Wenn sich unsere Verliebtheit als Illusion entpuppt, stehen wir wie vor dem Nichts. Denn vorher waren wir zwar allein, aber wir hatten immerhin uns selbst.

Wir wussten, wer wir waren; wir fanden uns mehr oder weniger gut in unserer Welt zurecht. Aber jetzt, nach dem großen Gefühl, nachdem wir auf den Schwingen der Liebe die lichten Höhen und den Rausch der Schwerelosigkeit genossen haben, wie erscheint die normale Welt auf einmal trostlos und öde! Wir haben uns zusammen mit dem geliebten Menschen in die Luft erhoben, und nun landen wir allein auf dem tristen Boden der Wirklichkeit. Alles, was früher für uns von Bedeutung war, verliert mit einem Schlag seinen Wert. Es beginnt eine graue, bleierne Zeit ...

Wenn wir dann endlich aus der Depression aufwachen, merken wir, wie wund wir sind. Wir fühlen uns verletzt. Wir fühlen uns unserer Liebe, unserer Lebenskraft beraubt, und mit ihr ist ein Stück von uns verloren gegangen.

Dies kann zu unendlichen Wut- und Hassgefühlen führen. Wir richten diese Emotionen gegen uns selbst und gegen den Geliebten. Wir schämen uns und verachten uns selbst, dass wir uns so »vergeben« haben. Dann sinnen wir auf Rache, wir möchten den anderen genauso verletzen, wie er uns wehgetan hat. Wir möchten ihn an uns binden, er soll niemandem anderen zur Verfügung stehen. Wenn wir ihn nicht haben können, dann soll er sterben ...

Hier begegnet uns die Kehrseite der Liebe. Wir haben im vorangegangenen Kapitel bereits die Schattenseiten der Sehnsucht angeschaut. Im nächsten Kapitel werden wir auf die zerstörerischen Reaktionen auf eine Liebesenttäuschung eingehen.

Zerstörerische Reaktionen auf eine Liebesenttäuschung

Schauen wir uns im Folgenden die destruktiven und selbstde-struktiven Reaktionen auf eine enttäuschte Liebe an. Auch wenn sie in uns Betroffenheit auslöst – wer von uns war nicht schon mal unglücklich verliebt? – , kann es nützlich sein zu wissen, zu welchen Gefühlen und Handlungen uns Liebesent-täuschung führen kann. Wenn wir etwa entdecken, dass solche Reaktionen nicht nur bei uns, sondern auch bei anderen Men-schen vorkommen, brauchen wir uns ihrer nicht mehr so zu schämen. Wir können uns leichter darüber mit Menschen unseres Vertrauens austauschen. Es tut immer gut, wenn wir über Gefühle in uns sprechen können, derer wir uns schämen, oder wenn wir Handlungen zugeben, durch die wir uns schuldig gemacht haben. Die Mitteilung dessen, was sonst von unserer Scham und unserer Schuld in den Untergrund verdrängt wird, ist immer der erste Schritt zur Versöhnung und Heilung einer Verletzung.

Anschließend, im nächsten Kapitel, werden wir nach Wegen suchen, um aus dem negativen Kreislauf von Selbstzerstörung und Unglücklichsein herauszukommen. Wir werden sehen, wie unglückliche Leidenschaften uns weiterbringen, unsere Liebes-fähigkeit stärken und unser persönliches Wachstum und Reifen fördern können.

Hier ist zunächst eine Übersicht der destruktiven Reaktionen auf eine Liebesenttäuschung:

DESTRUKTIVE UND SELBSTDESTRUKTIVE
REAKTIONEN AUF LIEBESENTTÄUSCHUNG

1. Außer-sich-Sein, Verlust der Autonomie
2. Innere Abhängigkeit vom Partner
3. Manipulationsversuche, um den Partner für sich zu gewinnen
4. Rache nehmen am Partner
5. Resignation, Depression
6. Selbstverachtung
7. Ungelöste innere Bindung an den Partner
8. Nicht mehr voll in der Realität leben – in einer Traumwelt leben
9. Dem eigentlichen Partner und den eigenen Kindern nicht mehr zur Verfügung stehen
10. »Nicht leben, nicht sterben« – Todessehnsucht

Außer-sich-Sein, Verlust der Autonomie

Eine der unmittelbaren Folgen des Unglücklich-Verliebtseins ist der Verlust der eigenen Autonomie.

Wenn wir uns verlieben, sind wir mit unseren Gefühlen und Gedanken ständig beim geliebten Partner. Wir sind quasi außer uns – wir streben mit allen Lebensfasern zu ihm hin. Wenn unser Partner unsere Liebe erwidert, ist es wunderbar.

Wenn wir aber unglücklich verliebt sind, dann hängt immer noch jede Faser von uns an dem Partner, aber dieser nimmt die »Enden« dieser Verbindungsstränge nicht auf. Er nimmt unsere Beziehungsangebote nicht (oder nicht mehr) an. Wir warten auf seinen Anruf, aber er ruft nicht an. Wir rufen an, und er nimmt nicht ab, oder er lässt sich verleugnen oder entschuldigen.

Wir stehen damit noch schlimmer da als zu den Zeiten, als wir allein waren. Denn jetzt *wollen* wir nicht mehr alleine sein, jetzt *wollen* wir zu ihm hin. Bloß hört er uns nicht (mehr). Unser Ruf verhallt in der Leere. Sein Echo bestätigt die schmerzliche Erkenntnis, dass wir allein sind mit unserer Sehnsucht.

Aber der Schmerz dieser Erkenntnis wäre, zumindest in der ersten Zeit, in der unsere Liebesglut noch so heiß und unsere Sehnsucht so übermächtig ist, zu unerträglich, als dass wir ihn akzeptieren könnten. Wir verdrängen also die Wahrheit – dass wir nicht auch geliebt werden – und hängen uns verzweifelt an unsere Hoffnung.

Innere Abhängigkeit vom Partner

Es ist dieses Festklammern an die Hoffnung, das uns so völlig abhängig macht vom Liebespartner. Dieses ständige An-ihn-denken-Müssen, das ewige Hinhorchen mit einem Ohr, ob das Telefon nicht doch klingelt, und wenn es klingelt, das selige Erwachen unserer Hoffnungen, und das völlige Niedergeschmettert-Sein, wenn *er* es doch nicht ist.

Wir mögen uns im Alltag noch so selbständig fühlen, aber dieses innere, von unserem Willen völlig unabhängig gewordene Eingestelltsein auf den Geliebten macht uns unsere totale Abhängigkeit deutlich.

Demütigend ist dieser Zustand, weil wir uns hier emotional so unterworfen fühlen vom Wohlwollen einer anderen Person. Wir fühlen uns nicht mehr in unserer Gewalt, wir sind nicht mehr Herr über unser Denken, Fühlen und Wollen. Im schlimmsten Fall fühlen wir uns wie der Liebessklave unseres Angebeteten.

Ich habe diesen Zustand oben als eine Art des Außer-sich-Seins genannt. Im Extremfall mutet er einem Außenstehenden tatsächlich wie eine leicht psychotische Reaktion an. Denn wenn wir verliebt sind, sind wir hypersensibel auf die Äußerungen des Angebeteten. Jeden Wimpernschlag von ihm, jede Geste, jede Nuance seiner Stimme am Telefon deuten wir als wichtigen Hinweis auf seine Gefühle uns gegenüber. Weil wir innerlich so verunsichert sind, sind wir angewiesen auf die leisesten Botschaften des Geliebten (oder das, was wir für Botschaften halten), um unseren Wunsch nach Geliebtwerden oder umgekehrt unsere Befürchtung des Abgelehntwerdens zu bestätigen. Jedes Lächeln, jedes freundliche Wort von ihm macht uns glücklich. Jeder grobe Ton in seiner Stimme, jede Absage stürzt uns in Verzweiflung – und zwar ganz unabhängig davon, ob dies tatsächlich von ihm intendiert ist oder nicht.

In Wahrheit aber hat sich unser Innenleben so verselbständigt, dass es sich ganz abgelöst hat von den wirklichen Gefühlen und Absichten des Partners. Selbst wenn er uns beteuert, er möge uns, glauben wir ihm nicht und fordern nach stichhaltigeren Beweisen seiner Gunst – so stark ist unser Misstrauen. Oder umgekehrt: Selbst wenn er uns die kalte Schulter zeigt und sich wochenlang nicht meldet, finden wir immer wieder eine neue Entschuldigung für sein abweisendes Verhalten, damit die kleine Flamme unserer Hoffnung ja nicht verlöscht.

Weil der Partner unsere Hoffnungen und unsere Befürchtungen eigentlich gar nicht wirklich bestätigen kann, beginnen wir, auch anderswo nach Zeichen seiner Gefühle uns gegenüber zu suchen. Das altbekannte Abzupfen der Blätter einer Blüte »Er liebt mich, er liebt mich nicht, er liebt mich ...« stellt ein solches Beschwörungsritual dar. (Es ist kein Zufall, dass wir dabei die Blütenblätter eins nach dem anderen abzupfen, bis die Blüte in ihrer Schönheit zerstört ist – Sehnsucht, dieses tiefste romantische Gefühl, hat viel mit Tod und Vergänglichkeit zu tun, wie wir gesehen haben.) Es scheint absurd zu sein, die Liebe des

Partners abhängig zu machen von der geraden oder ungeraden Anzahl der Blätter einer Blume. Einem naturwissenschaftlich gebildeten Menschen mutet so etwas geradezu als abergläubisch und primitiv an. Wir belächeln zwar mitleidig den verliebten Tor, aber im Grunde unseres Herzens versteht jeder von uns die tiefe Tragik und Symbolik dieses Aktes – wir sind hier auf einer archaischen Ebene angelangt:

Das Unglücklich-Verliebtsein berührt unsere frühkindliche Verlassenheitsangst

Woher kennen wir sonst eine solche totale seelische Abhängigkeit? Aus unserer frühesten Kindheit. Die Mutter-Kind-Dyade ist die allererste und die fundamentalste Liebesbeziehung, die wir kennen. Ein Kind befindet sich nach Ansicht der Anthroposophen in den ersten sieben Jahren in der »Aura« der Mutter. Psychoanalytiker sprechen von einer seelischen Nabelschnur, die Mutter und Kind auch nach der Geburt verbindet. Dies ist der Grund, weshalb die Mutter eines Säuglings »spürt«, dass das Kind wach ist, oder dass es Hunger hat, selbst wenn sie sich in einem anderen Raum befindet, selbst wenn sie vielleicht kilometerweit vom Kind entfernt ist. Es besteht eine Art natürliche telepathische Verbindung zwischen Mutter und Kind. Diese sensible Verbindung muss nicht unbedingt biologisch begründet sein. Sie entsteht im Grunde zwischen jeder nahen Bezugsperson und dem Kind, gleichgültig, ob dies der Vater, ein Geschwister, ein Großelternteil oder ein vertrauter Babysitter ist. Wenn zwei Menschen länger zusammen sind, entsteht zwischen beiden das, was ich eine *intime Brücke* nenne.[18]
Selbstverständlich spürt auch das Kind die intime Brücke zu seiner Bezugsperson. Es ist ja existenziell auf die Aufrechterhaltung dieser Verbindung angewiesen, weil es noch nicht für

sich sorgen kann. Für ein Baby muss die Bezugsperson im Grunde ständig da sein, damit es in seinen einfachsten biologischen Bedürfnissen (nach Nahrung, Wohlbefinden, Wärme) und seinen sozialen Bedürfnissen (nach Liebe, Körperkontakt, Kommunikation) befriedigt wird. Sein Leben hängt davon ab. Ein physisch verlassenes Kind stirbt, ein sozial vernachlässigtes Kind verkümmert.

Daher entwickelt das Kind einen sechsten Sinn nach seiner (seinen) engsten Bezugsperson(en). Es registriert jede Stimmungsschwankung der Mutter (oder der jeweiligen Bezugsperson). Es lacht, wenn die Mutter zufrieden ist; es weint, wenn es der Mutter schlecht geht. Es spürt sofort, wenn die Mutter aus dem Raum geht, selbst wenn es sie nicht sieht. Wir nennen eine solche Beziehung symbiotisch: Beide können nicht ohne einander existieren. (Wenn man einer Mutter das Kind wegnimmt, stirbt sie vielleicht nicht tatsächlich, aber etwas Lebenswichtiges stirbt in ihr.)

Nun verstehen wir auch, warum unsere tiefste Sehnsucht so eng mit Leben und Tod verbunden ist: Sie hat mit Verschmelzung und Sterben zu tun. Zum einen »stirbt« das individuelle Selbst, wenn wir im Vollkontakt mit der geliebten Person verschmelzen. Dies wird in der sexuellen Vereinigung am deutlichsten, aber auch bei jeder anderen Art der Ekstase und der transzendentalen Erfahrung. Zum anderen drohen wir zumindest seelisch zu sterben, wenn die Vereinigung nicht gelingt, wenn wir allein gelassen werden.

Die frühe Mutter-Kind-Beziehung ist unser Grundmuster für Liebe. Später, wenn wir uns verlieben, werden wir mit unserem Liebespartner ähnliche Empfindungen und Reaktionen teilen, wie wir sie in unserer frühen Kindheit erlebt haben. Natürlich ist eine reife Liebesbeziehung viel reichhaltiger und komplexer als die frühe Mutter-Kind-Beziehung – Sexualität, Verstand, Lebensplanung und vieles andere mehr kommen noch hinzu. Aber die Liebe zwischen Mutter und Kind bildet die tiefste Basis für jede Liebesbeziehung im Erwachsenenalter. Sie ist die Quelle jeder späteren Intimbeziehung.

Deshalb die Seligkeit, die wir empfinden, wenn wir glücklich lieben. Denn dann »kommen wir an«. Es ist ein ähnlich umfassendes Glücksgefühl wie in einer geglückten Mutter-Kind-Symbiose. Und deshalb stürzen wir ab, wenn wir unglücklich lieben. Denn dann wird in uns, völlig unabhängig von unserem Willen, die Panik des verlassenen Kindes wieder zum Leben erweckt. Wir fühlen uns an den angebeteten Liebespartner ähnlich gebunden wie früher an die Mutter. Es ist eine Bindung, die wir willentlich nicht (oder nur wenig) steuern können. Dann entstehen die gleichen »Antennen«, die wir früher zur Mutter entwickelt haben, zwischen uns und unserem Partner. Seine leisesten Stimmungsschwankungen spüren wir, sein inneres und äußeres Sich-Nähern und Sich-Entfernen bekommen wir direkt mit. Und wir fühlen uns von seinen Reaktionen ähnlich abhängig wie damals von unserer Mutter.

Besonders diejenigen unter uns, die traumatische Verlassenheitserfahrungen in der Kindheit erlebt haben, reagieren hypersensibel auf das Abwenden des Liebespartners. Als verlassene Kinder suchen wir instinktiv nach einem Menschen, der uns endlich lieb hat. Wir meinen dann, durch diesen Menschen, in den wir uns verliebt haben, gerettet zu werden. Aber wenn er uns nicht liebt (oder nicht so liebt, wie wir es möchten oder brauchen), dann wird die gleiche Panik und die gleiche Verzweiflung wachgerufen wie in der Kindheit.

Die meisten von uns sind zwar nicht gänzlich von der Mutter (oder anderen wichtigen Bezugspersonen) verlassen worden, aber viele von uns haben *punktuell* traumatische Erfahrungen von Verlassensein, Nicht-Beachtetsein erlebt. Selbst wenn diese Traumata erfolgreich verdrängt worden sind, können sie in einer späteren intimen Beziehung wieder freigesetzt werden, wenn der Partner, ohne dass es in seiner Absicht liegt, etwas tut, was uns an jene traumatische Situation aus der Kindheit erinnert.

Wir reagieren dann »allergisch« darauf, mit den heftigsten Gefühlen, die wir selbst nicht erklären können, weil der aktuelle Anlass doch so gering ist.

Halten wir hier noch einmal fest: Der Verlust unserer Autonomie, das Abhängigkeitsgefühl vom Partner, der Verlust unserer Mitte, das Außer-sich-Sein, das sich bis zur Psychose, bis zum Liebeswahn steigern kann – all dies sind keine »verrückten« Reaktionen, sondern haben ihre Wurzeln in unseren Grunderfahrungen in intimen Beziehungen.

Deshalb ist es sinnlos, einen unglücklich Verliebten von der Unvernunft seiner Gedanken, Gefühle und Handlungen überzeugen zu wollen. Wenn wir ihm helfen wollen, müssen wir ihn nach seinen Grunderfahrungen in intimen Beziehungen fragen. Denn hier öffnet sich die Schere: Wie in jeder existenziellen Krise besteht das Risiko, dass die betreffende Person in ihre Verzweiflung abstürzt. Es besteht aber auch die Chance, dass sie wahrnimmt, woran ihre bisherigen Liebesbeziehungen gescheitert sind, und erste Schritte in Richtung Heilung der früheren Verletzungen unternimmt. Diese Chance besteht immer – bei jedem »Liebeswahn«, selbst wenn wir bis an den Rand der Psychose, das heißt an die Grenze dessen, was wir psychisch ertragen können, kommen.

Selbstverständlich gilt das soeben Gesagte nicht nur für eine unglückliche Liebe, sondern auch für eine gelungene und gelebte Liebesbeziehung. Auch hier kann es immer wieder vorkommen, dass wir durch eine Beziehungskrise unversehens an einen existenziell bedeutsamen, manchmal auch traumatischen Punkt unserer Biographie gestoßen werden. Auch hier können wir den dadurch ausgelösten Schock als eine Chance ansehen und versuchen, an Unverarbeitetes aus unserem Leben noch einmal heranzugehen. Indem wir die heutige Beziehung ernst nehmen, heilen wir auch alte Wunden aus unserer Vergangenheit.

Liebesmüh

In »Puppet on a String«, einem alten Schlager der 60er-Jahre, sang Sandy Shaw: »Ich frage mich, ob du mir eines Tages sagen würdest, dass du mich magst. Wenn du sagst, du liebst mich wahnsinnig, werde ich sofort mit Freude da sein, wie eine Marionette an einem Faden, wie eine Marionette an einem Faden.« Sandy Shaw sang dieses Lied durchaus fröhlich. Aus dem Mund des chinesischen Prinzen in Franz Lehárs Operette »Das Land des Lächelns« klang es tragischer: »Dein ist mein ganzes Herz. Wo du nicht bist, kann ich nicht sein. So wie die Blume welkt, wenn sie nicht küsst der Sonnenschein!«

Wenn wir unglücklich verliebt sind, fühlen wir uns äußerst hilflos und ausgeliefert, weil wir so abhängig sind vom Partner. *Er* kommandiert, *wir* haben zu folgen. Kein normaler Mensch möchte aber langfristig in einem solch passiven und demütigenden Zustand verweilen. Um ihn zu beenden, versuchen wir mit allen Mitteln, den Geliebten für uns zu gewinnen. Obwohl wir im Grunde unseres Herzens wissen, dass dies vergebliche Mühe ist, denn die Liebe ist eines der Dinge im Leben, die wir nicht beeinflussen können. Liebesbeziehungen entstehen schicksalhaft. Nicht umsonst hat uns die Antike das Bild von Amor mit seinem Liebespfeil überliefert. Wen sein Pfeil trifft, der wird blind vor Liebe.

Aber aus alten Erzählungen kennen wir auch die Geschichten verliebter Frauen, die einen Liebestrank brauten, um den Geliebten zu betören. Die Sagen aller Völker berichten von Helden, die mit ihren unglaublichen Taten das Herz ihrer Angebeteten erobern wollten. (Hier Liebestrank, dort Heldentat – besser kann man den Unterschied zwischen den Geschlechtern nicht auf den Punkt bringen. Wie schnell aber verwandelt sich bei enttäuschter Liebe der Liebestrank in einen Giftbecher, die Heldentat in Misshandlung und Vergewaltigung!)

In seinem wohl bekanntesten Märchen *Die kleine Meerjungfrau* beschrieb Hans Christian Andersen den vergeblichen Versuch einer kleinen Meeresjungfrau, das Herz ihres geliebten irdischen Prinzen zu gewinnen, indem sie ihre Stimme dafür hergab, um Menschenbeine an die Stelle ihres Fischschwanzes zu bekommen, damit sie in der Nähe ihres geliebten Prinzen sein konnte. Jeder Schritt schnitt ihr in die Füße wie Glassplitter. Sie unterdrückte ihren Schmerz und lächelte den Prinzen liebevoll an. Aber ihr Opfer und ihre Liebesmühen waren vergebens. Der Prinz verliebte sich in eine andere. Sie löste sich in Meeresschaum auf, am Morgen seiner Hochzeit, unfähig, ihn zu töten, um sich zu retten.

Charlie Chaplin wiederum riskierte in seinen Filmen Kopf und Kragen, um seiner Angebeteten zu imponieren – als Vagabund, als Goldgräber, als großer Diktator. Aber auch hier war es meist vergebliche Liebesmüh. Immer brachte ihm die Frau Mitleid entgegen, oft Dankbarkeit, bisweilen auch schwesterliche Liebe, aber nie die leidenschaftliche Liebe zwischen Mann und Frau.

Manipulationsversuche, um den Partner für sich zu gewinnen

Die bisher beschriebenen Versuche des Verliebten, den Angebeteten für sich zu gewinnen, können noch als durchaus »legal« angesehen werden. Der Verliebte versucht »nur«, sich selbst ins beste Licht zu rücken, die Aufmerksamkeit des Angebeteten auf sich zu lenken, um dann dessen Gunst zu gewinnen. Seine Handlungen sind vielleicht lästig, aber sie verletzen die geliebte Person und deren Grenzen nicht.

Wenn diese Versuche allerdings nicht fruchten, könnte der Verliebte in die Versuchung kommen, »einen Gang mehr« einzulegen. Er könnte versuchen, *mit allen Mitteln* die Aufmerksamkeit des Angebeteten auf sich zu ziehen, selbst wenn er dessen Unwillen oder Ärger erregt. Hier finden die ersten *Grenzverletzungen* statt.

Der Verehrer kann sein »Opfer« (hier ist die Bezeichnung durchaus angemessen) verfolgen, es beschatten, ihm auflauern. Er kann versuchen, alles über dessen Privatleben zu erfahren, seine Gewohnheiten, seine Kontakte mit anderen Menschen (die der Verliebte eifersüchtig registriert). Er beginnt, zu allen möglichen und unmöglichen Zeiten anzurufen, namentlich oder anonym. Und wenn der Angebetete immer noch nicht reagiert, dann nimmt der Verehrer vielleicht Kontakt auf mit Menschen aus der Umgebung des Angebeteten, in der Hoffnung, diese könnten einen günstigen Einfluss auf diesen ausüben, sie könnten ein gutes Wort für ihn einlegen oder ein Treffen arrangieren.

Wir merken, in diesen Annäherungsversuchen steckt bereits eine aggressive Komponente, auch wenn sie »im Namen der Liebe« geschehen. Das Aggressive besteht in der Grenzverletzung, die der Verliebte in Kauf nimmt, um zu der angebeteten Person vorzudringen.

Die Tatsache, dass sich der Verliebte in seinen eigenen intimen Gefühlen von der angebeteten Person heftig berührt fühlt, scheint ihm das Recht zu geben, seinerseits in die intime Zone des Geliebten einzudringen, um bei diesem die gleiche Leidenschaft zu entfachen. Er meint, weil er selbst so in Liebe entflammt ist, müsste es auch der andere sein – er projiziert damit seine eigenen Gefühle in den anderen und glaubt, der andere müsse genauso lieben wie er. Und wenn der andere sich wehrt und sagt, er fühle nicht das Gleiche, glaubt ihm der Verliebte nicht. Er meint, der andere wisse es nur nicht, er verleugne seine Liebe, er verstecke nur seine wahren Gefühle (der Grausame). Oder er ist nur verblendet (der Arme). Und deshalb *muss* der Verliebte die vermeintliche Liebe des Angebeteten aus seinem Herzen heben. Dieser verborgene Schatz *muss* ans Licht gebracht werden.

In diesem Akt der *projektiven Identifikation* (der Verliebte *projiziert* zum einen die eigenen Gefühle in den anderen, zum anderen *identifiziert* er den anderen mit sich selbst, er setzt ihn mit sich gleich) liegt bereits der wahnhafte Keim, der oben erwähnt wurde. Die Leidenschaft taucht die ganze Welt des Verliebten in eine einzige Farbe. Sie lässt nichts zu, was seinen Gefühlen widersprechen könnte. Wir ahnen hier die Macht einer solchen Leidenschaft – die nun tatsächlich beginnt, »Leiden zu schaffen«. Wir sehen, wie sehr der von solcher Leidenschaft ergriffene Mensch außer sich gerät, wie er aus seiner eigenen Mitte herausgerissen und Opfer seiner Triebe wird. Tragischerweise wird er aus solch einem Geisteszustand heraus selbst zum Täter am »Objekt seiner Begierde«.

Ein Kind als Druckmittel

Mit das Schlimmste, was ein von der Leidenschaft blind gewordener Mensch in dieser Lage tun kann, ist es, ein Kind mit dem anderen zu zeugen beziehungsweise eines von ihm zu empfangen. Hier würde ein Kind gezeugt, ohne dass *beide* Partner es wollen.

Eine solche Entwicklung ist jedoch nicht so abwegig, wie wir vielleicht glauben. Der ihr zugrunde liegende Konflikt legt eine solche Entwicklung nahe: Wenn wir leidenschaftlich verliebt sind, möchten wir mit dem Partner sexuell zusammen sein. Und die höchste Frucht der sexuellen Vereinigung ist ein gemeinsames Kind. Der einseitig Verliebte sehnt sich nach beidem: nach der sexuellen Vereinigung und nach einem Kind vom Partner. Es gibt aber einen gravierenden Unterschied zwischen beiden Wünschen: Eine sexuelle Vereinigung ist flüchtig und vergänglich, ein gemeinsames Kind besiegelt jedoch die Liebesbindung auf ewig. Der verliebte Partner spürt instinktiv: »Ein Liebhaber kann sich verflüchtigen, er mag mich im Stich lassen, aber sein

Kind bleibt mein. Es ist *unser* Kind. Davor kann er nicht weglaufen. Und selbst wenn er wegläuft, irgendwann wird sich das Kind aufmachen und nach seinem anderen Elternteil suchen. Er wird mich sein ganzes Leben lang nicht mehr los.«

Dieser Gedankengang ist vielleicht folgerichtig, aber fatal. Denn:

○ Eine solche Entwicklung verbindet zwei Menschen miteinander, wobei der eine die Verbindung nicht will. Er wird versuchen, sich baldmöglichst aus dem Staub zu machen.

○ Die Zeugung eines Kind schafft eine Familie: Vater – Mutter – Kind. Aber die Familie hat keine stabile Grundlage, da eines der beiden Elternteile das andere nicht liebt.

○ Das Kind wird entweder in einer unvollständigen Familie aufwachsen, in der der eine Elternteil fehlt oder kaum zu Hause ist, so dass das Kind leicht von dem verbleibenden Elternteil zum Partnerersatz genommen wird (es entsteht dabei eine ödipale Bindung zwischen Elternteil und Kind), oder das Kind wird eine schlechte Ehe erleben, in der es selbst der Anlass für die unselige Ehe der Eltern ist: Das Kind wird sich schuldig fühlen für etwas, was nicht es selbst, sondern die Eltern verschuldet haben.

○ Das Kind weiß nicht, dass es instrumentalisiert worden ist, um eine unglückliche Liebe zu besiegeln. Es ist als Druckmittel, als stärkstes Manipulationsmittel missbraucht worden, um den einen Elternteil an den anderen zu binden.

○ Und es wird sich zumindest von diesem einen Elternteil unerwünscht vorkommen.

Mit einer Schwangerschaft wird die Tragik, die einer unglücklichen Liebe innewohnt, in die nächste Generation verlängert. Ihre destruktive Wirkung potenziert sich in dem Maße, je mehr Menschen und Institutionen (die Kinder, die beiden Familien, die Freunde, die Kirche, die gesellschaftlichen Institutionen) mit involviert sind. Und ein gemeinsames Kind setzt tatsächlich alle diese sozialen Prozesse in Gang, es bringt eine Lawine ins Rollen, über die die beiden Personen, die es eigentlich betrifft, keine Kontrolle mehr haben. Eine unglückliche Liebschaft kann man/frau beenden. Sie war unglücklich, aber weiter nichts. Ein Kind aus einer solchen Verbindung konserviert und potenziert aber das Unglück.

Und schließlich wird der ungeliebte Partner irgendwann doch merken, dass selbst ein Kind den anderen Partner nicht binden kann. Liebe können wir nicht erzwingen. Aber leider kommt diese Erkenntnis dann zu spät: Beide Partner müssen mit den Konsequenzen ihres Irrtums leben.

Macht und Gewalt statt Liebe

Irgendwann gelangen alle unglücklich Verliebten zu der Einsicht, dass es sinnlos ist zu versuchen, die Liebe des Angebeteten zu gewinnen. Dies ist eine bittere Erkenntnis. Und sie macht zornig. Nach dem Liebesleid kommt deshalb der Liebeszorn.

Da es nichts genutzt hat, sich vor dem Geliebten zu demütigen, versucht der Verliebte nun, den anderen zu unterwerfen. »Und wenn ich deine Liebe nicht bekommen kann, dann will ich zumindest Macht über dich haben! Dann soll auch kein anderer dich haben!« »Und bist du nicht willig, so brauch ich Gewalt!« – ein uraltes Liebesmotiv. Der Geliebte soll zu spüren bekommen, dass er es nicht mit einem Niemand zu tun hat. Der verletzte Stolz des Abgewiesenen verlangt seinen Tribut. Der narzisstisch Gekränkte schreit nach Rache und Genugtuung. Sein Zorn richtet sich auf den zuvor geliebten Menschen.

Und er wird tatsächlich entdecken, dass es leichter ist, Macht und Kontrolle über einen anderen Menschen zu bekommen als dessen Liebe. Den Geschlechtsrollen gemäß könnte ein Mann nackte Gewalt anwenden, um die »Liebe« einer Frau zu gewinnen. Eine Frau wird möglicherweise zu raffinierteren, aber nicht minder verletzenden Mitteln greifen, um den Mann, der sie abgewiesen hat, ihre Rache spüren zu lassen. Es gibt viele Möglichkeiten, in die Privatsphäre eines Menschen einzudringen, auch in seine Intimbeziehungen, seine Familie, seinen Arbeitsbereich.

Grenzverletzungen und Rache

Bei all diesen Versuchen handelt es sich um Grenzverletzungen. Die Tatsache, dass sich der in seiner Liebe Abgewiesene in seinen intimen Gefühlen verletzt fühlt, scheint ihm das Recht zu geben, rücksichtslos in die intime Zone des Geliebten einzudringen, um diesen empfindlich zu treffen.

Ein gekränkter Liebhaber beschämt die ehemals Geliebte und demütigt sie in aller Öffentlichkeit. Oder er erschleicht sich die Gunst ihrer Freundin und betrügt sie mit der Freundin. Man kann es auch so machen: Wir haben in *Casablanca* gesehen, wie Humphrey Bogart in der Schlussszene Ingrid Bergman vortäuscht, den ungeliebten Ehemann allein in ein Flugzeug in Richtung USA zu verfrachten, um sie am Ende doch mit demselben abfliegen zu lassen. Er tat es scheinbar aus edlen und selbstlosen Motiven. Aber er tat es *auch*, um ihr heimzuzahlen, dass sie *ihn* vor Jahren einmal in Paris am Bahnhof stehen gelassen hat und spurlos (wie sie später beichtete, zum Ehemann) verschwunden ist.

Alle diese Grenzverletzungen treffen den Geliebten ins Mark – und sie sind auch so beabsichtigt. Niemand ist gnadenloser in seiner Rache als ein gekränkter Liebender.

Mord und Selbstmord

Wenn wir in einem derartig leidenschaftlichen Zustand zur Waffe greifen, scheuen wir auch nicht vor Mord und Selbstmord zurück. Beispiel Othello: Der Mord an der vorher geliebten Frau bringt die maßlose Wut, von ihr (wie er glaubt) betrogen worden zu sein, zum Ausdruck. Auch der Selbstmörder will den ehemals Geliebten treffen: Dieser soll lebenslang an Schuldgefühlen leiden! Der Suizid soll aber gleichzeitig auch den Selbstmörder treffen: »Ich töte mich selbst, weil ein Leben ohne dich mir sinnlos erscheint und weil ich mich ohne deine Liebe völlig wertlos fühle.« Hier wird der Selbsthass manifest.

Selbstverachtung und Selbstvernichtung

Selbstverachtung ist eine der schlimmsten Folgen des unglücklich Verliebtseins. Wir wissen aus der sozialen Entwicklung des Menschen, wie sehr wir, von Kindesbeinen bis ins Alter, in unserem Gefühl von Selbstwert, Selbstbewusstsein und Selbstsicherheit von der Akzeptanz und der Liebe der Menschen, die uns etwas bedeuten, abhängig sind. Dass unser Selbstbewusstsein auch im Alter von der Anerkennung der Menschen um uns abhängig ist, sehen wir exemplarisch an der Depression und der Selbstmordgefährdung älterer Arbeitsloser. Wenn schon Arbeitskollegen und -kolleginnen für das Selbstbewusstsein eines Menschen von solcher Bedeutung sind, wie viel stärker wird unser Selbstwertgefühl von einem Menschen, den wir lieben und verehren, beeinflusst! Seine Liebe und seine Achtung beflügeln unser Selbstbewusstsein. Seine Abwendung und Missachtung stürzen uns in bodenlose Selbstzweifel. Manchmal erholen wir uns zeitlebens nicht mehr von einem solchen Schlag. Wenn wir solchermaßen deprimiert sind, leidet nicht nur unser Lebensgefühl. Auch unsere Vitalität wird empfindlich davon berührt. Nicht umsonst werden depressive Menschen öfter krank und führen ein Leben an der existenziellen Grenze.

Ein unauslöschliches Band zum ehemals Geliebten entsteht

Dies ist eine der weniger sichtbaren Folgen einer unglücklichen Liebe: das Band, das uns zuweilen unauslöschlich mit dem ehemals Geliebten verbindet. Wir glauben meistens, nach einigen Monaten, höchstens nach einigen Jahren sei der Verlust verschmerzt, der Abschied betrauert, die Demütigung vergessen. Aber nicht selten verschätzen wir uns selbst in der Reichweite unseres emotionalen Erinnerungsvermögens – und in der Tiefe unserer »Treue« zu einem Menschen, zu dem wir einmal bedingungslos ja gesagt haben.

»Bedingungslos« ist das wichtigste Wort im letzten Satz. Unsere Liebe haben wir damals dem Geliebten ohne eine Bedingung geschenkt. *Jede Liebe, die aus unserem Wesenskern kommt, ist bedingungslos.* Sie ist nicht verknüpft mit einem Versprechen der Gegenliebe von der anderen Seite. Ein solches Versprechen braucht sie nicht, um zu existieren. Sie schert sich nicht um die Meinung der Umwelt. Standesunterschiede sind ihr egal. Gegen Verstand und Vernunft ist sie blind. Ihr gegenüber ist unser Wille machtlos. Sie geht durch den schlimmsten Liebesschmerz hindurch – der Schmerz scheint sie sogar zu stählen. Darum ist eine spontane, von unserem Wesenskern empfundene Liebe zeitlos treu. Dies ist die schöne Seite der Medaille. Vielleicht auch die heroische. Andererseits bindet sie uns zeitlebens. Sie fordert unerbittlich ihren Platz in unserem Herzen.[19] Dies kann etwa dazu führen, dass diese eine unglückliche Beziehung einen zentralen Platz in unserem Herzen besetzt und besetzt hält, so dass künftig kein oder nicht genügend Platz für eine andere Liebesbeziehung mehr bleibt. Wir bleiben innerlich der verblichenen Liebe treu, ohne dass wir es je gewollt oder beabsichtigt hätten. Diese Treue kann uns völlig unbewusst sein – je stärker wir damals die Liebe haben verdrängen müssen, desto unerbittlicher wirkt ihre Dynamik aus dem Unbewussten heraus.

Es kann sein, dass wir einen späteren Partner ehrlich lieben lernen und mit ihm unser Leben glücklich teilen. Aber wenn die vorherige Liebe uns zentral im Wesenskern getroffen hat und wir dies nicht anerkennen wollen und dieser Liebe auch nicht den ihr gebührenden Platz in unserem Herzen einräumen wollen, dann beginnt die verdrängte Liebe ihr destruktives Werk.

Seelisch besetzt sein – abhanden gekommenes Leben

Die Auswirkung einer solchen verdrängten Liebe braucht gar nicht spektakulär zu sein. Manchmal erscheinen wir einfach etwas abwesend, als wären wir innerlich mit irgendetwas anderem beschäftigt als mit den Menschen und Dingen, mit denen wir real zu tun haben. (Mit was wir innerlich beschäftigt sind, wissen wir oft selber nicht.) Manchmal äußert sich dieses Besetztsein in einer kühlen Distanziertheit, die wir ausstrahlen. Oder umgekehrt: In Zeiten möglicher Nähe brechen wir plötzlich einen Streit mit unserem jetzigen Partner vom Zaun, so dass man sich in Wut trifft, nur nicht in intimer Nähe. Manchmal äußert sich das Besetztsein in suchtartigem oder suchtähnlichem Verhalten, im Trinken, im Essen, im Putzen, im Arbeiten, im Sex, im Fernsehen, am Computer.

Wenn wir seelisch besetzt sind, leben wir nur halb, wir sind nicht ganz lebendig. Wir stehen nicht mit beiden Beinen in der Realität, nicht im Hier und Heute, sondern mit einem Bein irgendwo anders, in der Vergangenheit, in der Ferne. Wir führen ein teilweise »virtuelles« Leben.

Und wir stehen unseren Nächsten nicht voll zur Verfügung – unserem eigentlichen Lebenspartner, unseren Kindern, unseren Freunden, unserer Arbeit.

Wir stehen auch nicht uns selbst voll zur Verfügung. Wir leben nicht für uns selbst. Unser Leben vergeuden wir achtlos. Wir gehen nicht konsequent unseren Weg im Leben, folgen nicht unserer Bestimmung, sehen keinen rechten Sinn im Leben. Mit einem Teil unserer Seele leben wir in einer irrealen Welt. Unsere Gedanken und Gefühle irren in einer Phantasiewelt, halb real, halb wahnhaft.

Auch hier die Nähe zur Psychose, zum Wahn, zum Irresein. Auch hier die Nähe zum Tod und zur Todessehnsucht. Nicht selten finden wir die Heldinnen und Helden unglücklicher Liebe im Wahn, in der Ferne irrend, in Todesnähe, an Plätzen ihrer Vergangenheit oder am Grab ihrer Geliebten.

Dies ist die Tragik unglücklicher Liebe. Darin liegt aber auch ihre Größe.

Muss eine solche Liebe so enden? Wir wissen keine endgültige Antwort. Über Tragik und Größe lässt sich nicht urteilen. Aber im nächsten Kapitel werden wir prüfen, ob es auch andere Wege gibt, die uns zu mehr Leben, in mehr realen Bezügen und Beziehungen führen. Diese Pfade gehen meistens durch mehr Schmerz und mehr Verzicht, aber sie bergen in sich auch mehr Möglichkeiten der Heilung und Selbstfindung.

Lösung und Befreiung aus einer unglücklichen Liebe

Von der Abhängigkeit zur Unabhängigkeit

Wie wir im vorigen Kapitel gesehen haben, kann uns das Band der Liebe fesseln und uns abhängig machen vom Liebespartner. Durch die seelische Abhängigkeit werden wir innerlich unfrei. Wir verhalten uns dann auf eine Weise, die uns dem Partner gegenüber und uns selbst gegenüber entwürdigt und demütigt, so dass schließlich nicht nur die Beziehung, sondern auch unser eigenes Selbstbewusstsein zerstört wird. Wir verlieren die Achtung vor uns selbst. *Daher besteht die wichtigste Aufgabe in der Lösung einer unglücklichen Liebe darin, uns von dieser seelischen Abhängigkeit zu lösen.*

Ich habe eine solche Lösung einmal miterlebt: Eine Frau verbrannte alle Dokumente von ihrem Freund – die Briefe, die Fotos, alles. Alles, was von der unglücklichen Liebe übrig geblieben war. Ich spürte die Endgültigkeit dieses Aktes. Indem sie diese ihr lieb gewordenen Erinnerungsstücke der Zerstörung preisgab, befreite sie sich symbolisch von der unseligen Erinnerung an diese Beziehung. Das Verbrennen war der Schlusspunkt eines langen Trauerprozesses, der sich über ein ganzes Jahr hingezogen hatte. Danach schien die Frau wie befreit.

Die Lösung von einer Person, die wir einst sehr geliebt haben, ist eine ähnlich große Aufgabe wie die Lösung eines abhängigen Kindes von der Mutter – sie gehört zu den Grundlektionen des Lebens. Wenn sie vollzogen ist, haben wir einen großen Schritt in die Autonomie getan. Zum Glück stehen wir am Ende dieses langen Weges nicht mit leeren Händen da. Denn wir haben ein Stück unserer Selbständigkeit erkämpft – und wir haben meist etwas Neues und Wertvolles von der vergangenen (und vergänglichen) Liebe mitgenommen – das Gefühl, uns besser kennen gelernt zu haben, und ein Gefühl der Achtung und Liebe für uns selbst. Es ist die Frucht einer mühevollen und langwierigen inneren Arbeit.

Die Sehnsucht aushalten

Schauen wir uns die einzelnen Stationen dieses Weges an: Die Sehnsucht nach dem Geliebten aushalten – wer je unglücklich verliebt war, weiß, wie furchtbar schwer diese Aufgabe ist! Wenn wir verliebt sind, gehen alle unsere Gedanken und Wünsche automatisch zur geliebten Person hin. Wir versuchen, uns auf etwas im Hier und Jetzt zu konzentrieren – ein Gespräch, eine Arbeit –, aber es misslingt uns. Unsere Gedanken möchten der grauen Gegenwart entfliehen. Sie sind wie kleine flüchtige Vögel, die jede Gelegenheit nutzen, dem Käfig unserer tristen Gegenwart zu entschlüpfen. »Wenn ich ein Vöglein wär' und auch zwei Flüglein hätt', flög' ich zu dir; weil's aber nicht kann sein, weil's aber nicht kann sein, bleib' ich allhier.«
Der zweite Teil dieser Strophe »weil's aber nicht kann sein, weil's aber nicht kann sein, bleib' ich allhier« beschreibt die schwere innere Aufgabe, die der Sehnsüchtige zu leisten hat. Die Phrase »weil's aber nicht kann sein« erklingt gleich zweimal hintereinander: Es ist, als müsste sich der Sänger die grausame Tatsache, dass er getrennt ist von der Geliebten, immer wieder vor Augen führen, bis er schließlich traurig nachgibt: »bleib' ich allhier«.
Die sehnsüchtige Person muss sich also festhalten und ihren Fluchtimpulsen Zügel anlegen. Sie muss dem vermeintlichen Ruf der Liebe (der sie aber bisher nur enttäuscht hat) Widerstand leisten. Sie muss bleiben, wo sie ist. Sie muss es mit der tristen Gegenwart aufnehmen: Sie muss ihre ungeliebten täglichen Aufgaben erledigen, sie muss mit Menschen, die ihr nicht

annähernd so viel bedeuten wie die geliebte Person, weiterhin freundlich umgehen und ihnen ihre Aufmerksamkeit schenken. Dies verlangt von ihr eine gehörige Portion an Selbstbeherrschung und Selbstdisziplin.

Bewusst den Weg durch die Leidenschaft gehen

Noch schwerer wird es ihr in den Augenblicken des Alleinseins – abends, wenn keine Aufgaben, keine Menschen ihre Aufmerksamkeit mehr fordern (und ablenken), dann taucht die gähnende Leere der Einsamkeit auf. Dann überfällt sie die Sehnsucht wie ein hungriges Gespenst und schüttelt und rüttelt an den Mauern und zerrt an ihren Nerven. Dann muss sie es allein aufnehmen mit diesen Urkräften der Seele (die Sigmund Freud einst respektvoll das »Es« nannte), die sie in ihren Strudel mitzureißen drohen.

Im Strudel unserer leidenschaftlichen inneren Kräfte *nicht* zu versinken, sondern uns über Wasser zu halten – darin besteht in diesen Momenten unsere Aufgabe. Es ist egal, ob wir uns auf einem Segelschiff befinden oder nur von einer Nussschale dahingetragen werden oder ohne jegliche Schwimmhilfe auskommen müssen – Hauptsache ist: Wir halten uns über Wasser! Warum? Weil wir nicht überleben werden, wenn wir untergehen. Wenn wir aber durchhalten, können wir möglicherweise ans rettende Ufer gelangen.

Wir haben oben gesehen: Wenn wir uns unsterblich verlieben, öffnet sich die Tür zu einer inneren Kammer, die bisher verschlossen war. Das ist der eigentliche Grund, warum wir überhaupt versuchen, bewusst dem Strom unserer Leidenschaft zu folgen. Wir hoffen – sofern wir in unseren Leidenschaften nicht untergehen und verrückt werden –, dass wir durch alle Irrungen und Wirrungen der Gefühle hindurch zu uns selbst, zu unserem Wesenskerns gespült werden. Aber wir müssen darauf gefasst sein, immer wieder von heftigen Emotionen wie auf einer Achterbahn durchgeschüttelt zu werden.

Das Wichtigste an dieser Sturmfahrt ist, dass wir uns *bewusst* darauf einlassen. Diese Bewusstheit macht den Unterschied zum willenlos dem Sturm Ausgeliefertsein aus. Erinnern Sie sich an die Irrfahrten des Odysseus? Er ließ sich am Mastbaum seines Schiffes festbinden, um die betörenden Gesänge der Sirenen zu hören, die ihn sonst in den Untergang gezogen hätten. Unsere Bewusstheit ist so etwas wie der Mast des Odysseus – er hält uns auch im heftigsten Sturm aufrecht, so dass wir durch die Leidenschaften hindurchsegeln können. Und wenn wir durchgekommen sind, werden wir ein anderer sein als zuvor, so wie Odysseus nach seinem Erleben der Gesänge der Sirenen.

Dies ist der Weg durch die Leidenschaft. Es ist ein scheinbar verrückter Weg der Selbsterkenntnis, der uns aber zuletzt uns selbst näher bringt, sofern wir uns nicht vom Feuer der Leidenschaft verschlingen lassen. Es ist ein Weg, der große Risiken, aber auch große Chancen in sich birgt.

Den Partner loslassen, statt ihn zu manipulieren

Es ist immer wieder schwer, einem anderen Menschen zu verzeihen, dass man ihn liebt. Aber das Verzeihen scheint der erste Schritt zu sein, ihn wirklich zu sehen und zu lieben – so wie er ist, nicht als Projektion unserer Wünsche.

Eine der schwierigsten Aufgaben für einen Liebenden besteht darin, den Partner so zu lassen, wie er ist. Denn wenn wir lieben, sehen wir leicht den Partner als einen Teil von uns selbst. Wie in einer Symbiose wachsen er und ich zusammen zu einer Person.

Wir haben im vorigen Kapitel gesehen: Gerade wenn wir unglücklich verliebt sind, möchten wir den Partner »gleichmachen«: Wir möchten ihn dazu bringen, uns genauso zu lieben wie wir ihn. Und wenn er es nicht freiwillig tut, dann müssen wir eben etwas nachhelfen. Und wenn es immer noch nicht geht, dann versuchen wir es mit Erpressungsversuchen, mit Drohungen, mit Gewalt.

Aber selbst wenn sich der Partner uns erbarmt und sich eine Weile uns zuwendet – die Tatsache bleibt, dass er es nicht aus freien Stücken tut. Die Wahrheit lässt sich nicht manipulieren. Wir können die Seele eines Menschen nicht ändern. Die Liebe fällt, wohin sie will. Sie fällt auf Würdige und Unwürdige, Wissende und Tore. Selbst wenn wir uns tadellos verhalten, wir können die Liebe (oder Nicht-Liebe) des Partners nicht beeinflussen. Sie lässt sich weder vergewaltigen noch manipulieren. Dies macht hilflos – und zornig. Aber auch der gewaltigste Zorn hilft nicht. Irgendwann kommt der bittere Moment, in dem wir uns eingestehen müssen: Der andere liebt uns nicht, basta. Diese Tatsache lässt sich nicht mehr beschönigen.

Wir lassen ein geliebtes Objekt nicht gerne los. »Man gewöhnt sich so schnell an das Schöne, und dann kommt man davon nicht mehr los. Man gewöhnt sich so schnell an das Schöne, ist es vorbei, ist die Enttäuschung groß.« – So lautete ein Schlagertext aus den 60er-Jahren.

Loslassen heißt Aufgeben. Was geben wir auf, wenn wir uns eingestehen, dass der Partner uns nicht so liebt wie wir ihn? Es ist immer etwas Großes, etwas für uns existenziell Wichtiges – ein Lebenstraum, ein Lebensziel. So etwas stirbt nicht leicht. Und wenn wir schließlich loslassen, erfüllt es uns mit großer Trauer.

Nicht selten werden wir krank an diesem Punkt unserer inneren Auseinandersetzung. Der innere Kampf verlagert sich von der psychischen auf die körperliche Ebene. Und nun, da unsere psychische Abwehrfront gegen die bittere Wahrheit bröckelt, bricht auch unser körperliches Abwehrsystem, unser Immunsystem zusammen. In Solidarität mit der Psyche versucht der Körper, die Wucht des Niedergerissenseins mit aufzufangen.

Er leidet mit ihr mit. Wir erleben dabei eine große Reinigung. Und wenn wir endlich aus der Krankheit erwachen, fühlen wir uns zwar schwach, aber im Körper und im Geist gereinigt.

Von der Schwere zur Leichtigkeit – Musik als Begleiter

Trauern hat etwas Schweres, Schwermütiges. Es ist ein unvermeidliches Durchgangsstadium, wenn wir uns von etwas verabschieden, das uns lieb gewonnen ist. Das Alte ist gestorben, aber das Neue hat sich noch nicht gezeigt. Wir hängen noch dem Alten, dem Vergangenen nach und versinken dabei oft in Melancholie.

In solchen Zeiten kann uns Musik ein wertvoller Begleiter sein. Musik, Gesang und Tanz sind unmittelbare Ausdrucksmittel unserer Seele. Die meisten wichtigen spirituellen Rituale sind von alters her immer von Musik begleitet gewesen. Denken wir nur an die Hymnen, die wir in der Kirche zur Lobpreisung Gottes singen, oder an die beseelte Tanzmusik auf einer Hochzeit oder an ein einfaches Wiegenlied.

In Zeiten der Trauer greifen wir automatisch zu schwermütigen, wehmütigen Musikstücken. Gleichgültig, ob wir selbst musizieren, singen oder der Musik nur lauschen, sie kann unendlich wertvoll in solchen Übergangsphasen sein. Denn sie gibt der stummen Trauer eine Stimme, sie erlaubt uns den Ausdruck nicht aussprechbarer Gefühle, an denen wir sonst ersticken würden, wenn sie in uns stecken blieben. Nicht umsonst ist Depression sprachlos. Depression ist erstickte Trauer, ohne Stimme, ohne Ansprechpartner, ohne Resonanz.

Anders wird es, wenn wir die Musik als Medium nutzen können. Oben haben wir gesehen, wie wichtig es in der Phase des Trauerns ist, uns dem Strom unserer Gefühle überlassen zu können. Die Musik besitzt einen ganz natürlichen Fluss. Melodie und Rhythmus bleiben nie an einer Stelle stehen, sie entwickeln sich stetig fort. Mit ihnen können wir automatisch im Strom unserer Empfindungen mitfließen. Wir gehen durch die verschiedensten Gefühlsqualitäten hindurch, vom stürmischen Protest bis zur sanften Einwilligung, und erfahren dabei eine befreiende Katharsis. In einer Musik, die unserer inneren Stimmung entspricht, erwachen die aufgestauten Emotionen. Sie lösen sich und fließen, getragen von der Musik, gleichsam aus uns heraus. Am Ende des betreffenden Musikstückes fühlen wir uns befreit und erleichtert.

An der Musik, die wir gerade bevorzugen, können wir ersehen, wie es uns im Moment zumute ist. Vielleicht bevorzugen wir am Anfang des Konflikts eine stürmische Musik, um dann in melancholische Trauergesänge überzuwechseln, die schließlich in leichtere, vitalere, hoffnungsfrohere Klänge münden.

Den Partner mit seinen tatsächlichen Gefühlen uns gegenüber akzeptieren

Nun zurück zur Auseinandersetzung mit dem geliebten Partner. Auch wenn wir unglücklich verliebt sind, empfindet der Partner in den meisten Fällen etwas für uns. Nur in den seltensten Fällen will er oder sie gar nichts (mehr) von uns wissen. Seine Gefühle uns gegenüber sind nur nicht so stark, nicht so glänzend wie unsere Gefühle ihm gegenüber. Es ist ja genau dieser Unterschied zwischen seinen und unseren Gefühlen, an dem wir so leiden. Und in unserem Leid übersehen wir oft die positiven Gefühle, die er uns entgegenbringt. In unserer narzisstischen Selbstbezogenheit schlagen wir seine Angebote aus, weil sie uns nicht genügen. Wir sprechen ihm die Ehrlichkeit seiner Gefühle zu uns ab. Wir zweifeln daran, dass er es ernst

173

mit uns meint. Wir beschuldigen ihn, mit uns nur zu spielen, nur weil er anders empfindet als wir.

Auch in der Verleugnung dessen, was der Partner uns gegenüber wirklich empfindet, erkennen wir das Wahnhafte in der einseitigen Verliebtheit. In unserer Verliebtheit haben unsere eigenen, übersteigerten Gefühle so viel Raum in unserem Herzen beansprucht, dass die Realität unseres Partners keinen Platz mehr in uns findet.

Es ist eine große Herausforderung für einen unglücklich Verliebten, sich für einen Augenblick von seinen eigenen Gefühlen zu lösen, um ein wirklich freies Ohr, ein freies Auge dafür zu haben. Was sagt der Partner wirklich? Was meint er damit? Kann ich ihn hören in dem, was er mir sagt? Nehme ich ihm das ab? Kann ich ihm Glauben schenken?

Gerade dem unglücklich Verliebten bereitet es große Mühe, *positive* Botschaften von Seiten des Partners wirklich zu hören und anzunehmen. Zu sehr versperrt die eigene Kränkung den Weg. Zu oft springen wir zu unseren eigenen Interpretationen, zu alten Erfahrungen zurück, statt dem Partner wirklich zuzuhören. Wir möchten lieber bei unseren Projektionen und Übertragungen bleiben, als den (bitteren) Tatsachen ins Gesicht zu schauen.

Versuchen wir doch einmal, seine Worte, die er uns sagt, zu wiederholen, Wort für Wort, ohne ihnen gleich unsere eigenen Interpretationen überzustülpen. Erlauben wir seinen Worten wirklich in unser Bewusstsein einzudringen, ohne dass wir ihnen automatisch den Weg versperren. Gestehen wir *seiner* Wahrheit ein wenig Raum in unserem Inneren zu, neben unserer eigenen Wahrheit.

Die Grenze zwischen mir und dem Partner ziehen

Wir merken, welch mühevolle Arbeit es ist, ein kleines bisschen Luft zwischen unsere eigenen Empfindungen und die des Partners hineinzulassen. Eine winzige Spalte zwischen ihm und mir freizukämpfen genügt für den Anfang. *Es geht darum, langsam die Grenze zwischen ihm und mir wieder aufzubauen.*

Wir wissen, dass Grenzen trennen. Deshalb finden wir sie so unerträglich, wenn wir verliebt sind. Wir möchten doch für immer und ewig mit der geliebten Person verschmolzen sein. Aber es ist gerade die Grenze, die zwischen dem Partner und mir besteht, die darüber entscheidet, ob unsere Beziehung eine reale Basis behält oder ob sie sich zu einer virtuellen, das heißt eingebildeten Beziehung entwickelt. Eine eingebildete Beziehung bestünde aber nur in meinem eigenen Kopf. Sie lässt sich nicht leben. Denn eine lebendige Beziehung besteht immer aus beiden Partnern, mit ihren realen Gefühlen zueinander. Ich kann keine Beziehung leben, in der nur *meine* Gefühle Gültigkeit haben, die meines Partners aber nicht.

In der Gestalttherapie heißt es deshalb: Kontakt findet an der Grenze zwischen mir und dem anderen statt. Nur dort, wo wir uns *unterscheiden*, können wir einen Kontakt empfinden und herstellen. Gleiches mit Gleichem fühlt sich wie eins an, aber nicht wie zwei.

Tatsächlich leben aber viele Menschen in Beziehungen, in denen jeder Partner *seine* Gefühle und *seine* Wahrheit lebt, ohne Rücksicht auf die Gefühle und die Wahrheit des anderen. Es kann sogar sein, dass sich beide darin glücklich wähnen. Aber sie sprechen eigentlich zwei verschiedene Sprachen. Sie haben sich darauf stillschweigend geeinigt, *nicht* genau hinzuschauen, *nicht* genau hinzuhören, *nicht* genau nachzufragen. Denn sie haben Angst vor der Grenze, die sich zwischen ihnen auftun könnte. Und sie haben Angst davor, dass diese Grenze sich als unüberbrückbare Kluft zwischen ihnen erweisen könnte. Lieber leben sie eine Einsamkeit zu zweit.

In einer realen Beziehung weiß jeder Partner, woran er beim anderen ist, wie es mit dessen wirklichen Gefühlen aussieht. Und er kann auch akzeptieren, dass der Partner andere Gefühle ihm gegenüber hat als er selbst. Reale Unterschiede tun manchmal weh, aber sie sind ein zuverlässlicher Boden, der einzige zuverlässliche Boden, auf dem eine lebendige Beziehung wachsen kann.

Der, der mehr liebt, und der, der weniger liebt

Gerade in einer Beziehung, in der ein großer Unterschied zwischen den Gefühlen beider Partner besteht – wenn zum Beispiel ein Partner den anderen viel mehr liebt als umgekehrt –, ist es schwer, die Grenze und den Unterschied zwischen beiden Partnern anzuerkennen. Für denjenigen, der mehr liebt, ist es oft schmerzlich zu akzeptieren, nicht so geliebt und begehrt zu werden, wie er selbst liebt. Und für denjenigen, der weniger liebt, kann die Liebe des anderen wie eine Bürde, manchmal aber auch wie eine Schuld auf ihm lasten. Sie bürdet ihm mehr Verantwortung auf, da der andere ihm gegenüber verwundbarer ist. Und er kann nicht umhin, den anderen zu verletzen, jedes Mal, wenn er die Grenzlinie zieht. Es ist nicht immer einfach, geliebt zu werden.

Oft ist derjenige, der weniger liebt, durchaus interessiert an einem Weiterbestehen der Beziehung. Bloß möchte er keine *Liebes*beziehung (mehr) haben. Diese Grenze zu ziehen fällt schwer, weil der andere eine Liebesbeziehung doch so sehr wünscht und alles, was weniger ist, als Kränkung und Abweisung erlebt.

Manchmal gelingt ein solches Unterfangen – vorausgesetzt, beide Partner besitzen genügend Realitätssinn und beiden ist die Beziehung wert genug, um daran zu arbeiten, die Kluft zwischen ihnen zu überwinden. Manchmal gelingt es nicht, und beide müssen verzichten. Der eine auf eine Liebesbeziehung, der andere auf einen Kontakt, der für ihn durchaus wertvoll gewesen wäre, der jedoch durch den Unterschied der Gefühle nicht lebbar ist.

Wenn die Überleitung in eine realistische Beziehung gelingt, dann kann daraus eine *lebendige* Beziehung werden. Dann haben beide Partner sich ausgesöhnt mit dem gefühlsmäßigen Unterschied zwischen ihnen. Sie akzeptieren die Grenze, die zwischen ihnen besteht, und sie können den Kontakt genießen, der möglich und lebbar ist. Sie können miteinander herzlich verbunden sein, ohne heftige Leidenschaften, ohne miteinander verschmolzen zu sein. Auf diese Weise kann aus einer unglücklichen Liebe eine wertvolle Freundschaft entstehen.

Das Feuer der Liebe erhalten

Die Liebe zündet ein Feuer in unserem Herzen an. Dort, wo vorher Dunkelheit war, brennt nun ein Licht in uns. Dieses Licht allein ist es wert, dass wir uns verlieben. Gleichgültig, ob unsere Liebe erwidert wird oder nicht – dieses Feuer kann uns keiner mehr nehmen.

Mit der Liebe hat sich etwas Entscheidendes in uns verändert:

○ Wir sind nicht mehr unschuldig. Wir haben den Schmerz der Liebe gespürt.

○ Wir sind wissend geworden. Wir wissen um die Höhen und Tiefen, in die uns die Liebe führen kann.

○ Wir sind auch aus dem Dämmerzustand der Selbstbezogenheit herausgerissen worden. Jemand da draußen in der Welt ist uns wichtig geworden, womöglich wichtiger als unser eigenes Ich, wichtiger als unser eigenes Leben.

○ Etwas in uns hat sich geöffnet, wie eine Blüte, die vorher verschlossen war. Eine Tür ist aufgegangen, die uns in eine bis dahin nicht gekannte Schatzkammer führt.

○ Ein Feuer hat sich in uns entzündet. Ein Feuer, an dem wir uns vielleicht in der ersten Leidenschaft verbrannt haben, aber auch ein Feuer, das uns fortan wärmen wird, auch wenn der Liebespartner nicht mehr da sein wird.

Das Feuer der Liebe ist nicht an das Liebesobjekt gebunden. Die innere Kammer, die sich geöffnet hat, steht uns auch nach Beendigung der Beziehung zur Verfügung. Das tiefe Wissen um das Wesen der Liebe wird uns nicht verloren gehen. Der Duft der Blüte wird in unserer Erinnerung bleiben.

Die Würde der Liebe

Dieses Entzündet-worden-Sein, dieses Geöffnet-worden-Sein, dieses Eingeweihtsein ins tiefere Wissen »adelt« uns. Es hebt uns aus dem unwissenden, ahnungslosen Zustand, in dem wir uns vor der Begegnung mit der Liebe befunden haben. All dies gibt uns eine neue Würde. Jeder Mensch, der liebt, ist herausgehoben aus der Masse. Ein besonderes Leuchten geht von ihm aus. Es ist ein Leuchten, vor dem wir mit Ehrfurcht stehen, weil wir spüren, dass hier jemand ist, der von der Liebe erfüllt ist. Gleichgültig, ob wir in unserer Liebe erhört werden oder ob wir einseitig lieben, wir brauchen uns dieses Zustandes nicht zu schämen. Das Erröten des Verliebten, das wir leider oft als Schamröte missverstehen, macht ihn über alle Maßen schön. Wenn wir die Scham ablegen können, dann erscheint das innere Leuchten, das die Liebe in uns entzündet.

Unsere Sehnsucht leben

Gesellschaftliche Aspekte
der Sehnsucht

Nach diesem Ausflug in die Welt der Liebe möchte ich auf die gesellschaftlichen Aspekte der Sehnsucht eingehen. Dies mag uns zunächst ein wenig befremden, da wir Sehnsucht vorwiegend aus dem Gefühlsbereich kennen. Aber Sehnsucht ist nicht nur eine private Angelegenheit. Auch wenn die Wurzeln unserer Sehnsucht im persönlichen Raum liegen, entfaltet sie ihre Wirkung durchaus im sozialen Bereich – in unseren Beziehungen und Familien, von dort weiter in den gesellschaftlichen, wirtschaftlichen und politischen Bereich.
Wo liegt die Verbindung unserer Sehnsucht zur Politik? Unsere Sehnsucht hat mit unseren menschlichen Bedürfnissen zu tun. Unsere Bedürfnisse können wir aber nur zu einem geringen Teil für uns allein erfüllen. Dazu benötigen wir die Hilfe und Unterstützung anderer. Dies ist der eine Grund, weshalb unsere Sehnsucht einen sozialen und politischen Aspekt hat.
Zum anderen haben wir nicht nur *individuelle Bedürfnisse*. Viele unserer Sehnsüchte beziehen sich auf unsere *sozialen Bedürfnisse*. Unsere Sehnsucht nach Liebe, nach Freiheit und Selbstbestimmung, nach Gemeinschaft und Solidarität ist nur in Verbindung mit anderen Menschen realisierbar.

179

Politik und die Sehnsüchte der Menschen

Die Sehnsucht hat im politischen Raum eine ähnlich motivierende und vorantreibende Funktion wie im persönlichen Bereich. Wenn wir an die Freiheitskämpfe denken, die in den letzten zwei Jahrhunderten überall auf der Welt stattgefunden haben, bekommen wir eine Vorstellung von der Kraft, mit der eine Sehnsucht wie die nach Freiheit und Selbstbestimmung ganze Völker dazu bewegen kann, sich unter zum Teil unsäglichem Opfer gegen Fremdherrschaft und Unterdrückung zu erheben. Wenn die Sehnsucht nach Freiheit erwacht, kann sie Menschen ihre individuellen Bedürfnisse vergessen lassen. Sie scheuen weder Hunger noch Durst, nehmen unendliche Opfer und Mühen auf sich, um das gemeinsame Ziel zu erreichen. Sie sind sogar bereit, ihren Selbsterhaltungstrieb, wohl die stärkste Triebkraft für jeden Einzelnen, zu überwinden und für die Freiheit zu sterben.

Wenn Menschen sich identifizieren mit ihrer Gemeinschaft – sei es mit ihrer Familie, ihrem Volk, ihrer Kirche –, dann stellen sie ihre individuellen Bedürfnisse unter die Interessen der Gemeinschaft. Deren Ziel ist dann ihr Ziel. Menschen können in diesem Sinne ungeheuerlich treu und aufopferungsbereit sein. Voraussetzung dafür ist allerdings, dass die Gemeinschaft das Wohl des Einzelnen ebenso im Sinne hat wie umgekehrt. Dies ist die Grundlage jeder Demokratie. Politik in einer demokratischen Gesellschaft können wir als einen Versuch begreifen, die Sehnsüchte der Menschen in dieser Gesellschaft zu bündeln und zu realisieren. Unter dieser Perspektive wäre es Aufgabe der Politik, die Sehnsüchte der Bürger aufzunehmen, zu verstehen und sie politisch zu vertreten.

Dies geht über den Wohlfahrtsstaat hinaus, der sich vorwiegend um die materiellen Belange seiner Bürger kümmert. Eine Politik, die sich den Sehnsüchten der Menschen widmet, wird zu anderen Prioritäten und Zielsetzungen gelangen als bisher üblich: Da stünden Friedenspolitik, Familienpolitik, Gesundheitspolitik, Arbeits- und Kulturpolitik an vorderster Stelle. Da würden Wohn- und Verkehrsprojekte mehr unter dem Blickwinkel von Kommunikation und Wohlbefinden diskutiert und entschieden werden als nach ökonomischen und rationellen Gesichtspunkten. Da bekämen Kinder und Alte mehr Gewicht. Heutzutage mag es modern sein, Fortschritt vorwiegend an der wirtschaftlichen Macht eines Landes zu messen. Den sozialpsychologischen Fortschritt einer Kultur messe ich aber an der Bedeutung und Wertschätzung, die die *Minderheiten* in der jeweiligen Gesellschaft genießen: Kinder, alte Menschen, Arbeitslose, Bedürftige, Ausländer, Homosexuelle usw. Die Güte einer Demokratie erweist sich an der Art, wie die Mehrheit der Bevölkerung Minderheiten behandelt, die mit weniger gesellschaftlicher Macht und Lobbys ausgestattet sind.

Solange nur die Sehnsüchte und Bedürfnisse der Reichen und Mächtigen auf Kosten der Interessen der Ärmeren und weniger Mächtigen berücksichtigt werden, solange gibt es politisch noch viel zu tun. Unsere Sehnsüchte sind nicht nur Privatsache, sondern sind unmittelbar mit den öffentlichen Belangen verbunden.

Manipulation der Sehnsüchte in der Gesellschaft

Es ist jedoch in den letzten Jahrzehnten immer schwieriger geworden, politisch relevante Sehnsüchte und Ziele überhaupt wahrzunehmen, geschweige denn sie zu formulieren und für ihre Realisierung zu kämpfen. Politische Ideale wie Freiheit, Gleichheit, Brüderlichkeit, wie sie in der Französischen Revolution gefordert wurden, haben sich in den westlichen Demokratien scheinbar verwirklicht, oder sie haben sich im ehemaligen sozialistischen Ostblock selbst ad absurdum geführt, da genau das Gegenteil herausgekommen ist: Terror,

Unterdrückung, Unfreiheit, Ungleichheit. Es scheint, als habe sich der Kapitalismus global durchgesetzt, und mit ihm die Haltung des Egoismus, der Raffgier, des hemmungslosen Individualismus.

Ich glaube, wir leben in einer Phase, in der die menschlichen Sehnsüchte nicht so sehr durch den Mangel eingeschränkt werden als durch die *Verführung zur Sucht*. Die gegenwärtige Weltwirtschaft basiert zum einen auf der Ausbeutung der Dritten Welt und der Umwelt, zum anderen auf dem Zwang für die ausbeutende Seite (auf der wir stehen), immer mehr Güter und Dienstleistungen zu konsumieren, ohne dass wir überhaupt bewusst wahrnehmen, was wir konsumieren und wozu wir konsumieren. Sobald wir zur Sucht konditioniert worden sind, diktiert diese unser Verhalten, nicht mehr unsere eigenen Bedürfnisse und Sehnsüchte. Wir denken, fühlen und handeln nicht mehr als selbständige Wesen, sondern wie dressierte Puppen.

Ich möchte hier zwei entscheidende Faktoren für die Zerstörung unserer Wahrnehmungsfähigkeit nennen: den sich überstürzenden sozialen Wandel und die Virtualisierung unserer Wirklichkeit durch den Vormarsch der Medien.

Sozialer Wandel

In den letzten 200 Jahren – man könnte sagen, seit der Zeit der industriellen Revolution – hat sich der soziale Wandel dramatisch beschleunigt. Durch den technologischen Fortschritt hat sich die Lebensweise der Menschen, zuerst in den Industrieländern, heute zunehmend global, so rasant verändert, dass innerhalb eines einzigen Menschenlebens mit durchschnittlich 70 bis 80 Jahren mittlerweile vier, fünf und mehr Epochensprünge stattfinden. Menschen, die heute 80 Jahre alt sind, sind um den Ersten Weltkrieg zur Welt bekommen. Sie haben nacheinander die Weimarer Republik, das Dritte Reich, den Zweiten Weltkrieg, die Nachkriegszeit, das beginnende Atomzeitalter bis zur heutigen Postmoderne erlebt. Junge Menschen, die heute die Schule verlassen, müssen sich darauf einrichten, dass sie einige Male im Leben ihren Beruf wechseln werden.

Es gibt nichts mehr Verlässliches, die sozialen Normen sind ständig im Wandel. Selbst wenn der Mensch das wohl anpassungsfähigste Lebewesen auf der Erde ist, ist es zunehmend fraglich, ob wir die Veränderungen, die wir heute selbst herbeiführen, auf eine gute, gesunde, »bekömmliche« Weise verarbeiten können. Oder ob nicht die Gefahr besteht, dass wir uns mit dem Fortschritt so sehr überfordern, dass Wichtiges auf der Strecke bleibt.

Hinzu kommen die realen Opfer, die der soziale Wandel fordert. Im 20. Jahrhundert haben große Teile der Weltbevölkerung Katastrophen miterlebt, die von Menschen herbeigeführt worden sind: zwei Weltkriege, unzählige lokale Kriege und Bürgerkriege, Vertreibung, Umsiedlung, politische und rassistische Verfolgung, Umweltkatastrophen mit Hungersnöten usw. Alle diese Ereignisse hinterlassen traumatische Spuren in der Psyche von Menschen, selbst wenn sie körperlich unversehrt überleben.

Unsere seelische Gesundheit ist also zunehmend bedroht. Das menschliche Gehirn lässt sich vielleicht relativ rasch umprogrammieren (wenn auch nicht so schnell wie ein Computer), aber die Seele, das, was die Alten einst »Gemüt« genannt haben, braucht mehr Stabilität, um zu gedeihen. Wenn unsere Anpassungsfähigkeit aber überfordert wird, dann droht, um bei der technischen Sprache zu bleiben, die Sicherung durchzubrennen. Unsere Psyche muss auf Notreaktionen zurückgreifen, die sie gewöhnlich vor Überspannung schützen. Verdrängung, Projektion und Spaltung sind meines Erachtens die häufigsten Not- und Abwehrreaktionen, die wir heute antreffen.

Im Kapitel »Die Schatten der Sehnsucht – Spaltung der Wirklichkeit, Spaltung der Seele« haben wir gesehen: Wenn ein

Mensch psychisch überfordert ist, kann es zu einer Spaltung seiner Persönlichkeit kommen. Er erlebt sich nicht mehr als eine einheitliche Person, sondern als verschiedene Persönlichkeiten.

Hier wird die Ähnlichkeit zu den technischen Automaten unserer Zeit erschreckend deutlich: Wenn wir von einer Persönlichkeit zur anderen wechseln, ist es fast so, wie wenn wir am Fernseher von einem Programm zum nächsten schalten. Das Fatale ist: *Wir* sind dann der Fernseher, der, wie durch Geisterhand, hin und her geschaltet wird. Wir haben selbst keine Kontrolle mehr über das Programm, das in uns abläuft!

Dies klingt bedrohlich, aber es ist, wie alle Notreaktionen, erst einmal »praktisch«. Es ist funktional, es ist eine Anpassungsreaktion an die Erfordernisse der Umwelt. Wenn die äußere Welt sich so drastisch wie oben beschrieben verändert, dann sind wir als soziale Wesen gezwungen, uns daran anzupassen. Das »Problem« ist nur, dass wir keine seelenlosen Automaten sind. Dies ist der entscheidende »Nachteil«, den wir Menschen gegenüber Robotern haben. Wir haben eine Seele, die ihre eigenen Bedürfnisse hat und Pflege und Nahrung braucht. Wenn sie verkümmert, geht etwas entscheidend Menschliches zugrunde. Dann werden wir tatsächlich Robotern immer ähnlicher.

Dies ist eine gute Überleitung zu dem zweiten Faktor, der unsere Wahrnehmung zunehmend verschleiert: die Virtualisierung der Wirklichkeit durch die Medien.

Virtualisierung der Wirklichkeit durch die Medien

Hand in Hand mit dem technischen Fortschritt hat in den letzten Jahrzehnten eine massive Veränderung der Verarbeitung unserer Wirklichkeit stattgefunden. Wir nehmen heute unsere Welt nicht mehr über unsere fünf Sinne wahr, sondern immer häufiger über »technische Sinnesorgane«, über die Medien. Unsere sinnliche Wahrnehmung der Welt wird reduziert auf die Wahrnehmung der Medien.

Das Wort »Medium« bedeutet Mittler, Vermittler. Die Medien, seien es die Zeitung, das Buch, das Fernsehen, das Telefon, vermitteln uns nur einen begrenzten Ausschnitt der Wirklichkeit. Sie filtern unsere Wirklichkeit. Schlimmstenfalls vermitteln sie uns eine verzerrte Wirklichkeit, ohne dass wir diese auf ihren Wahrheitsgehalt überprüfen können. Wir werden immer mehr von der Wirklichkeit entfremdet.

Dazu kommt aber noch die besondere Art und Weise, *wie* die Medien uns die Wirklichkeit vermitteln: Sie überfluten uns einerseits mit emotional äußerst belastenden Informationen und Eindrücken, gleichzeitig verhindern sie aber die adäquate intellektuelle und emotionale Verarbeitung dieser Informationen. Das hat zur Folge, dass die zugehörigen Einsichten und Emotionen abgespalten werden.

Wir brauchen nur die allabendliche *Tagesschau* einmal unter diesem Blickwinkel zu betrachten: Es reiht sich fast ein Schock an den anderen, wir werden in schnellster Bildfolge unmittelbar mit Bildern menschlichen Elends, mit kriegerischen und mörderischen Szenarien, Natur- und Umweltkatastrophen konfrontiert. Und unsere Kinder sitzen oft mit vor dem Fernseher und sind diesem alltäglichen Horror ausgeliefert.

Was zur seelischen Abspaltung führt, ist aber nicht nur die Überforderung unserer emotionalen und verstandesmäßigen Aufnahmefähigkeit und -kapazität. Es ist auch der sachliche Ton, mit dem über diese unerträglichen Ereignisse berichtet wird. Die emotionsneutrale Stimme des Nachrichtensprechers oder der -sprecherin, das ruhige Umblättern der Manuskriptseiten, der elektronisch präzise Bildschnitt, die Wetterkarte am Ende der Tagesschau – all dies suggeriert uns Zuschauern, dass alles in bester Ordnung ist, dass man alles technisch im Griff hat, dass hier nur ein Programmpunkt in der allabendlichen

Sendefolge abgehakt wird. Was soll man sich aufregen? Gleich folgt die nächste Talkshow!

In der Diskrepanz zwischen Nachrichteninhalt und Nachrichtenübermittlung liegt die Bewusstseinsspaltung. Diese Art der Nachrichten»zubereitung« stellt an sich einen schizophrenen Akt dar. Und wir Zuschauer übernehmen diese Spaltung, millionenfach.

Dieses Beispiel soll genügen, um die massenhafte Reproduktion des Grauens und deren gleichzeitige Abspaltung zu demonstrieren. Es ist fast schon absurd, wie augenscheinlich unbeeindruckt wir solche Angriffe auf unsere seelische Gesundheit verkraften. Aber ich glaube, wir irren uns dabei. Denn die beschriebenen Phänomene sind keine vorübergehenden sozialen Erscheinungen. Sie sind Oberflächenphänomene einer tief greifenden sozialen Umwälzung, die unsere Psyche nachhaltig beeinflusst. Der zunehmend rasante soziale Wandel zwingt uns zu immer schnelleren, immer weniger vorhersehbaren Anpassungsreaktionen. Und er führt zu einer veränderten, möglicherweise dauerhaft veränderten Wahrnehmung der Wirklichkeit. Eine verzerrte Wahrnehmung der Wirklichkeit hat aber zur Folge, dass wir nicht mehr realitätsgerecht mit der Welt um uns umgehen können. Derart verkrüppelt sind wir noch mehr auf die »mundgerecht« zubereiteten Informationen angewiesen, die uns die Medien liefern. Es entsteht dadurch eine endlose Rückkopplungsspirale, deren Endergebnis so aussehen könnte, dass wir schließlich in einer total künstlichen, virtuellen Wirklichkeit leben, die mit dem wirklichen Leben kaum mehr etwas zu tun hat. Eine erschreckende Vision, aber eine, die im multimedialen Zeitalter des Internets längst Realität geworden ist. Aldous Huxleys *Schöne neue Welt* lässt grüßen!

Was haben diese sozialen Veränderungen nun mit unserer persönlichen Sehnsucht zu tun? Sehr viel! Normalerweise dient uns unsere Sehnsucht als Wegweiser zu uns selbst. Die Basis dafür besteht in einer unverzerrten Wahrnehmung der Wirklichkeit. Dies gilt sowohl für die Wahrnehmung unserer äußeren Wirklichkeit als auch für die Wahrnehmung unserer inneren Wirklichkeit. Eine falsche oder fehlerhafte Wahrnehmung der Wirklichkeit führt aber zu falschen Sehnsüchten, und falsche Sehnsüchte führen uns von unserem Wesenskern weg, statt uns den Weg zu uns selbst zu weisen.

Im Umgang mit unserer äußeren Wirklichkeit ist es wichtig, dass wir uns auf unsere Sinne verlassen können, dass sie uns also die richtige Information über unsere Umwelt geben. Wir spüren dann zum Beispiel, was uns gut tut und was nicht, und können unser Verhalten in unserer Umwelt entsprechend steuern. Das Gleiche gilt für die Informationen aus unserem Inneren. Wenn ich einen freien Zugang zu meinen Gedanken, Gefühlen und Empfindungen habe, dann habe ich einen zuverlässigen Wegweiser dafür, was ich brauche und nicht brauche, was ich mag und nicht mag.

Woran merken wir, ob unsere Sehnsüchte natürlich oder fremdgesteuert sind?

Im Folgenden habe ich einige Kriterien beschrieben, an denen wir überprüfen können, ob wir noch im Kontakt mit unseren natürlichen Bedürfnissen und Sehnsüchten sind, oder ob wir in unserer Wahrnehmung und in unseren Sehnsüchten bereits manipuliert sind:

Das wichtigste Kriterium ist unsere natürliche *Körperwahrnehmung.* Sind wir noch im Vollbesitz unserer fünf Sinne? Ist unser Blick klar oder verschleiert? Lauschen wir den vielfältigen Geräuschen der Natur, oder sind unsere Ohren von Motorengeräuschen und Lautsprechermusik vollgedröhnt?

Können wir Wohlgerüche von Gestank unterscheiden, oder sind unsere Nasen durch synthetische Düfte betäubt? Wenn wir Nahrung zu uns nehmen, kauen und schmecken wir unser Essen durch oder schlucken wir alles wahllos hinunter? Kann unsere Zunge künstliche Geschmacksstoffe von natürlichen Aromen unterscheiden?

Wenn wir uns bewegen, spüren wir die einzelnen Gliedmaßen, wie sie sich koordiniert und graziös bewegen, oder fühlt sich unser Körper wie eine einzige schlaffe Masse an? Spüren wir beim Gehen die Erde unter unseren federnden Schritten, oder trampeln wir über den Betonboden hinweg?

Wenn wir atmen, spüren wir den innigen körperlichen Austausch mit der Luft und der Atmosphäre, die uns umgibt, oder halten wir unseren Atem an, weil wir ängstlich angespannt sind, weil wir unser Gegenüber »nicht riechen können« oder weil wir die Abgase aus den Autos und den benachbarten Industrieanlagen in die Nase bekommen?

Das zweite wichtige Kriterium ist der *Kontakt mit der Natur,* der unmittelbar mit unserem Körperempfinden verbunden ist. Unser Körper ist geschaffen in Anpassung an unsere natürliche Umwelt. Er ist nicht dafür geschaffen, stundenlang hinter dem Steuerrad oder dem Bildschirm zu sitzen oder am Montageband zu stehen. Dafür sind Maschinen und Roboter besser konstruiert. Daher verwundert es nicht, dass der Mensch mehr und mehr aus dem technischen Produktionsablauf wegrationalisiert wird. Für solche Arbeiten sind wir nicht optimal geschaffen.

Wie viel Zeit verbringen wir aber im Alltag in natürlicher Umgebung (außer in unserer Freizeit und im Urlaub)? Kommen wir überhaupt an die frische Luft oder verbringen wir die meiste Zeit des Tages in geschlossenen oder gar klimatisierten Räumen? Wo sehen wir Bäume und natürlich wachsende Pflanzen?

Es geht mir nicht um die Devise »Zurück zur Natur!«, sondern um die Frage, inwieweit unser tägliches Leben noch im Kontakt steht mit unseren natürlichen Ressourcen, oder ob wir uns, ohne es zu merken, von unserem Körper und unserer natürlichen Umwelt entfremdet haben. Da uns seit Beginn unserer Schulzeit unser natürlicher Bewegungsdrang und unser natürlicher Lebensrhythmus systematisch abtrainiert wurden, kommt es uns nicht mehr unnatürlich vor, stundenlang zu sitzen und keine andere Körperfunktion außer unseren Kopf zu gebrauchen.

Ein weiteres Merkmal für unsere seelische Gesundheit ist ein ausgewogenes *Gleichgewicht zwischen materiellen und ideellen Bedürfnissen.* Wir leben nicht von Brot allein, wir leben aber auch nicht nur von Luft und Liebe. In einer Zeit, in der wir von materiellen Gütern und überflüssigen Dienstleistungen überschwemmt werden, ist es wichtig, immer wieder hinzuspüren, ob wir tatsächlich etwas brauchen oder ob es gerade en vogue ist, ein neues technisches Spielzeug zu besitzen oder einem aktuellen Freizeitsport nachzugehen.

Natürlich sollen materielle Bedürfnisse befriedigt werden, aber sie haben eine Sättigungsgrenze. Wenn ein wichtiges Bedürfnis von uns befriedigt ist, sind wir satt. Wir sind zufrieden. Wir brauchen nichts mehr in diese Richtung. Was wir heute erleben, ist das Phänomen, dass immer mehr materielle und Dienstleistungs-Bedürfnisse künstlich erzeugt und aufrechterhalten werden, damit die Produktion weiterläuft. Immer mehr Lebensbereiche werden heute zu »Produkten« umbenannt und zum Verkauf dargeboten.

Wir haben aber, neben unseren materiellen Bedürfnissen, auch ideelle Bedürfnisse: Wir brauchen Liebe und Anerkennung. Wir benötigen eine sinnvolle Arbeit. Wir spielen, konkurrieren und kooperieren gerne mit anderen Menschen. Wir möchten in unserem Leben Sinn und Glauben erfahren. Alle diese ideellen Werte können nicht durch materiellen Besitz ersetzt werden.

Ein weiteres Kriterium ist die Einhaltung von *Grenzen.* Ich habe eben erwähnt, dass es Sättigungsgrenzen in unseren materiellen Bedürfnissen gibt. Es gibt ebenso Grenzen in menschlichen Beziehungen, die durch unsere Scham reguliert werden. Es gibt Grenzen in unserer Aufnahmekapazität, Grenzen in unserem physischen und psychischen Leistungsvermögen. Ein Zuviel kann genauso schädlich sein wie ein Zuwenig. Die Beachtung von Grenzen ist ein wichtiges Regulativ für unsere sozialen Aktivitäten. Wo ein Zuviel an sinnlicher Stimulierung angeboten wird, verbunden mit einem Zuwenig an lebendiger Anregung, da sollten wir überprüfen, ob nicht Sucht, das heißt künstlich erzeugte Bedürfnisse im Spiel sind.

Wie Sie sehen, ist das Thema »Sehnsucht und Gesellschaft« äußerst vielfältig und interessant. Ich möchte es hier bei diesen Ausführungen belassen und hoffe, dass es mir gelungen ist, deutlich zu machen, dass Sehnsucht nicht bloß eine private Angelegenheit ist. Wenn Sie mehr darüber lesen möchten, gestatten Sie noch einen kleinen Hinweis: In meinem Buch *Krisenzeit. Nach Tschernobyl: Meditationen eines Psychothera-peuten* habe ich, noch unter dem Eindruck der Reaktorkatastro-phe, die enge Verknüpfung zwischen Psyche und Gesellschaft darzustellen versucht.

Unsere Lebenssehnsucht erhalten im grauen Alltag

Eine Hausfrau, die zwei Kinder hat, erzählt, dass sie eben eine schwierige Zeit mit ihrem Mann durchmache. Eigentlich liebten sie sich. Aber es sei eine Sache, jemanden zu lieben, und eine andere, mit ihm den Alltag zu teilen. Im Alltag könnten einfach viele Aspekte des Lebens nicht gelebt werden. Ein einziger Mensch könne auch nicht alle ihre Bedürfnisse und Wünsche erfüllen. Sie fühle viel Unzufriedenheit und Frust, sowohl bei sich als auch bei ihrem Mann. Beide merkten zwar, dass es mehr mit den alltäglichen Belastungen zu tun hat und nicht mit dem Partner an sich. Aber sie kämen zur Zeit nicht aus dem grauen Alltag heraus. Sie habe Angst, darin zu versacken.

In dem Maße, wie sie mit ihrem Alltag unzufrieden wird, spüre sie bei sich die Tendenz, eine Art Doppelleben zu führen. Das andere Leben führe sie in ihrer Phantasie, in der sie die ungelebten Seiten ihres Lebens auslebt. Da sehne sie sich etwa danach, sich in einen anderen Mann zu verlieben, mit ihm durch eine fremde Stadt zu flanieren, ins Café zu gehen, Konzerte und Museen zu besuchen und so viel im Bett zu bleiben, wie sie Lust hat.

Sie habe gleichzeitig Angst, sich diese Sehnsüchte in allzu leuchtenden Farben auszumalen. Denn dann könne sie ernsthaft in Versuchung geraten, loszugehen und sich in irgendeinen anderen Mann zu verlieben. Wenn sie genau hinschaut, merke sie schon, dass es gar nicht ein anderer Mann ist, nach dem sie sich sehnt. Es sei vielmehr die Sehnsucht nach Leichtigkeit, Unbeschwertheit, Lebendigkeit. Sie möchte einfach mal wieder die romantische Liebe fühlen und das Leben nur genießen, ohne sich um Haushalt, Kinder und Alltag kümmern zu müssen.

Wer kennt nicht, was diese Frau beschreibt? Besteht unser Leben doch weniger aus Festen denn aus Routine und Pflicht. Natürlich sind routinemäßige Verrichtungen und Pflichterfüllung wichtig, besonders wenn wir im Familienleben eingebunden sind, in dem Kinder großzuziehen sind, der Unterhalt verdient werden will und soziale Aktivitäten koordiniert werden müssen. Derartig festgelegt, wissen wir oft schon heute im Voraus, was wir morgen, übermorgen, die nächste Woche, die nächsten Monate, die nächsten Jahre tun werden. In der modernen Leistungsgesellschaft kennen wir zwar den Wert und die Notwendigkeit von Freizeit und Erholung. Aber auch diese ist meistens genau vorgeplant: Dann und dann ist Feierabend, Wochenende, Urlaub. Wo gibt es da noch Raum fürs Unerwartete, Ungeplante, Überraschende?

Neben unserem Bedürfnis nach Sicherheit kennen wir auch den Drang nach Freiheit, die Sehnsucht nach Aufregung und Spannung. Sonst stumpfen unsere Sinne ab, schrumpfen unsere Muskeln, schläft unser Hirn ein. Wir erlahmen, wir fühlen uns mehr tot als lebendig.

Das Bedürfnis nach Lebendigkeit, nach Spontaneität und Kreativität gehört zu den natürlichen menschlichen Bedürfnissen. Jedoch überlassen sie in der Regel den Forderungen nach Selbsterhaltung den Vortritt. Wenn wir hungern und frieren, wenn wir kein Dach über dem Kopf haben, dann setzen wir natürlich alle Kräfte ein, um diese biologischen und materiellen Bedürfnisse zu befriedigen. Sonst wäre unsere nackte Existenz bedroht.

Aber wenn diese Bedürfnisse befriedigt worden sind, wenn wir satt sind, wenn wir ein gemütliches Heim haben, dann merken wir, dass dies noch nicht alles ist. Dann tauchen unsere anderen Bedürfnisse auf und fordern unsere Aufmerksamkeit. Dann merken wir, dass es neben der Selbsterhaltung auch noch so etwas gibt wie Selbstverwirklichung.

Selbsterhaltung und Selbstverwirklichung

Der amerikanische Psychologe Abraham Maslow hat in den 50er-Jahren als Erster erkannt, dass es neben den selbst erhaltenden Kräften noch andere, fürs materielle Überleben nicht notwendig erscheinende Motivationskräfte im Menschen gibt, die unser Verhalten beeinflussen: das Bedürfnis nach Gemeinschaft, nach Schönheit, Kreativität, Spiel, auch nach Spiritualität und innerer Erfüllung. Zwar bleiben diese »höheren« Bedürfnisse normalerweise im Hintergrund und erwachen erst, wenn die »niederen« Bedürfnisse befriedigt worden sind. Aber je bewusster wir unserer selbst werden, desto stärker werden diese Bedürfnisse. Mit zunehmender innerer Reife können sie uns sogar dermaßen wichtig werden, dass sie in ihrer Bedeutung die biologischen und materiellen Bedürfnisse übertreffen.[20]

Dieses Phänomen lässt sich nicht nur bei bewusster lebenden Menschen beobachten (zum Beispiel bei älteren oder gebildeten Menschen), sondern auch bei Kindern, ja selbst bei Tieren. Den Spieltrieb, die Lust an der absichtslosen, nutzlosen Tätigkeit, die allein dem Spaß und der Freude dient, können wir vor allem bei ihnen beobachten. Wenn Kinder und Tiere nicht mehr spielen wollen oder können, dann stimmt etwas nicht. Sie wirken dann marionettenhaft, dressiert. Sie sind nicht mehr sie selbst. Sie haben die Verbindung zu ihrer inneren Lebensquelle, zu ihrem Wesenskern verloren.

Denn die »höheren« Bedürfnisse haben etwas mit unserem Wesenskern zu tun, die »niederen« mehr mit dem nackten Überleben. Als Selbsterhaltungstriebe garantieren sie unser Überleben. Die Selbstverwirklichungs-Bedürfnisse stillen dagegen nicht unseren körperlichen Hunger, sie stillen unseren inneren Durst – nach Glück, Erkenntnis, Freiheit, Wahrheit, Lebenserfüllung, Leichtigkeit.

So sprechen wir erst bei diesen höheren Bedürfnissen von Sehnsucht, nicht bei den niederen. Hier *brauchen* wir etwas, dort *sehnen* wir uns nach etwas. Diese beiden inneren Kräfte fühlen sich sehr unterschiedlich an: Brauchen hat etwas Forderndes, Drängendes, Unabwendbares. Sehnen ist feiner, leiser. Es fordert nicht, es drängt nicht. Es gibt eher nach, wenn sich ihm Hindernisse in den Weg stellen. Wenn wir ein biologisches Triebbedürfnis wie Hunger in uns spüren, dann gehen wir geradewegs ihm nach, bis wir etwas zu essen bekommen. Wer oder was sich uns dabei in den Weg stellt, wird beiseite gestellt, ja beseitigt, so lebensnotwendig ist dieses Bedürfnis. Wenn sich dagegen etwas unserer Sehnsucht in den Weg stellt, dann gibt diese nicht selten nach. Sehnsucht lässt sich leicht durch

Argumente abspeisen, sie lässt sich von Verboten einschüchtern. Sie kommt sich oft unwichtiger vor als die harten Fakten des Lebens, die uns diktieren, was getan werden muss und was »bloß« überflüssiges Beiwerk ist.

Und weil unsere Sehnsucht nach Schönheit, Leichtigkeit, Kreativität und Spiel so wenig lebensnotwendig erscheint, lässt sich ihre Stimme von den Forderungen des materiellen Lebens leicht überbrüllen. Darum glauben wir oft, dass wir uns es nicht leisten können, unsere Zeit und Energie mit Spiel, mit Muße, mit zwecklosem Tun zu verschwenden. Das sei naiv, kindisch, unreif! Romantische Hirngespinste von Taugenichtsen!

Das ist der Grund, weshalb die meisten von uns, die wir eigentlich freie Menschen sind, sich freiwillig entscheiden, den größten Teil ihres Lebens mit Pflicht, Leistung und Arbeit zu verbringen, anstatt die Zeit mit Spiel und Spaß zu vertreiben! Wir haben uns überzeugen lassen, dass es wichtiger sei, ja vielleicht sogar moralisch besser, uns zu erhalten, als uns zu verwirklichen. Selbsterhaltung geht vor Selbstverwirklichung.

Hier finden wir möglicherweise auch eine Art stellvertretende Sehnsucht beziehungsweise Auftrag: Unsere Elterngeneration hat vieles entbehren müssen. Sie hat im Krieg und in der Nachkriegszeit existenzielle Not am eigenen Leib kennen und fürchten gelernt. Deshalb haben unsere Eltern in der Zeit danach so viel gearbeitet. Durch Vorbild und Ermahnungen haben sie versucht, uns zu ebenso fleißigen wie pflichtbewussten Bürgern zu erziehen. Aber die Zeiten haben sich verändert. Wir erleben heute das Paradoxon, dass in der westlichen Welt auf Kosten der Umwelt und der Dritten Welt ungeheurer Reichtum angehäuft worden ist, mehr als wir je zum Leben brauchen. Und trotzdem rackern wir unbeirrt weiter, stellvertretend für und in getreuer Nachfolge unserer Eltern.

Geregeltes Einkommen, brave Kinder, ein zuverlässiger Ehepartner – das beruhigt fraglos, macht aber nicht glücklich. Denn dies sind im Grunde genommen Äußerlichkeiten. Glück ist aber ein innerer Zustand. Es entspringt dem Wesenskern. Glück spüren wir, wenn unser Wesenskern zu schwingen beginnt. Dies geschieht, wenn wir etwas *außerhalb* von uns finden, das uns tief *innen* berührt. Dann geraten wir in Resonanz. Dies ist die Basis für Sehnsucht: Wir suchen *außen* nach etwas, was uns *innen* Erfüllung bringt.

Es ist so, als gingen wir im Leben herum, ständig auf der Suche nach einer verlorenen Melodie, einer Melodie, die wir früher einmal gehört haben. Wir suchen nach ihr, weil sie einst etwas Wesentliches in uns zum Leben erweckt hat. Wir sind nicht glücklich, bis wir sie wieder gefunden haben.

Diese Sehnsucht nach Selbstverwirklichung – oder besser: nach Selbstfindung – steckt in *jedem* Menschen. Selbst wenn wir völlig zugemauert sind von den Dingen des Alltags, irgendetwas in uns bleibt »empfangsbereit« für die verlorene Melodie. Und wenn diese Melodie uns unvermittelt trifft, erkennen wir sie sofort wieder. Ohne dass wir es vorher gewusst haben, beginnt es in uns zu singen. Und wenn wir es zulassen, kann die innere Stimme gewaltig anschwellen und den monotonen Rhythmus der täglichen Tretmühle mühelos übertönen.

Wir werden auf einmal lebendig. Es ist, als würde uns neues Leben eingehaucht, neue Inspiration erfüllt uns (im Wort »Inspiration« ist das Einhauchen des Lebensatems wörtlich enthalten). Die Fesseln des Alltags fallen ab, wir fühlen uns frei. Es ist diese neue Lebenskraft, die eine Frau befähigt, nach Jahren tristen Hausfrauendaseins die Ehe aufzukündigen und neu aufzubrechen, um endlich *ihren* eigenen Lebensweg zu finden. Es ist diese Kraft, die einem Mann mittleren Alters den Schwung gibt, seinen eintönigen Job hinzuwerfen und ganz von vorne anzufangen. Dies ist die Kraft der Selbstverwirklichung.

Nicht zufällig werden Menschen mittleren Alters von ihr gepackt. Dies ist die Lebensphase, in der wir, nachdem wir alles im Leben erreicht haben, was »man« erreicht haben soll, uns ernsthaft fragen: »War das alles? Ist es das, was *ich* mir vom Leben erhofft habe? Wer bin ich eigentlich? Was will ich? Wo will ich hin?«

Denn im mittleren Alter, sozusagen auf dem Gipfel des Lebens, sehen wir auf einmal, dass es nun bergab geht in Richtung Tod und Ende des Lebens. Angesichts der Endlichkeit unseres Daseins stellen wir uns automatisch die existenzielle Frage: »Wer bin ich? Was ist aus mir geworden? Wo will ich hin?« In dieser Frage bündelt sich unsere Vergangenheit, unsere Gegenwart und unsere Zukunft. Wir fragen nach unserer *Lebensbestimmung.*

Manchmal treffen uns diese Fragen völlig unvorbereitet, sozusagen »auf dem falschen Fuß«. Wir stolpern dann darüber und fallen hin. Manchmal tun wir uns dabei weh oder verletzen uns. Es gibt einen jähen Halt auf unserem sonst geradlinigen Lebensweg. Wir müssen Pause machen, wir müssen unsere Glieder, unsere Sinne zusammensuchen. Wir müssen unser Gepäck für die Lebensreise neu sortieren. Wir fragen uns, ob der Weg, auf dem wir uns seit unserer Kindheit befinden, auch wirklich der richtige ist. Wo soll es hingehen? Was ist unser Ziel? Wir fühlen uns desorientiert, oft sehr hilflos.

Dies kann ein Augenblick im Leben sein, der uns sehr verzweifeln lässt. Wenn wir nämlich erkennen, dass wir unser Leben lang den falschen Weg gegangen sind, dass wir weit abgekommen sind von dem Ziel, das uns vielleicht einmal in der Jugend vorgeschwebt hat. Und dass es keinen Weg zurück gibt. Es gibt Tatsachen, die wir geschaffen haben und die nicht mehr rückgängig gemacht werden können. Und selbst wenn wir es könnten, wir sind nicht mehr die Jungen, die wir einmal waren. Wir haben unsere Unschuld verloren.

Dies ist eine bittere Erkenntnis. Aber die Verzweiflung, die sie hervorruft, ist vielleicht notwendig. Sie ist notwendig, um uns aus unserer Lethargie, aus unserem alltäglichen Trott herauszureißen. Es ist, als würde uns das Leben unbarmherzig am Kragen packen und uns durchschütteln, damit wir endlich die Augen öffnen und erkennen, was uns fehlt.

Natürlich wehren wir uns zunächst gegen diesen Eindringling, diesen ungebetenen Gast. Unsere Trägheit, unsere Bequemlichkeit, aber auch unsere Selbstgewissheit wehren sich ihrer Haut. Wir möchten nichts verändern, es ging uns doch gut, wir hatten doch alles, was ..., was das Herz begehrte ...? Hatten wir das, was unser Herz begehrte ...? Was begehrt unser Herz wirklich ...?

Lebenssehnsucht

An dieser Stelle taucht unsere Lebenssehnsucht langsam auf. Oben haben wir gesehen: Sehnsucht ist leise, scheu. Sie lässt sich leicht verscheuchen von den brüsken Forderungen des Alltags, sie lässt sich leicht einschüchtern von den harten Fakten der Realität. Aber nun, da der Alltag abrupt angehalten worden ist (wie ein Zug, bei dem auf voller Fahrt die Notbremse gezogen wurde), schleicht auf einmal unsere Sehnsucht auf leisen Sohlen wieder heran und beginnt zu uns zu sprechen. Oder wir hören auf einmal wieder die altvertraute, vergessene Melodie von einst. Wissen Sie noch, der Titelsong von *Casablanca*: »You must remember this, a kiss is just a kiss, a sigh is just a sigh ...«?

Ein Kuss ist bloß ein Kuss, ein Seufzer bloß ein Seufzer. Wenn wir laut sind, erstirbt er und versinkt wieder in Vergessenheit. Aber wenn wir uns die Zeit gönnen und diese Melodie in uns ausklingen lassen und ihr nachhorchen, dann finden wir womöglich den Weg zu unserer inneren Kammer zurück, zum vergessenen, verschollenen Schatz, der in unserer Seele verborgen liegt und darauf wartet, dass wir ihn wieder heben.

Es ist die Stimme der Selbstfindung und Selbstverwirklichung, die uns ruft. Sie ist nicht unser Feind. Sie will uns nicht in die

Irre leiten oder verführen. Sie will uns zu uns selbst zurückführen. Wir sollen leben! Wir sollen nicht bloß überleben! Wir sollen endlich zu uns selbst erwachen. Zu lange haben wir uns einschläfern lassen. Zu lange haben wir uns vorwärts drängen lassen von den Forderungen der Selbsterhaltungskräfte, lange nachdem unser Leben genügend gesichert war. Zu lange haben wir uns selbst betäubt, mit Fernsehen, Liebesromanen, mit Pornos, Autos und materiellen Gütern, die wir nicht brauchen. Zu lange sind wir den seichten Sehn-Süchten nach den käuflichen Annehmlichkeiten des Lebens nachgejagt und haben sie verwechselt mit unserer eigentlichen Lebenssehnsucht.

Diese Lebenssehnsucht ist einfach, klar, ja bisweilen nüchtern. Sie macht uns wach. Wir spüren unser eigentliches Selbst wieder und sehen die Aufgabe, die das Leben uns stellt. Der Ruf des Lebens ist im Grunde unromantisch, er ist manchmal hart.

Es ist nicht einfach, diesen nüchternen Weg zu gehen. Eine große Hilfe ist dabei die Meditation. Der buddhistische Meditationsweg ist zum Beispiel eine Schulung im bewussten Erleben des Alltags. Wenn wir gehen, spüren wir, wie wir gehen. Wenn wir sitzen, spüren wir, wie wir sitzen. Wenn wir liegen, spüren wir, wie wir liegen. Wenn wir atmen, spüren wir unseren Atem.

Thich Nhat Hanh, ein vietnamesischer buddhistischer Mönch, der in Frankreich lebt, beschreibt zu Beginn seines Büchleins über Meditation[21] das Wiedersehen mit seinem amerikanischen Freund Allen, der ihn mit seinem siebenjährigen Sohn besucht. Der Junge ist recht lebhaft und fordert ständig die Aufmerksamkeit seines Vaters. Er unterbricht die beiden Erwachsenen immer wieder in ihrer Unterhaltung.

Als der Junge später hinausgeht, um mit einem Nachbarsjungen zu spielen, fragt Thich Allen interessiert über das Leben in der Familie (da er selber als Mönch dies nicht kennt). Dieser berichtet, dass er die letzten Wochen, nach der Geburt des zweiten Kindes, die Nächte nicht mehr durchgeschlafen habe. Dann erzählt er, wie er früher seine Zeit aufgeteilt habe: Einen Teil seiner Zeit verbrachte er mit dem Kind, einen anderen Teil mit seiner Frau, dann half er ihr mit dem Haushalt, und der Rest verblieb ihm selbst.

Aber heute versuche er seine Zeit nicht mehr zu zerstückeln. Er betrachte die Zeit, die er mit seinen Kindern und seiner Frau verbringt, als seine *eigene* Zeit. Wenn er seinem Sohn bei den Hausaufgaben helfe, nehme er die Gegenwart seines Sohnes wahr und finde Wege, sich für das zu interessieren, was sie gerade zusammen tun. Dadurch werde die Zeit für den Sohn zu seiner eigenen Zeit. Das Bemerkenswerte sei, dass er nun über unbegrenzte Zeit für sich verfüge!

Allen hat einen Weg gefunden, sein Leben zu *leben*, statt seine Zeit hinter sich zu bringen.

(Sehn-)Süchte als Kontrastprogramm zum realen Leben

Die Süchte, die uns von solch einem bewussten Leben ablenken, sind dagegen »soft«, neblig, unklar. Sie schläfern uns ein, machen uns willenlos. Sie erwecken und verstärken unsere Begierde, die Gier nach immer mehr, ohne uns je zu sättigen. Sie heften sich an beliebige, meist käufliche Objekte der Begierde, die uns im Grunde nichts bedeuten, außer dass sie in uns den gierigen Wunsch erzeugen, sie unbedingt besitzen zu müssen (um sie danach gedankenlos zu gebrauchen, zu verbrauchen und dann wegzuwerfen). Wir verlieren zunehmend den Kontakt zu uns selbst und unserer realen Umwelt.

Dann wird Sehnsucht so etwas wie ein Kontrastprogramm zum realen Leben. Wir selbst erschaffen dieses illusionäre Kontrastprogramm. Je armseliger und freudloser das eigene Leben ist, desto wunderbarere Traumbilder entwickeln sich in unserer Seele.

Ein armseliges Leben kann durch Sehnsucht beflügelt werden – aber nur so lange, wie unsere Sehnsucht auf ein klares Ziel ausgerichtet ist und uns die Kraft und den Mut gibt, dieses Ziel zu realisieren. Unser Leben gewinnt dann an Sinn und Ausrichtung.

Wenn die Sehnsucht aber ausschließlich einen kompensatorischen Zweck erfüllt, das heißt, wenn sie uns nur noch dazu dient, ein freud- und sinnloses Leben auszuhalten, ohne irgendeine realistische Aussicht auf Besserung, dann reicht ihre Kraft meist nicht aus, um uns aus der hoffnungslosen Lage zu retten. Schlimmer noch: Wie Groschenromane gaukelt sie uns eine heile Scheinwelt vor. Sie hält uns im Status quo fest und stiehlt uns womöglich die Kraft, unser Leben aktiv in die Hand zu nehmen und zu verändern. Dann wird Sehnsucht zur Sucht. Sie ist dann wie ein Luftloch, das wir uns schaffen, um in einem fensterlosen Gefängnis nicht ganz zu ersticken. Aber das Luftloch ist nicht die Freiheit.

Wie aber können wir *Lebenssehnsucht* von der *(Sehn-)Sucht* unterscheiden? Ich habe hier einige wesentliche Unterscheidungsmerkmale zusammengestellt:

(Sehn-)Sucht	Lebenssehnsucht
Gemeinsamer Ausgangspunkt: Vision	Gemeinsamer Ausgangspunkt: Vision
Bleibt am Vordergründigen hängen, ist fixiert, festgefahren	Sucht nach dem Grund, dem Hintergrund, geht weiter, forscht nach
Hebt ab, verliert den Boden unter den Füßen	Bleibt in der Realität
Entflieht der Diskrepanz zwischen Vision und Realität, indem die Realität zugunsten der Vision ausgeblendet wird	Setzt sich auseinander mit der Diskrepanz zwischen Vision und Realität, ohne das eine zugunsten des anderen auszublenden
Zerbricht an der Realität beziehungsweise an der Diskrepanz zwischen Vision und Realität	Gewinnt an Kraft durch die Auseinandersetzung mit der Diskrepanz zwischen Vision und Realität
Ist daher todesorientiert (Todessehnsucht der Romantiker)	Ist daher lebensorientiert, will die Vision ins reale Leben holen
Ist blind: Blinde Leidenschaften	Ist sehend: Sehende Leidenschaften
Die blinden Leidenschaften führen zu einem endlosen Kreislauf zwischen Sucht und Kontrollversuchen, ohne je zum Wesenskern vorzustoßen[22]	Die sehenden Leidenschaften führen uns zum eigenen Wesenskern

(Sehn-)Sucht	Lebenssehnsucht
Sie lassen uns ein narzisstisches »Image« aufbauen, ein »falsches« Selbst	Sie führen uns zu unserem eigentlichen (»wahren«) Selbst
Polarisiert in »gut« und »böse«, man wird intolerant, dogmatisch, inhuman	Differenziert, integriert (man versucht die Gegensätze zueinander in Beziehung zu setzen), man wird tolerant, menschlich
Isoliert sich zunehmend, zieht sich zurück, wird unkommunikativ und einsam, hat Angst vor Nähe	Wird offener und kommunikativer, geht persönliche und intime Beziehungen ein, ohne sich zu verlieren
Geht in dogmatische Gemeinschaft, zum Beispiel Sekte, die sich abschottet gegen den Rest der Welt, mit verschwommenen Zielen und Grenzen	Schafft offene Gemeinschaft mit Gleichgesinnten, ist undogmatisch, aber mit klaren Zielen und Grenzen
Missbrauchsgefährdet (als Täter oder Opfer); verletzt die Grenzen und die Integrität von anderen und sich selbst (oder lässt sich verletzen)	Erkennt und respektiert die Grenzen und die Integrität von anderen und sich selbst
Ist nicht mehr zugänglich für Kritik und Veränderung; ist in den Selbstgrenzen erstarrt	Ist zugänglich für Kritik und Veränderung; ist lebendig; die Lebensgestalt bleibt fließend und anpassungsfähig

Kehren wir nun zu dem Beispiel am Anfang dieses Kapitels zurück. Die Frau ist unzufrieden geworden mit dem grauen Alltag, den sie mit ihrem Mann teilt. Sie spürt, dass ihr und ihrer Beziehung etwas Wesentliches fehlt, obwohl sie sich lieben. Was ihr fehlt, spürt sie als Sehnsucht. Sie malt sich in ihrer Phantasie aus, wie schön es wäre, sich in einen anderen Mann zu verlieben und wieder in die romantische Liebe einzutauchen.

Aber sie merkt auch, dass dies eine Flucht wäre aus den realen Problemen in ihrer Beziehung. Sie möchte nicht fliehen, sondern die Leichtigkeit, die Lebendigkeit *in ihr Zusammenleben hineinbringen*, statt diese *aus ihrer Beziehung herauszuziehen*. Sie spürt dabei immer wieder Frust, aber sie weiß, dass dieser dazugehört. Sie versucht, ihre innere Vision mit ihrer äußeren Realität zusammenzubringen, und kämpft mit der Diskrepanz zwischen beiden. Sie blendet dabei weder die Realität noch ihre Vision aus. Sie möchte diese ihrem Mann mitteilen und mit ihm teilen, und sie hofft, dass dies ihre Gemeinschaft stärken wird, statt sie zu schwächen.

Wenn sie irgendwann miteinander über ihren alltäglichen Frust und ihre Sehnsüchte sprechen, wird vielleicht einiges zutage treten, was beide nicht gerne sehen. Aber sie werden auch beginnen, nach konkreten Lösungen zu suchen, wie sie ihre Sehnsüchte und Visionen im realen Leben verwirklichen können. Vielleicht schaffen sie es, einmal in der Woche die Kinder einem verlässlichen Babysitter zu überlassen und zu zweit auszugehen, oder, wenn die Kinder größer sind, einen gemeinsamen Urlaub ohne die Kinder zu planen, oder auch einen Urlaub allein zu wagen, um ihren individuellen Sehnsüchten nachzugehen. Sie können miteinander Wege finden, wie ihre Sehnsüchte in ihren Alltag »eingebaut« werden können, indem sie sich selbst und gegenseitig die Zeit zubilligen, um eine neue Ausbildung zu machen, für sich oder mit anderen zu musizieren oder sich einen anderen Herzenswunsch zu erfüllen. Oder sich ab und zu mit Freundinnen und Freunden zu treffen, zum Plaudern, zum Tanzen, zum Singen, zum Spielen, oder einfach ein Fest zu feiern – Anlässe gibt es auch im Alltag genug!

Und dann gibt es noch die kleinen wunderbaren Augenblicke im Alltag – die kleine Hand unseres Kindes in der eigenen Hand spüren, die zarte, wie zufällige Berührung des Partners im Vorbeigehen, ein unerwartet harmonischer Tag mit der gerade Pubertierenden, Zeuge des großen Abenteuers des Lesens und Schreibens bei der Schulanfängerin sein, eine besonders geglückte Therapiestunde, ein unerwarteter Anruf von einem alten Schulfreund, die Morgenröte durchs frostumspielte Küchenfenster, der Sternenhimmel, der sich über einem wölbt, wenn man abends müde von der Arbeit nach Hause kommt ...
Wir können unsere Lebenssehnsucht im grauen Alltag erhalten.

Lebensquelle Leidenschaft

Wir sind am Ende unserer Reise durch die Sehnsucht angelangt. Gleichzeitig kann es ein Neubeginn sein. Es beginnt die Reise, zu der jeder von uns jeden Tag neu aufbricht.
Als Proviant zu dieser Reise fassen wir noch einmal das im Buch Gesagte zusammen:

Gibt es eine Heilung von der Sehnsucht?

Sehnsucht braucht gar nicht geheilt zu werden. Sehnsucht ist keine Krankheit. Im Gegenteil: Sehnsucht ist lebenswichtig. Unsere Sehnsucht ist eine der wertvollsten Kräfte in unserer Seele.

Sie zeigt uns den Weg zu uns selbst, zu unserem Wesenskern. Sie macht uns darauf aufmerksam, wenn uns im realen Leben etwas Entscheidendes fehlt. Wir brauchen unsere Sehnsucht, um zu wissen, wer wir in der Tiefe unserer Seele sind und was unser Lebensziel ist. In unserer Sehnsucht steckt das Potenzial für die Veränderung unseres Lebens.

Aber Sehnsucht ist »nur« Potenzial, ist nur Vorstufe, Bereitschaft. Was der Sehnsucht fehlt, ist die Tat, und folglich fehlt ihr auch die Erfüllung.

Der ewig sehnsüchtige Mensch bleibt vor der Tat stehen. Er zögert vor dem entscheidenden Schritt. Er hat Angst, die entscheidenden Worte auszusprechen. Er scheut sich davor, seine Sehnsucht preiszugeben. Er hat Angst, sich der Lächerlichkeit preiszugeben. Er schämt sich. So hält er sich zurück. Er hält seine Liebe zurück. Er hält seine Leidenschaft zurück. So lebhaft, bunt, sprühend, omnipotent er in seinen Phantasien auch sein mag, so blass und blutleer ist er in seiner Realität.

Wovor hat der Sehnsüchtige Angst? Er fürchtet die Vollendung – denn Vollendung bringt womöglich Enttäuschung, Ernüchterung und Desillusionierung. Er hat Angst, am Ende mit leeren Händen dazustehen, daher erhält er sich lieber seine Träume und pflegt sie. Lieber sich in seinen Träumen verlieren, als sich in der Realität im Regen und in der Kälte wieder finden. Der Sehnsüchtige fürchtet die Entzauberung der Welt. Deshalb bleibt er lieber auf Distanz, in weiter Ferne von der Angebeteten. Aus der Ferne kann er sich ihre Schönheit ausmalen. Käme er näher, hat er Angst, die Krähenfüße um ihre Augen zu sehen, das Vulgäre in ihrer Stimme zu hören, die Kühle ihrer Hände und die Kühle ihres Blickes zu spüren.

Der Sehnsüchtige fürchtet den Verlust, der dem Gewinn folgt. Er hat beschlossen, nicht mehr zu lieben, weil er die Erfahrung gemacht hat, dass Liebe Schmerz nach sich zieht, dass Menschen von ihm weggehen oder sterben, nachdem er sie ins Herz geschlossen hat. Solange er sich nicht hingibt, bleibt er frei.

Wenn er den anderen aber in sein Herz hineinließe, könnte der andere sein Herz zerreißen. Wenn er sich ganz fallen ließe, hat er Angst, der andere könnte ihn fallen lassen.

Der Sehnsüchtige hat Angst, dass ihn die Sehnsucht in die Irre führt. Dass er dann in der Fremde verdursten und verenden könnte und keine bekannte Seele ihn begraben würde. Lieber bleibt er in der vertrauten Heimat und begräbt seine Sehnsucht. Der Sehnsüchtige hat Angst vor der Gewöhnlichkeit seines Daseins. Er hat Angst davor, sich als ein gewöhnlicher, nichts sagender X-Beliebiger zu entpuppen, wenn er seinen Lebenstraum gegen das wirkliche Leben eintauschte.

Nein, Sehnsucht braucht nicht geheilt zu werden. Was sie braucht, ist ihre Vollendung.

Sehnsucht – nie alt werden müssen

Wenn Sehnsucht eine Krankheit wäre, wäre sie die Krankheit derer, die nie alt werden wollen.

Einige von uns kennen vielleicht noch *Peter Pan*, den Zeichentrickfilm von Walt Disney. Die Geschichte stammt von einem englischen Schriftsteller namens James Barrie. Das Buch hieß ursprünglich *Peter Pan oder der Junge, der nicht groß werden wollte* und handelt von einem schalkhaften Jungen, der fliegen konnte. Er war gleich am ersten Tag nach seiner Geburt weggelaufen, weil er immer Junge bleiben und seinen Spaß haben wollte. Er führte eine Bande von Jungen an, die »verlorenen Jungs«, Kinder, die ihren Eltern verloren gegangen waren. Sie führten ein herrliches Leben auf der Insel »Niemalsland«, hatten dort ein gut verstecktes Haus unter der Erde, spielten Indianer mit leibhaftigen Indianern und kämpften gegen gefährliche Seeräuber unter dem berüchtigten Captain Hook.

Alles wäre vollkommen – wenn sie nicht gelegentlich Sehnsucht nach einer Mutter gehabt hätten, einer Mutter, die sie mal liebevoll in den Arm nahm, ihnen Gute-Nacht-Geschichten erzählte und ihr chaotisches Haus in Ordnung brachte. So machte sich Peter Pan auf und suchte sich eine Mutter.

Er fragte ein junges Mädchen namens Wendy. Diese war fasziniert von den abenteuerlichen Geschichten, die Peter ihr erzählte, und flog mit ihm (begleitet von der winzigen, aber eifersüchtigen Fee Tinker Bell) und ihren beiden Brüdern ins »Niemalsland«. Sie erlebten aufregende Abenteuer, und nachdem alles glücklich überstanden war, kehrten sie heim, zusammen mit den verlorenen Jungs, die von Wendys Eltern in Pflege genommen wurden. Alle wuchsen sie auf und wurden zu langweiligen Büroangestellten, Lokomotivführern und Lords.

Nur Peter Pan wollte nicht erwachsen werden. Er war »frei, unschuldig und herzlos«. Er flog wieder weg mit dem Versprechen Wendys, jedes Jahr mit ihm zu seinem Haus zu fliegen und den Frühjahrsputz zu machen. Aber auch Wendy wurde erwachsen, sie fühlte sich wie eine Verräterin, als sie sich ihm zum ersten Mal als Frau zeigen musste. Sie hatte zum Glück eine Tochter namens Jane, die sich schon immer die Geschichten von Peter Pan hatte erzählen lassen. Sie war es, die nun mitflog.

»Natürlich ließ Wendy sie am Ende doch wegfliegen. Da steht sie am Fenster und schaut ihnen nach, bis sie so klein wie Sterne sind.

Wenn du Wendy genau anguckst, siehst du vielleicht, dass ihre Haare weiß werden, denn all das geschah vor langer Zeit. Jane ist jetzt eine gewöhnliche Erwachsene. Sie hat eine Tochter namens Margaret, und immer, wenn es Zeit ist für den Frühjahrsputz, kommt Peter (außer wenn er es vergisst) und holt Margaret und fliegt mit ihr ins Niemalsland, wo sie ihm Geschichten von Peter Pan erzählt, die er mit großem Interesse anhört. Wenn Margaret erwachsen ist, wird sie eine Tochter haben, und die wird wieder Peters Mutter sein, und so geht das immer weiter, solange Kinder froh und unschuldig und herzlos sind.«[23]

So endet die Geschichte von einem Jungen, der nicht groß werden will. Er zieht alle Kinder mit ihrer unschuldigen Sehnsucht in seinen Bann und fliegt mit ihnen hoch zu den Sternen. In den letzten Zeilen klingt die Trauer über das Erwachsenwerden an: Wendy und ihre Töchter werden einmal erwachsen und können nicht mehr mit ins »Niemalsland« fliegen. Aber den schalen Geschmack der ewigen Wiederholung schmeckt man auch durch: Peter Pan entwickelt sich nicht weiter. Er vergisst seine Abenteuer, sobald er sie hinter sich gebracht hat. Er vergisst die Menschen, die ihn ins Herz geschlossen haben – Wendy, Jane, Margaret. Schnell vergisst er, wie sie heißen. Er braucht nur jemand, der ab und zu für ihn Mutter spielt. Diese mütterliche Person soll ihm von seinen früheren Abenteuern wieder erzählen. Peter Pan bleibt auf der Kinderstufe stehen – der Preis für die ewige Jugend.

Erinnern Sie sich noch an die Unterschiede zwischen der natürlichen und der neurotischen Sehnsucht? Die natürliche Sehnsucht stellt eine natürliche Phase in der kindlichen Entwicklung dar. Sie löst sich auf, wenn das dahinter liegende Bedürfnis gestillt worden ist.

Die Sehnsucht, die Wendy spürte, als sie Peter Pan zum ersten Mal kennen lernte, war natürlich. Jedes Kind möchte ins »Niemalsland«, wo es Abenteuer erleben und frei sein darf, ohne die lästigen Ermahnungen und Verbote der Erwachsenen. Wendy flog mit ihren Brüder dahin, durchlebte ihre Abenteuer und kehrte wieder nach Hause zurück, wo sie dann langsam erwachsen wurde. Sie spürte zwar als erwachsene Frau immer noch die Sehnsucht, mit Peter Pan wegzufliegen, aber sie wusste, ihr Platz war hier auf der Erde, wo sie das ganz gewöhnliche Leben zu leben hatte, wo sie alt werden und eines Tages sterben würde. Ihren Töchtern und Enkeltöchtern gönnte sie die Freiheit, mit Peter Pan wegzufliegen und ihrerseits den Traum von Freiheit und Abenteuer zu leben.

Peter Pan aber lebte eine neurotische Sehnsucht. Er wollte nicht erwachsen werden, er wollte nicht irgendein x-beliebiger Beamter oder Lokführer werden. Er wollte seine Kindheit verewigen. So lebte er ein aufregendes Leben, um das ihn jeder Junge beneiden würde. Aber er war herzlos, er vergaß seine aufregenden Abenteuer, sobald sie vorbei waren. Er vergaß die Namen seiner Freunde, noch während er mit ihnen die Abenteuer durchlebte. Er benutzte die Menschen. Für ihn waren sie nur wichtig in den Rollen, die sie in seinen Abenteuern spielten: Kampfgenosse, Mutter, Indianer, Pirat, Fee. Derart gewissenlos, gedächtnislos und geschichtslos kann er überall sein, wie die Wellen auf dem Ozean, wie die Wolken am Himmel. Aber er hatte keine Identität, er hatte nur Gegenwart, keine Vergangenheit und keine Zukunft, oder – um mit Hans Christian Andersen (im Märchen über die kleine Meerjungfrau) zu sprechen – er hatte keine unsterbliche Seele.

Dann gibt es noch die Geschichte des Dorian Gray von Oscar Wilde,[24] die Geschichte eines jungen Mannes, der zwar erwachsen wurde, aber nicht alt werden wollte. Er war schön, gut und unschuldig, bis zu dem Augenblick, als er das Bildnis sah, das ein Freund von ihm malte. Wir lesen:

»Dorian gab keine Antwort, sondern trat gleichgültig vor das Bild und kehrte sich ihm zu. Als er es erblickte, wich er zurück, und für einen Augenblick röteten sich seine Wangen vor Freude. Ein Ausdruck des Entzückens trat in seine Augen, als erkenne er sich zum ersten Mal. Er stand reglos und voller Staunen, und dunkel war ihm bewusst, dass Hallward zu ihm sprach; er vermochte jedoch nicht den Sinn seiner Worte zu erfassen. Das Gefühl seiner eigenen Schönheit überkam ihn wie eine Offenbarung. Nie zuvor hatte er sie empfunden. Basil Hallwards Komplimente hatte er nur für die reizenden Übertreibungen der Freundschaft genommen. Er hatte sie angehört, über sie gelacht und sie vergessen. Sie hatten keinen Einfluss auf sein Wesen gehabt. Dann war Lord Henry Wotton gekommen mit seiner sonderbaren Lobrede auf die Jugend, mit seiner schrecklichen Warnung vor ihrer kurzen Dauer. Das hatte ihn vorhin erregt, und nun, da er hier stand und auf das Spiegelbild seiner eigenen Lieblichkeit starrte, zeigte sich ihm blitzartig die volle Wahrheit der Schilderung. Ja, der Tag würde kommen, an dem sein Gesicht runzlig und verwelkt wäre, seine Augen trübe und farblos, die Anmut seiner Gestalt zerstört und entstellt. Von seinen Lippen würde das Scharlachrot schwinden und aus seinem Haar das Gold entweichen. Das Leben, das seine Seele formen sollte, würde seinen Körper verunstalten. Er würde grässlich, abscheulich und grotesk aussehen.

Bei dem Gedanken daran durchfuhr ihn ein jäher, heftiger Schmerz wie ein Messer und ließ ihn bis in die zarten Fasern seines Wesens erbeben ...

›Wie traurig das ist!‹ flüsterte Dorian Gray. ›Wie traurig das ist! Ich soll alt und grässlich und abscheulich werden. Dies Bild aber wird immer jung bleiben. Niemals wird es älter sein als an eben diesem Junitag ... Wäre es doch nur umgekehrt! Wenn ich es sein könnte, der ewig jung bliebe, und das Bild müsste altern! Dafür – dafür würde ich alles hingeben! Ja, es gibt nichts auf der Welt, was ich dafür nicht hingeben würde! Meine Seele würde ich dafür geben!‹«

Sein Wunsch ging in Erfüllung. Dorian Gray blieb die nächsten Jahre und Jahrzehnte so jung und schön, wie er an diesem Tag war. Aber er war seelenlos geworden, gewissen- und herzlos (genau wie Peter Pan). Er missbrauchte die Menschen, die ihn liebten, und war grausam zu ihnen. Aber all seine Missetaten änderten nichts an seinem unschuldigen, jugendlichen Aussehen. Nur das Bildnis änderte sich: Falten, Linien des Alters und der Bosheit kamen allmählich ins abgebildete Antlitz. Deshalb verbarg Dorian das Bild in einer verschlossenen Kammer seines Hauses, das nur er betreten durfte (auch eine Art »innere

Kammer«!). Als der Maler hinter sein Geheimnis zu kommen drohte, erstach ihn Dorian Gray.

Danach stand er vor dem Bildnis, er schaute voll Abscheu in das Gesicht eines Mörders und dachte: Dies Abbild seines wahren Alters und Charakters verfolge ihn wie das Gewissen. Er wollte es für immer vernichten, dann würde er für immer befreit sein.

Da stach er mit dem Messer aufs Bild ein. Seine Diener hörten einen gellenden Schrei und drangen in die verschlossene Kammer ein. »Als sie eintraten, sahen sie an der Wand ein prächtiges Bild ihres Herrn hängen, so wie sie ihn zuletzt gesehen hatten, in dem ganzen Wunder seiner ungewöhnlichen Jugend und Schönheit. Auf dem Fußboden lag ein Toter, im Abendanzug und mit einem Messer im Herzen. Er war welk, runzlig und ekelhaft von Angesicht. Erst als sie die Ringe sahen, erkannten sie, wer es war.«

Dorian Gray und Peter Pan – zwei Gestalten, die, so unterschiedlich sie auch waren, doch innig miteinander verwandt sind in ihrer Abscheu vor dem Altern und in ihrer Sehnsucht nach ewiger Jugend. Beide waren herzlos. Sie hatten ihre Seele eingetauscht. Ohne ihre Seele aber konnten sie nicht mehr lieben. Ihr Herz war vereist. Sie konnten weder Liebe geben noch empfangen. Dies ist ein sehr hoher Preis für ewige Jugend.

Das Gegenteil davon wäre das Abenteuer des Alterns.[25]

Unsere hellen und unsere Schattenseiten

Am Anfang der Erzählung über Peter Pan gab es eine lustige Sequenz, in der Peter Pan seinen Schatten verloren hat. Er musste ihn erst einfangen, und Wendy musste ihm den Schatten wieder an die Füße annähen. Peter Pan, der Junge, der nicht groß werden wollte, war ein Wesen ohne Schatten. Er hatte keine Schattenseiten. Er war nur mutig, tapfer und gut. Seine bösen Seiten sind ihm, wie sein Schatten, abhanden gekommen. Hier erleben wir wieder das Phänomen der Spaltung. Im wirklichen Leben gibt es keine Menschen, die nur gut sind, und keine, die ausschließlich böse sind.

Die Heilung der Spaltung besteht im Zusammenfügen, in der Integration der abgespaltenen Teile. Wir alle haben unsere hellen, lichten Seiten, genauso wie unsere Schattenseiten. Wenn wir jung sind, haben wir natürlich unsere Ideale. Wir möchten unseren Idealbildern gleichkommen und unsere unansehnlichen Seiten loswerden. Wir fürchten uns vor der Konfrontation mit uns selbst, so wie wir wirklich sind.

Unsere Furcht vor der Konfrontation mit uns selbst

Nicht wenige von uns scheuen diese Begegnung. Vor unseren äußeren Feinden empfinden wir manchmal weniger Angst als vor unserer eigenen Wahrheit. Wenn wir einem Feind gegenüberstehen und kämpfen, sind die Fronten klar. Stehen wir jedoch uns selbst gegenüber, haben wir es mit einem gleich starken, gleich schlauen, gleich gewitzten Gegner zu tun. Wir kennen uns zu gut. Unseren eigenen Tricks sind wir längst auf die Schliche gekommen. Wir kennen unsere Entschuldigungen und Ausflüchte, es ist immer wieder das gleiche Lied.

Als wir noch jung waren und das Leben noch frisch, konnten wir nach jedem Scheitern neue Hoffnung schöpfen. Wir waren zuversichtlich, dass es beim nächsten Mal besser werden würde: Die nächste Liebe bringt bestimmt das große Glück, die nächste Arbeitsstelle den ersehnten Aufstieg. Aber wenn sich die Misserfolge wiederholen, werden wir irgendwann doch skeptisch gegenüber unseren Sehnsüchten und Hoffnungen. Langsam erkennen wir ein gewisses Muster, nach dem alle Beziehungen und Arbeitsverhältnisse ablaufen. Wir beginnen uns zu fragen, ob wir denn nicht im Kreise umherlaufen – nach jeder Runde etwas älter, etwas müder, etwas desillusionierter.

Tatsächlich ist es gerade die Desillusionierung, so hart sie uns auch treffen mag, die uns auf den richtigen Weg bringt. Es scheint, als müssten alle unsere großen Hoffnungen und Sehnsüchte gnadenlos zerstört werden, bevor wir endlich bereit sind, uns selbst, so wie wir sind, zu akzeptieren, ohne Wenn und Aber.

Arnold Beisser, ein Schüler Fritz Perls', beschrieb dies einmal als das »Paradoxon der Veränderung«:[26] Wenn wir mit unserem Leben nicht zufrieden sind, versuchen wir uns zunächst zu verändern. Wir sehen den Ist-Zustand als Hindernis an, das es zu überwinden gilt. Wir wollen es hinter uns bringen. Das Paradoxe besteht nun aber darin, dass uns die ersehnte Veränderung nicht eher gelingen wird, bevor wir uns selbst und den Ist-Zustand, in dem wir feststecken, restlos *angenommen* haben. (Arnold Beisser war ein viel versprechender junger Mann, als er plötzlich schwer gelähmt wurde. Er kam mit seinem Leben nicht weiter, bevor er seine Krankheit und das Leben im Rollstuhl akzeptierte. Sein Schicksal beschrieb er in seinem Buch *Flying Without Wings.*[27])

Dies bedeutet: Wir leiden an unserem Zustand und möchten uns ändern. Aber wir laufen immer wieder im Kreise herum und kommen immer wieder an den Ausgangspunkt zurück. Irgendwann bleiben wir stehen. Erst im Stillstand beginnen wir zu begreifen, dass wir die ganze Zeit nur vor uns selbst weggelaufen sind, wie vor unserem eigenen Schatten. Und was für unseren Schatten gilt, der uns auf Schritt und Tritt folgt, gilt auch für unsere Schattenseiten. Wir haben nicht nur eine glänzende, sondern auch eine Schattenseite. Möglicherweise steckt die Information, die eigentliche Botschaft, nach der wir die ganze Zeit gesucht haben, im Schattenteil unseres Selbst.

Daher war es nicht sinnlos, als wir unserem Schatten nachjagten. Wir suchten ja nach der fehlenden Seite unseres Selbst. Womöglich haben wir sie in einem anderen Menschen gesucht, auf den wir all unsere Hoffnung, Sehnsucht und Liebe projiziert haben. Womöglich haben wir sie in ein hohes berufliches Ziel oder in die Gründung einer Familie gesteckt. Die Enttäuschung ist dann groß, wenn wir merken, dass die geliebte Person oder der ersehnte Beruf oder die Familie unseren inneren Hunger nicht stillen konnten.

Diese Enttäuschung ist jedoch notwendig, weil sie uns mit unserer Projektion konfrontiert. Sie zeigt uns, dass wir das, was wir *außen* gesucht haben, nur *innen* finden können. Sie hält uns den Spiegel vor, und wir sehen darin uns selbst – den Ausgangspunkt der Suche, von dem wir einst gestartet sind.

Verfolger und Verfolgter fallen endlich in ein und dieselbe Person zusammen und können sich endlich wandeln, indem sie eins werden und ihre Kraft nicht im Einander-Nachlaufen vergeuden, sondern bündeln und ausrichten.

Natürlich wirkt die Erkenntnis ernüchternd, dass wir weite Wege umsonst gelaufen sind, dass wir womöglich im Kreise oder einer Illusion nachgelaufen sind. Aber die Enttäuschung soll uns nur von unserem Hochmut kurieren. Unser Hochmut kann zum Hindernis für unsere Weiterentwicklung werden, wenn wir meinen, wir hätten alles im Griff, wir seien selbst unseres Glückes Schmied. Besonders für Männer, die glauben, alles sei machbar, alles sei kontrollierbar, ist Demut der erste Schritt zur Selbsterkenntnis.

Einfachheit und Nüchternheit des Lebenszieles

Wenn wir unser Leben lang hohen Idealen nachgelaufen sind, ist es schwer, sich mit der Einfachheit des Lebens anzufreunden. Solange unser Lebensziel erhaben ist und leuchtend dasteht wie das Licht eines Leuchtturms, ist es ein Leichtes, es von der Ferne zu erkennen und es anzusteuern. Die Aussicht auf das erhabene

214

Ziel vermag uns auf Durststrecken wieder aufzurichten und uns Hoffnung zu geben.

Wenn das Ziel jedoch schlicht und einfach ist, dann kann es vorkommen, dass wir es gar nicht erkennen, weil es sich nicht abhebt vom Alltäglichen. Oder es erscheint uns zu banal, als dass es all der Mühe wert wäre. Denn als Lebensziel erwarten wir meist etwas Wunderbares, Großartiges. In dieser großen Erwartung laufen wir leicht Gefahr, ein schlichtes Ziel zu verpassen.

Der Gestalttherapeut Hunter Beaumont hat einmal folgendes Bild benutzt: Eigentlich brauche man nur still dazusitzen und zu warten, bis das Richtige vorbeikommt. Dann müsse man nur die Hand ausstrecken und es ergreifen.

Eine solche Handlung wirkt banal, bar jeden Ruhms und jeder Glorie. Nüchternheit passt irgendwie nicht zu der Vorstellung, die wir in unserer Sehnsucht vom Lebensziel gehabt haben. Es sollte doch großartig und bedeutsam sein. Wenn das Ziel so gewöhnlich erscheint, lassen wir es leicht an uns vorbeigehen, ohne es je zu bemerken.

Ein einfaches Lebensziel könnte schlicht darin bestehen, das zu sein, was wir schon sind, und das zu tun, was wir in diesem Moment zu tun haben. Dies bedeutet, dass wir unseren Blick nicht auf ferne Horizonte richten, sondern dass wir sehen, wo wir gerade stehen, und uns bemühen, *ganz* da zu sein und das zu tun, was gerade in diesem Moment unsere Aufgabe ist: unsere Kinder versorgen, weil sie uns brauchen; das Geschirr abspülen, weil es schmutzig ist; den Rasen mähen, weil das Gras wächst.

Das ist wenig erhaben, es sind unspektakuläre, profane Handlungen. Und doch erhält dies Gewöhnliche ein inneres Leuchten, wenn wir mit Hingabe drangehen, wenn wir uns mit unserer ganzen Person darauf einlassen. Wenn wir unseren inneren Ehrgeiz loslassen und uns wirklich in das, was wir gerade tun, hineinfallen lassen, bekommt der unscheinbare Augenblick eine ungeahnte Tiefendimension. Das Hier und Jetzt kann zum existenziellen Augenblick werden.

Dadurch schlagen wir Wurzeln in unserem Dasein. Unsere Realität anzuerkennen und zu leben, verwurzelt uns im Leben. Dann ziehen wir unsere Befriedigung aus der konkreten Bewältigung des Alltags, die sich nicht sprunghaft, sondern Schritt für Schritt vollzieht. Wir bauen nicht weiter an Luftschlössern, sondern wachsen wie ein Baum in die Höhe, der tiefe Wurzeln in der Erde geschlagen hat.

In unseren täglichen Beziehungen verwirklichen wir auch die Liebe. Es sind nicht mehr die schwärmerisch-romantischen Liebesträume der Jugend, aber es wird eine gelebte Liebe, eine, die wir mit den Menschen in unserem Leben teilen. Wir kommen damit erstens mit uns selbst, zweitens mit unseren Beziehungspersonen und drittens mit unserem Alltag besser zurecht. Wenn wir uns aber in sehnsuchtsvolle Phantasien flüchten, entfernen wir uns von allen dreien – von uns selbst, von den Menschen, mit denen wir leben, und von unserem realen Alltag.

So werden wir, im Gegensatz zu Peter Pan und Dorian Gray, allmählich alt und grau. Aber unser Leben war dann gelebt. Es war von menschlichen Begegnungen und Beziehungen erfüllt. Unsere Unsterblichkeit haben wir nicht durch die ewige Jugend erlangt, sondern durch die Weitergabe von Liebe, Fürsorge und Aufmerksamkeit, durch gelebte Leidenschaften statt erträumte Leidenschaften.

Seit vielen Jahren lebt unsere Familie auf dem Lande mit einem Garten mit Komposthaufen. Wir hatten einen alten Bauern als Nachbarn. Er war ein groß gewachsener, stiller, hilfsbereiter Mensch, der vieles im Leben durchgemacht hat. Als er vor ein paar Jahren starb, sagte unsere damals dreijährige Tochter: »Nun ist er zu Kompost geworden!« Es ist keine schlechte Aussicht, Kompost zu werden für das uns nachfolgende Leben ...

216

Gelebte Leidenschaften

Die Lösung der unstillbaren Sehnsucht finden wir also in der gelebten Leidenschaft, dem bewussten Hineingehen ins Leben, der Vollendung des Unvollendet-Fragmentarischen: die sehnsuchtsvolle Phantasie zu Ende denken, den liegen gebliebenen Brief abschicken, sich mit der aus der Ferne angebeteten Person treffen, in den Vollkontakt gehen.

Ich habe weiter oben den Begriff der *Lebenssehnsucht* geprägt. Es ist die Sehnsucht, lebendig zu sein, zu seinem eigenen Lebenssinn zu finden. Diese Lebenssehnsucht mündet häufig in eine *zentrale Leidenschaft*.

Zentrale Leidenschaft

Man könnte sich die zentrale Leidenschaft vorstellen als ein Feuer, das inmitten der inneren Kammer eines jeden Menschen brennt. Dort sehe ich eine offene Feuerstelle, an der das Feuer der Leidenschaft brennt. Dieses Licht erhellt den Raum, es wärmt und gibt das Gefühl der Geborgenheit. Das Licht erleuchtet auch das Antlitz des Menschen, der die Kammer bewohnt und bei dem Feuer sitzt und hineinschaut. Es bringt sein Gesicht und seine ganze Gestalt zum Leuchten, so als käme dies Leuchten aus dem Inneren des Menschen heraus, als leuchte er selbst.

Dieses zentrale Feuer in unserer Seele bedarf allerdings beständiger Pflege. Wir müssen Holz nachlegen, wir müssen dafür sorgen, dass das Feuer weder ausgeht noch so stark wird, dass es uns verbrennt.

Bei Menschen, die mit der Natur leben – Nomaden, Bauern –, kommt der Feuerstelle im Haus oder im Zelt eine zentrale Bedeutung zu. Hier wärmen sich die Menschen auf, hier wird gekocht, hier finden sie Geborgenheit und Trost, hier ist der Mittelpunkt ihres Lebens.

Unsere zentrale Leidenschaft unterscheidet sich wesentlich von vorübergehenden Leidenschaften. Sie ist keine periphere Leidenschaft, kein Feuer, das man auf der Durchreise für einen Abend kurz anmacht. Am nächsten Morgen, wenn man weiterzieht, tritt man die Feuerstelle aus und vergisst sie schnell wieder. Auch in unserem Leben gibt es kurzlebige Leidenschaften, die schnell aufflammen und genauso rasch vergehen. Sie sind zwar nicht unwichtig – auch die Feuerstelle für eine Nacht wärmt die Menschen und gibt ihnen Schutz und Trost. Aber solche kurzfristigen Feuer können nicht die zentrale Feuerstelle zu Hause ersetzen.

Die zentrale Leidenschaft eines Menschen stellt den Mittelpunkt seines Lebens dar. Ohne sie würde sein Leben verarmen, welche äußeren Reichtümer er auch angehäuft haben mag. Mit ihr aber bekommt sein ganzes Leben Sinn, Richtung und Bedeutung – weil sie ihn ganz erfüllt und einhüllt wie die Wärme der Feuerstelle; weil sie ihn erleuchtet.

Ein Klinikchef lässt sich bereits mit 60 Jahren pensionieren, weil er endlich frei sein will, um seiner Lebenssehnsucht nachzugehen: Er will sich ganz für die politische Aufklärungsarbeit einsetzen und dafür seine Lebenserfahrung und sein Fachwissen zur Verfügung stellen.

Ein Pfarrer wechselt nach vielen Dienstjahren auf eine Teilzeitstelle und schreibt sich an der Universität im Fach Kunstgeschichte ein, um seinen Jugendtraum zu verwirklichen.

Ein Mann entdeckt im fortgeschrittenen Alter seine Leidenschaft fürs Reiten. Auf dem Pferderücken spürt er seine ganze Kraft und fühlt sich innig verbunden mit dem Pferd, mit dem er arbeitet.

Eine Hausfrau geht wieder zur Schule und lernt in jeder freien Minute, um ihren Lebenstraum, heilend tätig zu sein, zu erfüllen.

218

Sie schafft die Heilpraktikerprüfung und richtet im Dachzimmer eine Praxis ein, die sehr bald weit bekannt wird.

Eine Frau lernt seit einigen Jahren Tai Chi und merkt, wie gut es ihr tut, körperlich wie geistig. Für sie ist es sonnenklar, dass sie Tai Chi so lange praktizieren wird, wie sie sich auf ihren Beinen halten kann.

Ein Mann entdeckt für sich die Musik von Bach. Er liest alles, was er über diesen Komponisten in die Hände bekommen kann, und macht sich eine Freude daraus, immer neue Transkripte von Bachs Werken für das Instrument, das er spielt, zu finden.

Eine Frau entdeckt ihre seelische Heimat in Südamerika. Obwohl nicht besonders sprachbegabt, lernt sie Spanisch in Rekordzeit, bricht ihre Zelte in Deutschland ab und zieht dorthin.

Eine andere Frau beginnt mit Ende 40, Klavierstunden zu nehmen. Sie hatte als Kind weder die Möglichkeit noch das Geld, um Klavierstunden zu nehmen. Heute sitzt sie am Klavier und ist selig, wenn sie die ersten Sonaten spielt.

Das Wort »selig« beschreibt den Zustand sehr gut, in den wir geraten, wenn wir unsere zentrale Leidenschaft entdecken. »Selig« ist im normalen Sprachgebrauch die Beschreibung von Menschen, die die kosmische Einheit erlangt haben: Die Heiligen sind selig; die, die in Gott ruhen, sind selig. Das Wort »selig« hat von der Herkunft her mit »Güte, Glück, Segen, Heil« zu tun, vielleicht auch mit »trösten«. In der Tat erfüllt uns unsere zentrale Leidenschaft mit Glück, sie ist uns gütig, sie tröstet uns, besonders in Zeiten der Not. Und sie bringt uns Segen und Heil. Wir werden wieder ganz.

Vielleicht ist es tatsächlich so, dass unsere zentrale Leidenschaft – wie unterschiedlich sie auch bei verschiedenen Menschen sein mag – uns Gott näher bringt. Wenn wir uns in diese Leidenschaft hineinfallen lassen, fangen wir Feuer. Wir verbrennen dabei aber nicht, sondern leuchten auf, sind erleuchtet. Dies sind im Grunde Worte aus der religiösen und spirituellen

Welt, mit denen wir einen Zustand beschreiben, in dem wir wieder ganz werden, in dem wir innerlich wieder heil werden. Sie erinnern sich vielleicht an das Kapitel »Zur Entstehung neurotischer Sehnsüchte in der Kindheit«. Dort habe ich schon einmal über die zentrale Leidenschaft bei Kindern gesprochen. Es gibt sowohl zentrale Leidenschaften bei Kindern als auch bei älteren Menschen. Der Unterschied besteht darin, dass die zentrale Leidenschaft von Kindern Ausdruck eines noch nicht gelebten Lebens ist. Kinder haben noch nicht die Möglichkeit, ihre Leidenschaft voll auszuleben. Sie müssen auf später warten. Gleichzeitig verkörpert die zentrale Leidenschaft für Kinder, die unglücklich aufwachsen, die Hoffnung auf eine bessere Zukunft. Sie erfüllt dann einen kompensatorischen Zweck, sie bewahrt diese Kinder vor der totalen Verzweiflung.

Bei älteren Menschen ist die zentrale Leidenschaft das Ergebnis eines gelebten Lebens. Aus den Erfahrungen, die sie im Leben gesammelt haben, den bitteren wie den süßen, hat sich eine konzentriertere Form der Sehnsucht herauskristallisiert, deren Feuer vielleicht weniger lodernd brennt, deren Licht vielleicht milder und abgeklärter scheint. Aber sie ist oft auch beständiger. Es ist wohl nicht zufällig, dass die Menschen, die in späten Jahren von ihrer zentralen Leidenschaft ergriffen werden, nicht mehr die Jüngsten sind. Es erfordert anscheinend einen gewissen Grad an Reife, bis ein Mensch das findet, was ihn im Kern seines Wesens anzündet. Vielleicht müssen wir unsere kindliche Unschuld und unseren jugendlichen Stolz erst verlieren, bevor wir bereit sind, das Geschenk der Gnade anzunehmen. Unsere zentrale Leidenschaft leben zu dürfen ist wie das Empfangen einer Gnade.

Dieser Zustand, der sich eher passiv als aktiv anfühlt, kann vielleicht mit dem Wort *Hingabe* am besten beschrieben werden. Es ist wie ein Sich-Schenken und ein Sich-Opfern. Wir bringen uns als ganze Person ein, wir bieten uns selbst als Geschenk, als Opfer an. Wenn wir uns verlieben, sprechen wir auch davon, dass wir »uns dem Geliebten schenken«. Wenn wir uns hingeben, erlöscht in diesem Moment unser Ego. Wir tauchen in etwas Größeres, in eine größere Einheit ein.

Wie das Feuer, das geschürt werden muss, müssen wir auch für unsere zentrale Leidenschaft arbeiten. Sie stellt sogar eine Art Lebensaufgabe dar. Die eine Frau übt täglich Tai Chi, die andere Tonleiter. Andere müssen noch einmal die Schulbank drücken. Aber sie erfüllen alle diese Aufgaben mit Freude und Dankbarkeit. Es ist für sie wie ein riesengroßes Geschenk, dass sie für ihre Leidenschaft arbeiten und Opfer erbringen dürfen.

Abschied von der neurotischen Sehnsucht

Wenn wir dieses Stadium der Leidenschaft erreichen, dann benötigen wir keinen Menschen mehr, den wir zum Idol machen, um unsere ganze Liebe und Leidenschaft hineinzuprojizieren. Wir spüren ganz genau: Es ist *unsere* eigene Leidenschaft. Sie geht von uns aus, von tief drinnen, aus unserer Mitte. Und sie will in die Welt, damit sie sich verwirklicht, damit wir uns in ihr verwirklichen können. Damit wir das werden, wozu wir einst geboren wurden.

Wenn wir unser Lebensziel gefunden haben, wird sich langsam unsere neurotische Sehnsucht verabschieden. Sie lächelt uns ein letztes Mal zu, streicht uns zart über die Wange und tritt langsam zurück, bis sie in den Hintergrund verschwindet.

Es kann ein wehmütiger Abschied sein, weil uns die Sehnsucht doch so lange begleitet hat auf unserem Lebensweg. Es ist nicht leicht, eine so treue Freundin gehen zu sehen. Und doch wissen wir, dass sie Platz machen muss für die realen Menschen, die realen Kontakte, Begegnungen und Beziehungen, die auf uns warten, für das wirkliche Leben, das von uns gelebt werden möchte.

Nachwort

Zu meinen letzten beiden Büchern *Scham und Leidenschaft* und *Liebe, Treue und Verrat* haben mich einige freundliche Zuschriften erreicht, in denen die Schreiberinnen und Schreiber auch über ihre persönlichen Erfahrungen zum Thema berichteten. Falls ich ihnen nicht direkt geantwortet habe, möchte ich mich auf diesem Wege herzlich bedanken.

Der vorliegende Band schließt nun den Themenkreis ab. Dieser dreht sich insgesamt um das komplexe Verhältnis zwischen dem Selbst einer Person und ihren intimen Beziehungen. Jedes der drei Bücher beleuchtet das Thema aus einer anderen Perspektive – aus dem Blickwinkel der *Scham*, der *Treue* und der *Sehnsucht*.

Es sind dies drei psychische Triebkräfte, die unser Verhältnis sowohl zu uns selbst als auch zu unseren Beziehungspartnern entscheidend beeinflussen. Sie bestimmen darüber, wie wir unsere Leidenschaften leben (oder verdrängen). Und sie stellen drei Zugänge zu unserer Seele her – zu dem, was ich in Anlehnung an einige östliche spirituelle Traditionen den *Wesenskern* nenne. Im Wesenskern ist die Essenz einer Person zentriert: das, was diesen Menschen ausmacht, was ihn einzigartig macht.

Diese »Mitte« eines Menschen habe ich im vorliegenden Buch auch als seine »innere Kammer« beschreiben. Bilder und Metaphern wie »innere Kammer« benutze ich manchmal lieber als theoretische Begriffe wie »das Selbst«, auch wenn diese das Gleiche bezeichnen. Sie sind eher dazu geeignet, den emotionalen Gehalt unserer intimen persönlichen Empfindungen wie Scham und Sehnsucht auszudrücken.

Weshalb lege ich so viel Wert auf den Wesenskern? Weil wir *bei uns* sind, wenn wir in Kontakt mit unserem Wesenskern stehen. Es geschieht viel Verrücktes und Sinnloses in der Welt, weil die beteiligten Personen *neben sich,* manchmal auch *außer sich* sind. Dies gilt sowohl für die Privatsphäre als auch für den gesellschaftlichen und politischen Bereich. Dies habe ich vor einigen Jahren in einem Buch *Krisenzeit. Nach Tschernobyl: Meditationen eines Psychotherapeuten* darzustellen versucht.

Es ist der Verlust unseres Selbst, der uns zu irrationalen und selbstzerstörerischen Reaktionen treibt wie Krieg, Vergeudung unserer natürlichen Ressourcen, Ausbeutung von Menschen und Umwelt und schließlich – damit wir das Chaos in und um uns überhaupt psychisch aushalten können – zu suchtartigem Missbrauch von Drogen, Genussmitteln und materiellen Gütern.

Wir reagieren auf das zunehmende Auseinanderfallen unserer äußeren Welt mit einer inneren Spaltung in verschiedene seelische Anteile, bis hin zu verschiedenen Persönlichkeiten in einer Person. Wir sind dann fragmentiert. Wir sind nicht mehr ganz. Wir spüren keine Einheit mehr in unserer Seele. Wir sind dann zwar anpassungsfähiger für die mannigfaltigen Veränderungen um uns, aber wir »fliegen seelisch auseinander«. Wir verlieren uns selbst, wir verlieren unsere Mitte.

Dies ist der Grund, weshalb ich theoretisch in meinem Menschenbild auf die Existenz eines Wesenskerns bestehe. Wenn wir nämlich wie einige Theoretiker aus der Gestalttherapie meinen, das Selbst sei hauptsächlich eine Funktion der Anpassung und des Kontaktes zwischen Organismus und Umwelt, dann verlieren wir eine der zentralen Eigenschaften unserer Seele, nämlich ihre Einheit und ihr Bedürfnis nach Ganzheit (dies ist nicht nur ein heute gebräuchliches Modewort, sondern ein Hauptpostulat der Gestaltpsychologie, die vor einem Jahrhundert gegründet wurde). Bei aller Anpassungsfähigkeit müssen wir darauf achten, dass wir unsere Mitte behalten.

Es ist meine Hoffnung, die sich aus der Erfahrung von über 20 Jahren Arbeit mit kranken und leidenden Menschen nährt, dass wir besser mit unseren persönlichen als auch mit unseren sozialen Problemen zurechtkommen, wenn wir mit uns selbst und mit unserem Wesenskern in Kontakt stehen. Daher haben solche Themen wie Scham, Leidenschaft, Treue, Verrat, Sehnsucht, die sonst eher zur Privatsphäre gezählt werden, für mich eine wichtige gemeinschaftsstiftende (oder, wenn verkannt und verdrängt, gemeinschaftszerstörende) Bedeutung. Scham, Sehnsucht, Treue – alle diese seelischen Kräfte haben ihre Wurzeln im Wesenskern.

Und schließlich: Sie stellen eine Brücke zur transzendenten Erfahrung her. Es gibt eine religiöse Scham und Ehrfurcht (vor dem Unaussprechlichen). Gerade in der heutigen Zeit spüren viele Menschen eine tiefe Sehnsucht nach spiritueller Erfahrung. Diese Gefühle kommen aus unserem Wesenskern, der innig verbunden ist mit dem Überindividuellen und Göttlichen.

Dank

Ich möchte mich bedanken bei

meiner Frau und meinen Kindern für ihre Liebe und Unterstützung;

Hansjörg Baumann für seine langjährige Freundschaft und seine zahlreichen fundierten Anregungen aus Literatur und Kunst;

Brigitta de las Heras für ihre Ermutigung und ihre Anwesenheit;

meinen Kolleginnen und Kollegen aus dem Gestalt-Institut Heidelberg für unsere fruchtbaren persönlichen und fachlichen Diskussionen;

meinen beiden Gestaltkollegen, dem verstorbenen Heik Portele und Reinhard Fuhr, für ihre Anregung, meine Themen mehr mit der Gestalttherapie in Beziehung zu setzen (gerade bei dem vorliegenden Thema habe ich aus der gestalttherapeutischen Theorie viele wertvolle Erklärungen für das Phänomen Sehnsucht entdeckt);

meinen Klientinnen und Klienten sowie Seminarteilnehmerinnen und Seminarteilnehmern für die Einsichten in komplexe psychische Zusammenhänge, die wir gemeinsam erarbeitet haben;

Helga Böhme und meiner Frau für das geduldige und sorgfältige Korrigieren meiner Manuskripte;

meinen Lektoren Gerhard Plachta und Dagmar Olzog für ihre freundliche und kompetente Unterstützung sowie dem Kösel-Verlag für sein Vertrauen.

226

Anmerkungen

1 Genaueres dazu im Kapitel »Das Schamrad«, in: Victor Chu u. Brigitta de las Heras: *Scham und Leidenschaft*, Zürich: Kreuz, 2. Aufl. 1995, S. 112

2 Heinrich von Kleist: »Über das Marionettentheater«, erschienen im Dezember 1810 in den *Berliner Abendblättern;* nachzulesen zum Beispiel in: Heinrich von Kleist: *Über das Marionettentheater. Aufsätze und Anekdoten,* Frankfurt/M.: Insel 1980

3 Die Abschiedsbriefe von Kleist und Henriette Vogel finden sich in: Katja Behrens (Hrsg.): *Abschiedsbriefe*, Frankfurt/M.: Fischer-TB 1995

4 Den Hinweis auf die Nähe der Sehnsucht zur Romantik sowie viele andere Anregungen verdanke ich Hansjörg Baumann.

5 Aus: »Glückselig in New York« (Dokumentarfilm in Nord 3, ausgestrahlt am 8. Januar 1997)

6 Slavoj Zizek: »Kierkegaard in Casablanca«, in: *Frankfurter Rundschau* vom 18. Juli 1995

7 Michael Kumpfmüller: »Eine Liebe von damals«, in: *Frankfurter Rundschau* vom 31. August 1996

8 Ein amüsantes und zugleich wissenschaftlich fundiertes Buch über sinnliche und übersinnliche Erscheinungen liefern Giselher Guttmann und Friedrich Bestenreiner mit *Ich sehe, denke, träume, sterbe*, München: Ehrenwirth 1991

9 Vgl. ebd., S. 169 ff.

10 Aus: Jacob u. Wilhelm Grimm: *Die Kinder- und Hausmärchen der Brüder Grimm,* 3. Nachdruck der Ausgabe Kassel 1812/1814, Antiqua: Lindau 1988

11 Vgl. hierzu: Martin Buber: *Ich und Du*, Gerlingen: Lambert Schneider, 12. Aufl. 1994

12 Kahlil Gibran: *Der Prophet. Wegweiser zu einem sinnvollen Leben*, Zürich: Walter, 33. Aufl. 1996

13 Victor Chu u. Brigitta de las Heras: *Scham und Leidenschaft*, S. 102

14 Vgl. Victor Chu: *Liebe, Treue und Verrat. Von der Schwierigkeit, sich selbst und dem Partner treu zu sein*, München: Kösel 1995, S. 233-260

15 Lore Perls hat den Wert des Opfer-Erbringens in einer Beziehung in einem wunderschönen einfachen Aufsatz beschrieben: »Über die Psychologie des Gebens und Nehmens«, in: Lore Perls: *Leben an der Grenze*, Köln: Edition Humanistische Psychologie 1989. Damit vertritt sie einen weiblichen Standpunkt, der im Gegensatz und in Ergänzung zur eher individualistisch-männlichen Perspektive ihres Mannes Fritz Perls steht. Sie waren die gemeinsamen Begründer der Gestalttherapie.

16 Genesis 1,27-8,22

17 Aus dem Gedicht »Das Poem von den müßigen Gefühlen«, aus Tao Yüang-Ming: *Pfirsichblütenquell. Gedichte*, Frankfurt/M.: Insel 1992, S. 12 f.

18 Siehe Victor Chu u. Brigitta de las Heras: *Scham und Leidenschaft*, S. 24 f.

19 Genaueres dazu im Kapitel »Der Platz im Herzen«, in Victor Chu: *Liebe, Treue und Verrat*, S. 117-125

20 Vgl. Abraham Maslow: *Psychologie des Seins. Ein Entwurf*, Frankfurt/M.: Fischer-TB, 5. Aufl. 1994

21 Thich Nhat Hanh: *Das Wunder der Achtsamkeit. Einführung in die Meditation*, Berlin: Theseus, 6. Aufl. 1996

22 Näheres siehe in: Victor Chu u. Brigitta de las Heras: *Scham und Leidenschaft*, S. 111

23 James M. Barrie: *Peter Pan*, Hamburg: Dressler 1988

24 Oscar Wilde: *Das Bildnis des Dorian Gray*, Leipzig/Weimar: Kiepenheuer 1980

25 Siehe zum Beispiel Margot Benary-Isbert: *Das Abenteuer des Alterns*, Frankfurt/M.: Josef Knecht, 22. Aufl. 1994

26 Arnold Beisser: »The Paradoxical Theory of Change«, in: Joen Fagan u. Irma Lee Shepherd: *Gestalt Therapy Now*, New York: Harper & Row 1970, S. 77-80

27 Arnold Beisser: *Flying Without Wings*, New York: Bantam Books 1990

Literaturhinweise

Améry, Jean: *Hand an sich legen. Diskurs über den Freitod,* Stuttgart: Klett-Cotta, 9. Aufl. 1993

Barrie, James M.: *Peter Pan,* Hamburg: Dressler 1988

Behrens, Katja (Hrsg.): *Abschiedsbriefe,* Frankfurt/M.: Fischer-TB 1995

Beisser, Arnold: *Flying Without Wings,* New York: Bantam Books 1990

Ders.: »The Paradoxical Theory of Change«, in: Fagan, Joen u. Shepherd, Irma Lee: *Gestalt Therapy Now,* New York: Harper & Row 1970

Benary-Isbert, Margot: *Das Abenteuer des Alterns,* Frankfurt/M.: Josef Knecht, 22. Aufl. 1994

Borchers, Ralf (Hrsg.): *Vom Paradies. Ein Insel-Buch,* Frankfurt/M.: Insel 1987

Buber, Martin: *Ich und Du,* Gerlingen: Lambert Schneider, 12. Aufl. 1994

Chu, Victor: *Krisenzeit. Nach Tschernobyl: Meditationen eines Psychotherapeuten,* Köln: Edition Humanistische Psychologie 1991

Ders.: *Liebe, Treue und Verrat. Von der Schwierigkeit, sich selbst und dem Partner treu zu sein,* München: Kösel 1995

Chu, Victor u. de las Heras, Brigitta: *Scham und Leidenschaft,* Zürich: Kreuz, 2. Aufl. 1995

Deutscher Geist. Ein Lesebuch aus zwei Jahrhunderten, Frankfurt/M.: Suhrkamp 1953

Gibran, Kahlil: *Der Prophet. Wegweiser zu einem sinnvollen Leben,* Zürich: Walter, 33. Aufl. 1996

Grimm Jacob u. Wilhelm: *Die Kinder- und Hausmärchen der Brüder Grimm,* 3. Nachdruck der Ausgabe Kassel 1812/1814, Lindau: Antiqua 1988

Guttmann, Giselher u. Bestenreiner, Friedrich: *Ich sehe, denke, träume, sterbe*, München: Ehrenwirth 1991

Kleist, Heinrich von: *Werke*, Berlin: Neues Leben 1986

Lifton, Robert Jay: *Der Verlust des Todes. Über die Sterblichkeit des Menschen und die Fortdauer des Lebens*, München: Hanser 1986

Maslow, Abraham: *Psychologie des Seins. Ein Entwurf*, Frankfurt/M.: Fischer-TB, 5. Aufl. 1994

Perls, Lore: *Leben an der Grenze*, Köln: Edition Humanistische Psychologie 1989

Richter, Horst Eberhard: *Die Chance des Gewissens. Erinnerungen und Assoziationen*, Hamburg: Hoffmann und Campe 1986 u. Düsseldorf: Econ 1995

Tao Yüang-Ming: *Pfirsichblütenquell. Gedichte*, Frankfurt/M.: Insel 1992

Thich Nhat Hanh: *Das Wunder der Achtsamkeit. Einführung in die Meditation*, Berlin: Theseus, 6. Aufl. 1996

Tolstoi, Leo N.: *Anna Karenina*, München: Goldmann 1990

Wilde, Oscar: *Das Bildnis des Dorian Gray*, Leipzig/Weimar: Kiepenheuer 1980

 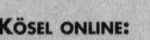